崇尚宽容　追求宽容　学会宽容
在法治的前提下思考宽容

中国刑事司法宽容及偏差控制研究

田鹏辉 / 著

辽宁人民出版社

图书在版编目（CIP）数据

中国刑事司法宽容及偏差控制研究 / 田鹏辉著 . —
沈阳：辽宁人民出版社，2024.3
ISBN 978-7-205-11059-8

Ⅰ . ①中… Ⅱ . ①田… Ⅲ . ①刑法—司法制度—研
究—中国 Ⅳ . ① D924.04

中国国家版本馆 CIP 数据核字（2024）第 052820 号

出版发行：辽宁人民出版社
　　　　　地址：沈阳市和平区十一纬路 25 号　邮编：110003
　　　　　电话：024-23284325（邮　购）　024-23284300（发行部）
　　　　　http://www.lnpph.com.cn
印　　刷：辽宁新华印务有限公司
幅面尺寸：165mm×235mm
印　　张：14.5
字　　数：200千字
出版时间：2024年3月第1版
印刷时间：2024年3月第1次印刷
责任编辑：青　云
装帧设计：留白文化
责任校对：吴艳杰
书　　号：ISBN 978-7-205-11059-8

定　　价：78.00元

前　言

在刑事法领域，宽容就是指刑事法律要对包括嫌疑人、被告人在内的任何人给予人文关怀，尊重嫌疑人、被告人的人身自由和人格尊严，能用其他法律解决的问题刑事法律尽量不去过问，使用比较轻缓的刑罚方法就能达到预期效果的尽量使用比较轻缓的刑罚方法。在刑事司法过程中坚持宽容理念，适度从宽处置，是实现各方诉讼参与人利益最大化的正当路径，可能给各方诉讼参与人带来共赢的结果。在当今的刑事诉讼中，司法机关必须注重社会在犯罪现象产生和在刑事责任承担中的重要作用，将刑事责任观由以个人责任观、国家责任观为中心逐步转向以社会责任观为中心，用克制的原则和宽容的司法将犯罪现象控制在社会所能容忍的限度之内。刑法规范与案件事实的矛盾日益突出、刑事司法公正与效率的关系比较紧张、刑事司法中的民主表达尚显欠缺是刑事司法宽容的现实依据。刑事司法宽容包括实体宽容和程序宽容两种类型。其中，实体宽容包括定罪宽容、量刑宽容和行刑宽容；程序宽容包括强制措施宽容、审理方式宽容和证据认定宽容。在司法实践中，由于各种原因，导致刑事司法宽容出现了较大的偏差。第一，宽容理念偏差，表现为重被告人轻被害人、重刑罚效果轻刑罚效益、重司法直觉轻结论检测；第二，宽容路径偏差，主要表现为非羁押性强制措施无序适用、不起诉决定随意使用、另案处理频繁出现、法律论证相对缺乏；第三，宽容程度偏差，主要表现为宽容不足，宽容过度。针对上述偏差，应采取有效控制措施。一是明确宽容条件。能够给予宽容处罚的案件必须具备案件社会危害性相对较轻、行为人主观恶性相对较小、被害人自愿谅解等内在条件，以及存在可替代性处罚措施和能够得到社会公众认同等外在条件。二是划定宽容界限。在法律界限上不能突破实体法原则、不能破坏程序性标准；在社会界限上不能违背社会公序良俗、不能超越社会接受程度；在权利界限上不能侵害被害人权利、不能侵害公共利益。三是强化程序控制。就诉讼内程序控制而言，要确立心证公开原则和建立说明责任制度；就诉讼外程序控制而言，应建立听证制度和完善监督制度。①

田鹏辉

---

① 本书为国家社会科学基金一般项目《中国刑事司法宽容及其偏差控制研究》（15BFX092）的结题报告。

目　录

引　言

一、刑事司法宽容的内涵

宽容作为一种价值观念，并非中国传统文化积淀的产物，而是自16世纪以来在宗教教派逐步分裂的历史过程中，从法语和拉丁语中借用而生，其主要内涵是指教会对异己信仰的容忍。[①]伴随着欧洲启蒙运动的不断发展，宽容的实践领域从17世纪开始也逐步扩大，从最初的宗教领域渐渐向经济、政治、法律、道德和文化等各个不同的领域拓展。"20世纪以来，其活动的主要领域包括宗教信仰、意识形态、政治倾向、政党、阶级斗争、种族、民族、性别、性行为、艾滋病、同性恋等领域。"[②]随着经济社会的不断发展，宽容的含义也在随之变化。在商务印书馆于2012年出版的《现代汉语词典》中，宽容一词被界定为"宽大有气量，不计较或追究"[③]。美国作家房龙在其经典著作《宽容》中采用了《大不列颠百科全书》的解释："宽容（来自拉丁文tolerare-忍耐）：允许别人有判断和行动的自由，耐心、不带任何偏见地容忍那些有别于自己或普遍接受的观点、行为的人。"[④]《布莱克维尔政治学百科全书》认为："宽容是指一个人虽然具有必要的权力和知识，但是对自己不赞成的行为也不进行阻止、妨碍或干涉的审慎选择。宽容是个

---

①参见[德]尤尔根·哈贝马斯：《我们何时应该宽容——关于世界观、价值和理论的竞争》，章国锋译，载《马克思主义与现实》2003年第1期。

②陈根发：《宽容的法理》，知识产权出版社2008年版，第15、16页。

③中国社会科学院语言研究所词典编辑室编：《现代汉语词典》，商务印书馆2012年版，第754页。

④[美]房龙：《宽容》，秦立彦、冯士新译，广西师范大学出版社2008年版，第4页。

人、机构和社会的共同属性。所谓不赞同既可以是道义上的，也可以是与道义无关的（即不喜欢）。"①科恩在《宽容是什么？》一文中指出，宽容是指在多样性情境中，行为者认为有力量去干涉而不去干涉敌对的他者及其行为的一种有意识、有原则的克制。②1995年联合国教科文组织通过的《宽容原则宣言》作出的宽容定义为："宽容是对我们这一世界丰富多彩的不同文化、不同的思想表达形式和不同的行为方式的尊重、接纳和欣赏。宽容通过了解、坦诚、交流和思想、良心及信仰自由而得到促进，宽容是求同存异。宽容不仅是一种道德上的责任，也是一种政治和法律上的需要。宽容，这一可以促成和平的美德，有助于以和平文化取代战争文化。"③从上述词典、学者、联合国教科文组织等对宽容的不同界定可以看出，宽容的内涵极为丰富，外延比较广泛，而且因领域不同宽容的内涵和外延也会存在差异。但比较符合公众常识的是，宽容就是在原有标准或基础上从宽对待他人的观点或行为。人类结成社会的最大公约数是人性，共同的伦理基础和价值观念构成了社会网络的底层逻辑。如果没有宽容，人类社会迟早都会笼罩在战争的硝烟之中。宽容是对人性不完美的一种包容，是对他人最大限度的接纳。我们每个人都不可能尽善尽美，甚至可能犯或多或少的错误，唯有宽容与接纳，可以使不同的群体实现最大限度的团结，从而形成应对共同风险的协同机制。

在刑事法领域，宽容就是指刑事法律要对包括嫌疑人、被告人在内的任何人给予人文关怀，尊重嫌疑人、被告人的人身自由和人格尊严，能用其他法律解决的问题刑事法律尽量不去过问，使用比较轻缓的刑罚

---

① [英]戴维·米勒、韦农·波格丹诺：《布莱克维尔政治学百科全书》，邓正来等译，中国政法大学出版社2002年版，第820页。

② 转引自刘曙辉、赵庆杰：《宽容——和谐社会的德性基础》，载《理论与现代化》2007年第1期。

③ 龚义年：《刑法宽容论》，西南政法大学2011年博士学位论文，第5—6页。

方法就能达到预期效果的尽量使用比较轻缓的刑罚方法。陈正云博士在《刑法的精神》一书中指出："一个制度是否宽容、一个社会是否宽容，往往决定其所拥有的法律制度是否宽容，并以其为外在表征。在法律宽容中，又以刑法宽容性是否具备最为要当。""刑法的宽容性，就是指刑法介入社会生活，介入人类行为领域时，应具有尊重、保护、扩大公民自由、权利的极大同情心、自觉性和责任心，对于人性、人的价值和尊严、人的现实生活和幸福、人的发展和解放给予极大的关注并以此为自己的发展方向和奋斗目标。可以说刑法的宽容性最本质的价值内涵在于刑法要具有人道性，刑法的宽容性的规范内容体现就是要求刑法的制定和适用尽可能与人性相符合，尽可能地宽缓，表现出立足于人类的良知而维护、追求、弘扬、增进人类的善良、仁慈和博爱的特性与倾向。"[1]从陈正云博士的界定可以看出，刑事司法宽容意味着刑事司法程序应基于善意而发动，刑事司法的调控目标应基于现实而确立，刑事司法的调控范围应基于谦抑而划定，刑事司法的调控强度应基于人道而把控。对此，邱兴隆教授进一步指出："刑法宽容性是当犯罪人具有某种值得怜悯、同情的原因时，刑法应该对其有某种宽恕的表示。如果犯罪人具有某种足以令人同情与怜悯的情形，客观存在的社会宽容观念势必影响人们对犯罪人的道德评价，促使人们例外地做出有利于他的评断，即削弱对他的报复与谴责欲望。"[2]犯罪现象根源于现实的物质生活条件，是多种原因综合作用的结果，这就意味着预防、惩罚犯罪的手段应该是多样化的，刑事法律只是社会控制手段之一，仅仅依靠刑事法律不可能有效预防、惩罚犯罪，更不可能从源头上消灭犯罪。法国学者安塞尔指出，在打击犯罪方面，刑法不是唯一的，甚至也不是主要的对

---

[1]陈正云：《刑法的精神》，中国方正出版社1999年版，第200、201页。
[2]邱兴隆：《刑罚理性导论——刑罚的正当性原论》，中国政法大学出版社1998年版，第18页。

付犯罪的工具。首先，应当对"预防"予以极大的注意，通过"预防"抵制诱发犯罪的因素，其中包括个人的因素，即"特殊预防"和社会机体的因素亦即"一般预防"。其次，还应超越刑罚的范围，对犯罪形势和冲突形势，同时也动用民法的、行政法的、社会法的以及教育、卫生、社会福利组织等方法。①树立刑法在防卫社会、控制犯罪中的辅助性工具观念，既有助于社会公众树立正确的刑法观，消除人们对刑法过分迷信的心理，又可以引导人们对其他社会控制手段的关注和重视。众所周知，刑罚是严厉到可以剥夺人的生命权的惩罚措施，因此对维持社会秩序来说，刑事法律只能作为防卫社会、保护权利的最后一道防线而使用，采用其他的手段就可抗制危害行为时应尽量避免启动刑事司法程序。刑法不是控制犯罪的特效药，应当慎重地介入社会生活，其调控范围不应当波及人们生活的各个领域，而必须限于必要的最小限度的领域，只要尚未达到不得已即别无选择的情况，就应当秉持宽容的司法理念，审慎地对涉案人员适用刑罚或基于某种原因作出从宽处理。

我国的刑事诉讼法早已蕴含了宽容的价值理念，即针对犯罪嫌疑人、被告人所实施的行为，公安机关、检察机关和审判机关可根据具体情况适用宽缓化程序，对嫌疑人、被告人不予追究或者予以从宽处理所遵循的宽恕理念。比如，相对不起诉制度。对于无须适用刑罚或者可以免除处罚的轻微刑事案件，检察院可以依法对嫌疑人作出不起诉决定；再如，刑事和解制度。如果嫌疑人、被告人真诚悔罪，得到被害人谅解，且双方达成一定数额的赔偿协议，嫌疑人、被告人可以获得宽宥处理。2012年修改的《刑事诉讼法》将当事人和解案件的诉讼程序列为特别程序，可见刑事诉讼法对司法宽容理念的重视和坚持。此外，刑事诉讼法还设置了未成年人刑事案件诉讼程序，规定了附条件不起诉制度，

①参见[法]马克·安赛尔、王立宪：《从社会防护运动角度看西方国家刑事政策的新发展》，载《中外法学》1989年第2期。

充分体现了在"教育为主，惩罚为辅"基本原则的指导下，对未成年人这一特殊群体给予特殊的照顾。刑事诉讼法倡导并坚持宽容理念，依法对犯罪嫌疑人、被告人从程序上给予宽和的待遇，既有利于司法效率的提高和司法资源的节约，也有利于对嫌疑人、被告人合法权利的尊重与维护，还可以提高裁判结果的社会公众认可度和接受度。刑事诉讼法的宽容理念以保护犯罪嫌疑人、被告人的合法权利为宗旨，应贯穿于整个刑事诉讼过程的始终。

从实体法视角来看，实现刑法宽容的基本路径既包括非犯罪化和非刑罚化，也包括轻刑化。其中，非犯罪化又存在立法上和司法上的非犯罪化之分。立法上的非犯罪化，是指刑事立法机关将现行刑法所规定的轻微犯罪行为或者无被害人的犯罪、受害人是自己的犯罪行为改为或者解释为合法行为或者一般违法行为的刑事立法活动。[1]司法上的非犯罪化，是指刑法关于具体犯罪的罪刑规范没有发生变化，但司法机关通过刑事法律适用活动，不将该行为以犯罪论处。[2]在劳动教养制度废除以前，立法机关采取的是"重罪重刑"的刑事立法模式，仅将较少的危害行为纳入刑法视野，而大量的轻微犯罪与治安违法行为则属行政机关管辖的范围，即实行"治安处罚——劳动教养——刑事处罚"三级法律处罚体系。废除劳动教养制度后，轻罪数量逐步增加，刑法的犯罪圈不断扩大，同时出现了帮助行为正犯化和预备行为实行化的倾向。与此相适应，以"刑事处罚为顶、治安处罚为底"的违法犯罪行为治理体系逐步形成。目前，《刑法》分则的罪名已经高达480多个。对于一些法定最高刑不超过三年的轻微经济类犯罪和妨害社会秩序的犯罪，采用民事的、经济的或治安管理方面的制裁方法予以非犯罪化处理，可能更有利

---

[1]参见王明星：《论刑法的宽容性》，载《中州学刊》2010年第4期。
[2]参见贾学胜：《司法上的非犯罪化及其中国实践》，载《云南社会科学》2013年第6期。

于维护社会稳定，刑事诉讼法中的不立案和相对不起诉规定就是轻微犯罪实现非犯罪化的司法途径，为避免刑法的机械性适用留下了人性化的出口。另外，社会公众普遍关注正当防卫的把握问题，其焦点就在于对"明显超过"必要限度及正当防卫前提条件的认定。司法机关应立足于"保护正当防卫，让见义勇为者敢做敢为"的基本立场，正确理解"对正在进行行凶、杀人、抢劫、强奸、绑架以及其他严重危及人身安全的暴力犯罪，采取防卫行为，造成不法侵害人伤亡的，不属于防卫过当，不负刑事责任"的立法规定，防止机械、僵化地适用法律。根据罪刑法定和国家诚信原则，对部分危害行为在司法上予以非犯罪化处置，并不是刑事法律在危害行为面前的无奈和退让，而是刑事法律对危害行为应有的基本宽容和对其他社会控制手段的基本尊重，彰显了法治文明的进步，也是社会为危害行为承担应有责任的具体表现。这种司法宽容恰恰可以使国家更加从容、有效地调节社会秩序与公民自由保障之间的平衡关系，从而促使人们拥有更充足的自由空间去展现聪明才智，发挥创造才能。非刑罚化，是指司法机关对某些比较轻微的犯罪行为或者未成年人实施的较轻犯罪适用非刑罚处置方式或者原判刑罚附条件地不予执行，使刑事处罚措施逐步缓和化。①我国《刑法》第37条规定的免予刑事处罚制度和第24条等条款规定的免除处罚情节，就是从立法上限制刑罚的适用范围。基于此，对于具有免除刑罚情节的罪犯、罪行轻微的罪犯或者有轻微罪刑的未成年人，刑事司法机关应采用不具有刑事制裁性质的刑罚的手段予以处理。人民法院依法对情节较轻、不致再危害社会的犯罪分子判处缓刑、人民检察院对轻微犯罪依法作出的不起诉决定都是非刑罚化的典型表现形式。轻刑化，是指在刑事审判过程中，对符合某一具体犯罪构成的行为，判处较轻刑罚就能达到最佳刑罚效果的就不

---

① 参见王明星：《论刑法的宽容性》，载《中州学刊》2010年第4期。

应判处较重的刑罚。[①]即使是拘役、三年以下等短期自由刑，也存在让罪犯脱离社会等诸多缺陷。因此，在刑事诉讼过程中，司法机关应尽量不科以刑罚，可判处较轻刑罚的就坚决不判处较重刑罚；可适用缓刑的就不动用实体刑。意大利著名刑法学者杜里奥·帕多瓦尼曾指出："短期自由刑由于时间太短，不可能发挥监狱的改造功能，同时它又长得足以显示监禁刑的消极作用；对于被判刑的犯罪人而言，短期自由刑既使其被打上了犯罪者的社会烙印，又割断了家庭与劳动的联系；对社会而言，被判刑人在狱中感染的'犯罪病毒'必然会增大其再犯罪的危险性，当一个第一次因实施最轻微的犯罪而被判刑入狱的人走出监狱时，他不仅学会了实施最严重犯罪的本领，他所面临的被抛弃者的新处境也会促使他再次犯罪。为了弥补短期监禁刑的固有缺陷，缓刑制度应运而生。"[②]鉴于此，对危险驾驶等较轻犯罪和聚众淫乱等无被害人的犯罪尽量适用较轻刑罚，也可适度提高缓刑适用率。

当前犯罪态势出现了"严重暴力犯罪不断减少、轻罪案件大量上升"的新特点，[③]对于案情简单、事实清楚的轻罪案件和因民间矛盾引发的案件，以及初犯、偶犯、未成年犯，可依法适用认罪认罚从宽制度，该从宽的坚决依法从宽，可适用缓刑的就应当适用缓刑，可以判处免刑的就应当判处免刑。另外，刑事司法的宽容不仅体现在实体上，也体现在程序上。坚持罪责刑相适应原则，可不采取羁押性强制措施的，就不要采取羁押性强制措施。同时，要合理配置刑事司法资源，落实繁简分流的案件处理机制，完善速裁程序，规范简易程序，理顺程序转换机制，实现案件轻重分离和程序快慢分道。当然，刑事司法宽容必须是

---

① 参见王明星：《论刑法的宽容性》，载《中州学刊》2010年第4期。

② [意]杜里奥·帕多瓦尼：《意大利刑法学原理》，陈忠林译，法律出版社1998年版，第357—358页。

③ 参见张忠斌：《刑事审判要坚决防止引发"破窗"效应》，载《人民法院报》2019年12月12日，第2版。

在法律范围之内的从宽处理,并具有一定的条件性和限度性。在经济社会的发展取得长足进步的同时,各种社会问题叠加、矛盾交织,危害公共安全领域的问题不断滋生蔓延,涉众型违法犯罪频发,金融风险等各类社会风险不断累积。刑事司法应主动回应社会关切。对于涉黑涉恶、爆炸、抢劫、绑架、强奸等严重犯罪,或蕴含敏感因素且社会公众反映强烈的案件,即便被告人与被害人双方自行达成赔偿谅解协议,也要慎重把握能否从宽以及从宽的幅度,防止社会公众产生"花钱买刑""以钱买刑"等错误判断。对于没有获得赔偿的被害人及其近亲属可通过刑事司法救助程序恢复受损权利。对于一些新型犯罪及案件,如涉疫苗犯罪、危害校园安全犯罪、抢夺方向盘及殴打驾驶员等妨害安全驾驶的犯罪、涉高空抛物坠物刑事案件、暴力伤医案件,必须依法从严,避免引发"破窗"效应。对于群众反映强烈的电信诈骗、养老诈骗、危害食品药品安全、污染环境、传销、残害未成年人、网络犯罪等侵犯公民人身、财产安全的犯罪,也应果断出手,依法严惩,切实维护广大人民群众的合法利益。刑事司法应在法律框架内最大限度体现政策,做到区别对待、轻重有别,"严"要严到让所有的不知悔改的罪犯付出惨重代价;"宽"要宽到让认罪认罚、投案自首、积极立功的人不后悔自己的选择。这是对宽严相济刑事政策最有力的阐释。

二、刑事司法宽容的本质

宽容作为一种包含真美善的稀缺社会资源,是一种博大的胸怀和超然洒脱的态度,是人类至高的精神境界,也是人类道德情感的重要组成部分。时至今日,宽容已从最初的宽容理念、宽容思想发展成宽容制度,并正在逐步融入包括政治、经济、法律、文化等在内的社会生活各领域,在协调国家与社会、国家与公民、社会与公民等关系中发挥了重要作用,已获得社会公众的普遍认可。宽容既是"克制和忍让,即容许别人有行动和判断的自由，对不同于自己或传统观点的见解的耐心公正的容忍"①，又是尊重和平等，即基于人格平等的前提条件，秉持理解的心态和尊重的立场，通过平和、友善的行为方式，宽恕不同于自己的行为和不同于自己的观念，以此来体现具有普遍价值向度的道德态度和文化态度。从根本上说，宽容就是要超越自我，承认和尊重他人的平等人格和合法权益。当法治成为人们的思维方式，成为规范公众生活、调整社会关系主要规则时，宽容自然就会逐渐升级为法治的同胞兄弟，成为调控国家与社会、国家与公民、社会与公民之间关系的基本原则。

在"依法治国、依法执政、依法行政共同推进，法治国家、法治政府、法治社会一体建设"的时代背景下，宽容和缓的法律制度特别是宽容和缓的刑事法律制度是实现国家治理体系和治理能力现代化的重要保障，而刑事法律制度的宽容和缓实际上就是公安机关、检察机关、审判机关对待犯罪现象和犯罪嫌疑人、被告人的基本立场和态度。实际上，刑法由万能论向有限论、重刑论向轻刑论、工具论向目的论转化的过程就是刑法宽容的实现过程，只有抛弃重刑思想而立足于人道的刑法才能与社会文明的发展规律相符合，与时代宽容的精神内涵相适应。陈兴良教授指出："刑法的宽容不仅仅是一个刑罚轻重的问题，更是一个刑法在调整社会与个人关系的时候应当把握的准则。"②陈正云博士也认为，"刑法宽容性的具备，对刑法自身的存在和发展是必要的，也是社会发展之所需。一个社会发展的关键在于社会的创新以及创造能力的具备，而社会创新、创造能力的有无和强弱在于社会成员有无充分的自由。刑法宽容性的根本目的就是尊重、维护、扩大社会成员发挥创造潜能的行为自由和个性"③。从陈兴良教授和陈正云博士的论述可以

①[美]房龙：《宽容》，秦立彦、冯士新译，广西师范大学出版社2001年版，第12页。
②陈兴良：《当代中国刑法新视界》，中国人民大学出版社2007年版，第159页。
③陈正云：《刑法的精神》，中国方正出版社1999年版，第209页。

看出，刑法宽容就是要尊重人的权利和自由、关照人的价值和尊严。因此，我们必须用宽容的精神定位刑法与犯罪、惩罚和犯罪人权利之间的关系，刑事司法机关应时刻保持克制，谨慎地介入人类生活，在罪刑法定和无罪推定原则的指引下，将刑法由对犯罪的惩罚法转变为对犯罪人的保护法、由制裁犯罪的规则转变为犯罪分子的人权宣言，体现罪名设立的适度和刑罚配置的人道，传递国家司法机关的公权力对被追诉人的同情和对被害人的关爱，进而展示现代刑法的文明，树立现代刑法的形象，维护现代刑法的信用。

现代刑法对犯罪人的宽容需要司法机关展现在整个刑事司法过程之中。众所周知，犯罪人固然实施了危害社会甚至是严重危害社会的行为，但并不是所有的犯罪都达到了罪刑极其严重的程度，犯罪分子作为社会的一员也拥有自己的合法权利，特别是有一些犯罪分子属于"事出有因、情有可原"的情形，而对这类犯罪分子进行处罚时必须坚持人本主义理念，体现现代刑法的仁爱与宽和，进而引导民众的价值取向和行为方式。在法治社会里，刑法具有第二手段的性质，只有在补充其他法律规范的不足时才能介入侵权纠纷中。从本质上说，犯罪就是国家与个人之间的一种纠纷或冲突。在这种纠纷或冲突中，对具有法定从轻、减轻情节或真诚悔罪或具有其他值得同情情形的犯罪人，可以在程序上从简、在实体上从宽，避免行为人因为"犯罪"的标签而再次实施危害社会的行为或产生其他负面的社会效应。在此必须强调的是，刑事司法宽容是对值得或能够给予宽容的犯罪分子进行宽容处理，而绝不是对犯罪分子的司法溺爱，更不是司法放纵。对于罪行极其严重或者具有严重社会危害性的犯罪分子，比如在新冠肺炎疫情防控期间实施犯罪行为的人，特别是故意传播新冠病毒的人，必须依法严惩，进而实现刑事司法宽容的宽严有节、张弛有度。这些作为不仅对社会公众的身体健康和生命安全产生威胁，而且对社会秩序造成一定程度的破坏。人民法院在审理相关犯罪案件时，必须坚持公正裁判与价值引领相融合。法谚有云："正义是从裁判中发声的。"公正的刑事立法和权威的司法裁判是社会主义核心价值观融入法治建设的重要途径和重要保障，在向社会公众传递正确的价值导向的同时，让社会公众在更多的刑事案件中实实在在地感受到公平和正义，从而推动社会主义核心价值观在广大社会公众的心中落地生根。

新中国成立70多年来，伴随着改革开放进程的不断加快和经济社会的飞速发展，我国的刑事司法制度从基本国情出发，历经多次变革和调整，逐步形成了与刑事司法规律基本相符合，兼具合理性与先进性的刑事司法宽容理念体系。可以说，新中国70多年刑事司法史就是一部刑事司法宽容史。新中国成立初期，由于缺少系统完备的刑事实体法和程序法，各级司法机关只能依照党的方针政策和单行刑事法律审理案件。1953年4月召开的第二次全国司法工作会议就明确指出，司法工作必须坚持党的领导、坚持群众路线和坚持实事求是的工作作风。1956年2月，第三次全国司法工作会议在总结肃反斗争经验和教训的基础上，明确提出刑事司法审判工作必须按照法律制度和法律程序办事，坚持"以事实为依据，以法律为准绳"，做到"正确、及时、合法"。1962年10月召开的第六次全国司法工作会议正式确立了"重证据，不轻信口供"等原则。在前几次全国司法会议倡导的法治精神的基础上，最高人民法院于1963年12月召开的第一次全国刑事司法审判会议，再次明确强调刑事司法审判必须执行法定制度和法定程序，这充分彰显了刑事审判的法治理念。"文化大革命"后，第二次全国刑事审判工作会议于1978年10月在上海召开。会议明确要求刑事审判要"准确、及时、合法"，对刑事申诉案件必须坚持"有反必肃，有错必纠"原则，必须避免混淆人民内部矛盾和敌我矛盾，必须防止错判错杀。经过几次全国司法工作会议和全国刑事审判工作会议的反复要求和坚持，诸如案件事实永远是刑事司法裁判的依据、绝不允许司法人员主观臆断和弄虚作假、案件证据必须确实充分、坚决平反纠正确有错误的司法案件等一些具有现代意义的刑事司法理念基本得以确立。1979年，随着《刑法》《刑事诉讼法》的陆续颁布实施，刑事司法工作开始逐渐走上法治化的轨道。1981年11月，在河北省石家庄市召开的第三次全国刑事审判工作会议强调，审判案件必须严格依照刑法和刑事诉讼法，必须善于运用刑事法律来有效地打击、惩罚犯罪，并保护人民的合法权利；不仅要全面地理解政策和法律，更要全面执行政策和法律，坚持"惩办与宽大相结合"；可逮捕也可不逮捕的坚决不予逮捕，可定罪也可不定罪的坚决不予定罪，可判死刑也可不判死刑的坚决不判死刑。此次会议主张的"惩办与宽大相结合"，充分体现了"谦抑"的刑法精神，极大地丰富与发展了我国刑事司法理念，至今仍有重要指导意义。从1997年开始，具有现代意义的刑事司法理念——"罪刑法定""无罪推定""疑罪从无"等在实体法和程序法上被正式确立。1997年9月，在北京召开的第四次全国刑事审判工作会议要求各级人民法院认真贯彻执行罪刑法定、罪责刑相适应、刑法面前人人平等等刑法基本原则，继续坚持惩办与宽大相结合，严格依照刑法的规定来认定犯罪和确定罪名。在2006年11月召开的第五次全国刑事审判工作会议上，社会主义法治理念被首次提出，同时主张惩罚犯罪与保障人权要并重，实体公正与程序公正要统一，司法公正和诉讼效率要兼顾。此次会议在我国刑事司法理念发展史上具有里程碑意义。党的十八大之后即2013年10月召开的第六次全国刑事审判工作会议明确提出的"转变和更新刑事司法理念，推动刑事司法理念创新"等论断对于我国刑事审判理念的丰富和完善具有重要意义。2019年10月，在建设平安中国、法治中国背景下召开的第七次全国刑事审判工作会议提出，要树立与新时代和新要求相适应的现代刑事司法理念，严格落实宽严相济刑事政策，兼顾天理国法人情，保持刑法的谦抑精神，坚持疑罪从无，坚持庭审实质化，推进案件的繁简分流。从整个宽容的刑事司法理念形成、发展的过程可以看出，刑事司法宽容就是要重事实、重证据、重人权，从而实现刑事司法的公平与正义、促进刑事司法的法治化、现代化。

三、刑事司法宽容的意义

在新中国70多年的法治征程中，刑事司法制度的每一次改革完善都是迈向宽容司法、确认公民权利的矫健步伐。从"疑罪从有"到"疑罪从无"，从"类推制度"到"罪刑法定"，从"证明案件真实情况的一切事实都是证据"到"非法证据排除规则"，从"坦白从宽、抗拒从严"到刑事辩护制度的确立再到"刑事辩护全覆盖"，均体现了当代中国刑事司法重视社会公平正义、尊重公民权利和保障公民自由的根本价值取向，表明了我国刑事司法制度越来越注重在点滴个案中累积司法公正，在具体操作中重视刑法的人权保障机能，从而反映了刑事司法中蕴含的对被追诉人的宽容精神。随着时代的变迁和社会的发展，社会基本价值观念特别是法律价值观念也必然不断地变化和进步。最高人民法院、最高人民检察院、公安部、国家安全部、司法部于2016年联合出台了《关于推进以审判为中心的刑事诉讼制度改革的意见》，明确了法庭审理在整个刑事司法过程中的中心地位，要求大力推进庭审实质化，完善对侦查机关和检察机关的监督机制和制约机制，在查明案件事实、认定案件证据、保护当事人诉权等方面法庭审理要发挥决定性作用。2019年2月27日，最高人民法院发布的司法改革白皮书披露，2013年以来，通过再审程序人民法院共纠正了46起重大的刑事冤假错案，涉及94名被追诉人。一个个鲜活的个案，一次次庄严的审判，就是一部部生动的法律教材和法治样本。司法机关始终坚持以事实为根据、以法律为准绳，既注重实体公正，又强调程序正当，深入落实宽严相济刑事政策，用典型的个案推动了以良法善治为核心的法治进程及经济运行、行政管理等各个领域的改革，取得了法律效果和社会效果的统一。

在当前，法律的价值应该是多元的，而不是单一的；而且在不同的时期，基于不同的社会环境和条件，对于某些价值的倾向性会更加明显。①价值多元化的问题在刑事司法领域同样存在，而且随着社会的进步和文化的变迁某些方面价值观念的侧重点也会发生变化。我国正面临百年未有之大变局，社会形势纷繁复杂，在刑事诉讼中多元利益主体并存，而不同利益主体的价值追求各不相同甚至截然相反。为实现各方诉讼利益的最大化，就需要对多元的价值观念和利益诉求进行综合评判。就公正和宽容两种价值观念而言，就应在刑事司法过程中同时存在、相互融合，而不应仅将其一作为刑事司法的价值追求。在法治国家，公正永远都是刑事司法的生命，无论实体公正还是程序公正，都要求侦查机关、检察机关和审判机关严格依照刑事诉讼法规定的法定基本程序，平等、公正地对待每一个嫌疑人、被告人和被害人，确保刑事司法的裁判结论能为各方当事人接受。宽容是一种善的不等利害交换，既表现为公安机关、检察机关和审判机关等公权力的自我克制以及依法为犯罪嫌疑人、被告人提供全面的权利保护，又表现为遭受损害的被害方，仅要求嫌疑人、被告人赔礼道歉或支付较适当数额的赔偿金，进而给予嫌疑人、被告人以适度的宽恕。宽容和公正都是刑事诉讼中非常重要的伦理道德原则，社会公众可以通过公正、宽容的司法过程体会到刑事诉讼中所彰显的公权力对私权利的关照，以及人与人之间的人文关怀。值得注意的是，公正的司法虽然可能达到预期的法律效果，但不一定能达到预期的社会效果，即社会公众不一定能认同和接受。而适度的司法宽容则可能更有利于救济被害方的受损权利，修复加害方与被害方的关系，恢复正常社会秩序和生活秩序。法律惩罚的是犯罪行为，而非罪犯本身。

---

① 参见陈根发：《论宽容的法哲学基础》，载《太平洋学报》2007年第5期。

刑事司法宽容的实质是一种人性的关怀，意味着司法机关应为被追诉人提供更为人性化的利益保护。在刑事司法过程中坚持宽容理念，适度从宽处置，是实现各方诉讼参与人利益最大化的正当路径，可能给各方诉讼参与人带来共赢的结果。具体而言：第一，可以缩短诉讼时间，降低诉讼成本，提高诉讼效率，从而可以将更多的人力和物力投入危害国家安全、涉黑涉恶等其他严重犯罪的处理中，促进司法资源的优化配置和有效利用。近年来，大学生掏鸟案、气枪案等个别案件的裁判结果之所以引起社会舆论的轩然大波，原因之一就是司法人员在将案件事实与刑法条文进行匹配的过程中，没有充分地贯彻与体现刑法的宽容精神，进而与民众内心朴素的价值观和正义观产生了明显冲突。在此意义上来说，司法机关对被追诉人予以适度宽容的司法处置，有利于遭到犯罪行为侵害的社会秩序的迅速恢复，从而强化社会的稳定，促进社会的和谐。第二，适度宽容的司法处置，既可以使被追诉人尽快摆脱漫长的诉讼程序，避免因程序过度烦琐而产生过多负面后果，又可使被追诉人尽早地回归社会，恢复正常的社会生活，实现诉讼利益的最大化。宽严相济作为我国基本的刑事政策应与司法改革紧密结合并贯穿整个司法改革过程的始终。当前，各级司法机关应严格按照全面推进依法治国的总目标，结合轻微犯罪比重逐渐增加和恶性犯罪有所下降的新态势，不断巩固、发展以审判为中心、认罪认罚从宽制度和刑事速裁程序等各项司法改革的重要成果，有效实现"案件繁简分流、轻重分离、快慢分道"，加强对被追诉人的权利保障。第三，从被害人角度来看，对被追诉人进行宽容处理，可使被害人获得物质赔偿，进而修复被害人的受损权利，缓解被害人与被追诉人之间的对抗情绪。可以说，刑事司法宽容作为对被追诉人的人文关怀，是司法价值和司法利益多元化的自然产物，也是价值相对主义法哲学的必然要求，可以展现一定阶段的司法生态。

在推进中国式法治现代化过程中，刑事司法宽容的重大时代价值和深远实践意义不容置疑。但必须注意的是，在司法实践中，由于各种原因，导致刑事司法宽容出现了较大的偏差，即应该宽容的没有被宽容，应该从重的反而得到了从宽处理，这严重背离了司法改革的初衷，不符合"让人民群众感受到公平正义"的时代要求，与实现国家治理体系和治理能力现代化存在较大距离。从本质上来说，司法机关贯彻宽严相济刑事政策，必须结合经济社会的发展步伐，根据犯罪态势的最新变化，在法律法规的现有框架内，对从宽的对象和从严的力度进行适时调整，及时回应社会关切。中国特色社会主义已经进入崭新时代，社会治安形势基本平稳，总体可控。在此情形下，司法机关应坚持以人民为中心的基本立场，深入贯彻总体国家安全观，合理把握宽严的尺度。对于情节较轻、社会危害性较小的犯罪，以及被追诉人认罪认罚的案件，可依法从宽处理；对于危害国家安全、暴力恐怖等犯罪，涉黑涉恶等严重危害社会治安的犯罪，贪污贿赂等职务犯罪，电信网络等新型犯罪，金融领域犯罪，污染环境、危害食品药品安全、危害校园安全等民生领域犯罪，可依法适度从重处理，以此来满足人民群众对刑事司法的新要求和新期待，把中国司法的制度优势转化为治理效能。

一、刑事司法宽容的依据

（一）理论依据

1. 个人责任观检视

纵观漫长的人类社会历史，个人依附于特定团体的现象长期存在于前资本主义社会之中，致使每个人的个性都无法得到充分展示和张扬。梅因就曾指出："我们在社会的幼年时代中，发现有这样一个永远显著的特点。人们不是被视为一个个人而是始终被视为一个特定团体的成员。每一个人首先是一个公民，然后，既是一个公民，他必是阶级中的一个成员……其次，他是一个氏族、大氏族或部族的成员；最后，他是一个家族的成员。作为社会的单位的，不是个人，而是由真实的或拟制的血族关系结合起来的许多人的集团。"[①]所以，在古代法律制度中，团体才是法律责任的主要主体，而个人不是法律责任的主体。在刑事法律制度中，团体责任的典型表现就是"株连治罪"。伴随着资本主义经济的逐步发展和科学技术的不断进步，一元政治社会日渐淡出，二元的政治社会和市民社会相应地开始出现，人的个性逐渐得到展示和张扬，人民对自由的向往和对权利的追求日益强烈，同时也开始要求和强调个人责任。时至今日，个人责任早已成为现代刑事法律的一项原则。所谓个人责任，就刑事责任的主体范围而言，主要是指刑事责任只能由实施危害行为的个人来承担，而不能牵连其他人，即罪责自负。就刑事责任的大小和刑罚的轻重而言，应根据行为人所处的社会背景、时空条件等具体情况，考察其人身危险性和行为社会危害性的大小。个人责任替代

---

①[英]梅因：《古代法》，沈景一译，商务印书馆1959年版，第105页。

了团体责任，既是人权受到尊重的表现，更是一种时代的进步。

当然，随着时代的进步，刑事法律中的个人责任原则的不足之处也逐渐暴露出来，在复杂多变的风险社会更是显而易见。在风险社会中，风险主要来源于法人等各类组织而不是个人，而依照个人责任原则无法追究法人等各类组织的责任。法人、团体等各类社会组织本身在主观上不可能具有犯罪意图，也没有办法接受管制、拘役和有期徒刑等刑事处罚，但法人、团体等各类社会组织可能带来的公共危害等社会危害是客观事实。为此必须确立法人责任原则，让法人、团体等各类社会组织承担相应的刑事责任。有学者指出："根据责任主义与共犯理论，对他人不法行为的事后认可并不成立共同犯罪，不能以教唆犯或帮助犯追究其刑事责任。但在法人犯罪的场合，法人的高层管理人员对下级雇员实施的不法行为的事后授权、批准或者容认，由于足以表征法人或高层人员的犯意而可构成追究刑事责任的依据。"①法人责任原则的确立，标志着在个人责任之外开创了团体责任之先河。时至今日，世界各国立法已普遍认可了法人责任原则。我国1997年《刑法》在总则中就用两条专门规定了单位犯罪的概念和刑事责任。在风险无处不在的社会中，科技越发达风险性越高，特别是在食品安全、环境安全等领域，一旦风险转化成实害，危害结果的严重程度不可设想。此时如果将刑事责任完全归结为个人，则既是对个人责任的过度扩张，又会因个人能力的有限而不利于对受害方的权利救济，更可能导致对实施危害行为的单位的放纵。就我国刑法中的单位犯罪而言，其主体是单位而不是个人，多数情况采取"双罚制"，即既处罚单位又处罚个人，这实际上是要求单位和单位成员不忘其应承担的社会责任，体现了责任主义对预防犯罪价值的倾向。

2. 国家责任观追问

从源头上来说，国家责任属于国际法中的概念。所谓国际法中的国

---

① 劳东燕：《公共政策与风险社会的刑法》，载《中国社会科学》2007年第3期。

家责任，一般是指某一国家因没有履行或没有完全履行其国际义务而应承担的法律责任。随着国际关系的不断发展和世界格局的不断调整，国家责任规则的内容也相应发生变化。就目前而言，国家对其国际不法行为不仅要承担相应的法律责任，还应包括对人权的尊重和保障。据此，作为国际社会大家庭中的基本成员，每一个国家都应为整个人类的安全、健康、和平和绿色发展履行相应的义务、承担相应的责任；作为一个行为主体和责任主体，每一个国家都应为其国民的安全、健康、幸福和社会保障履行相应的义务、承担相应的责任。国家对自身的行为承担相应的法律责任、对自己的国民履行相应的法律义务是法治国家的重要原则，能够体现一个国家的理性精神和道义担当。在经济发展日益全球化和世界发展日益多极化的今天，国家是否承担相应的法律责任及责任承担得如何，对一个主权国家的生存与发展及其国际地位具有重要作用。随着新时代的到来，国家责任日益成为国家以维护人的尊严为价值核心的郑重承诺。承担和履行国家责任是政府正常开展工作的基本前提，提供符合公众需求的公共产品是政府承担和履行国家责任的基本行为。如果公民的合法权利因为政府的错误行政行为而受到损害，国家作为责任主体就应承担赔偿等相应的法律责任。从本质上说，国家责任就是国家对政府、社会管理失误所承担的必要后果。国家救助、国家补偿、国家预防义务、国家安全保障等都是国家承担责任的基本形式。

就我国而言，国内的现实因素是国家责任形成的催化剂。有学者指出："我们看到，无论是从内政还是从外交来说，国家责任都是我国目前面临的一个中心课题……在国内政治领域，作为国家的治理者和领导者，它的权力是人民赋予的，有责任保障人民的权利不受侵犯，有义务维护政治、经济和社会秩序的稳定、和平与安宁，有责任和义务惩治腐败，建立廉洁、高效的法治政府。"[1]法治国家、法治政府、法治社会

---

[1]高全喜：《大国、法治国与国家责任》，载《权衡》2006年第8期。

和共享经济、人类命运共同体思想的提出，意味着国家、政府无论在国际还是在国内，都应承担更多的法律义务和更大的法律责任。这是社会主义法治国家的基本内在要求，是在"以人民为中心"的崭新时代全面推进依法治国过程中，必须不断强化的时代主题和深刻的政治承诺。"以人民为中心"和"坚持人民的主体地位"意味着国家责任的内涵早已超出了一般侵权责任的范畴，国家责任就是要求国家承担起对国民的生存、生活和发展全面照顾的责任，为人民对美好生活的向往变成现实做好顶层设计和相应的制度安排。特别是当市场失灵和社会失序的时候，国家必须更加积极作为，构建一个包含经济赔偿、司法救助、社会保障、风险预防等内容的全新的国家责任体系。可以说，国家责任本身就是一种国家财富和国家能力，而且往往胜于国家财富和国家能力。一个伟大的国家往往并不是因为她比别的国家强大而被世人尊敬，而是因为她的"人格魅力""道德情操""诚信友爱"等品质而使世人"诚服"和"仰慕"。①

在刑事司法领域，当前的一些社会群体性事件发生的直接原因就是农民田地被剥夺、房产被强行拆迁、工资无法兑现等，而又得不到公正裁决和公平补偿，致使其生存出路面临严重威胁。改革开放40多年以来，我国在经济飞速发展、科技不断进步、网络日益发达的同时，贫富差距逐步拉大、社会不公平问题时常出现、基尼系数越过警戒线等客观事实，在一定程度上激化了社会矛盾。特别是部分地方出现的日趋严重的群体性腐败分子对国有资产的过度侵吞，集团性勾结的官商对弱势群体合法权益的严重掠夺，造成社会公众意见很大，而又得不到行政权力与司法权力的有效救济，进而产生新的社会矛盾。此时，若想抚平遭到权力伤害者的心灵创伤，满足社会公众的需求，让其真实地具有获得

① 参见周志田、胡淙洋：《国家责任的内涵与评估初探》，载《科学对社会的影响》2008年第4期。

感、公平感和安全感，国家及其政府相关各部门必须勇于担当、敢于作为，坚定地承担起国家的政治责任和赔偿责任，这也是文明国家的一种政治道德与法治惯例。

在刑事司法中，随着个人责任观向个人责任与国家责任并重观的逐步转变，人们开始追问国家究竟应该在犯罪现象发生的过程中，如何承担责任、承担何种责任、承担多少责任。犯罪作为一种社会现象，到底缘何产生，国家对国民的生存、生活照顾得如何？国家保障公共安全的责任履行得怎样？在行使权力的过程中是否实现了公正与平等，是否采取了切实可行的措施来预防和减少犯罪现象的发生？犯罪根源于现实的物质生活条件，不仅仅是一个只涉及被追诉人本身的事情。人们对国家责任的关注使得国家要时时警惕自身的短板与不足，在刑事程序之中时刻保持公权力的谦抑和克制，在刑事程序之外不断探索完善制度的新路径，革除现有制度中的不良因素，从而使刑事司法更加人性化和宽容化。

3. 社会责任观确立

社会由众多的集体和个人组成，是个人的一种更大范围、更高层次的有机结合，社会意志既要以个人基本的意志为基础，还要注重对个人意志的发展和张扬。国家是由法律秩序确定的一个共同体，国家意志作为公共意志是个人意志的有机结合体，也是对社会意志的继受。20世纪以来，随着市民社会理论的广泛兴起，个人主义和国家中心主义的法律本位观都受到了诸多质疑和较大挑战，而社会力量的迅猛发展、社会组织的不断强大和法律的社会化运动逐步兴起，明显强化了对国家中心主义法律本位观中不良倾向的有力纠正。社会本位的法律观更加关注社会的统合作用，而社会公众所向往的公平与正义恰恰是各种因素经过社会统合后的公平与正义。正如博登海默所言："如果我们并不试图给出一个全面的定义，那么我们就有可能指出，满足个人的合理需要和主张，并与此同时促进生产进步和提高社会内聚性的程度——这是维续文明的社会生活所必需——就是正义的目标。"①

随着人类知识的不断增长、社会文化的不断进步和精神文明的不断提高，犯罪现象不但没有相应减少，反而在部分国家和一些地区呈现上升之势，几乎成为不可消灭的社会常态，既影响人们正常的生活秩序和工作秩序，更影响经济社会的健康发展与和谐稳定。但绝不能因此得出人类知识的增长和文明的进步导致了犯罪发生的结论。著名的意大利犯罪学家加罗法洛曾指出："人类生产活动的增长绝不会导致犯罪的增加。统计数字表明，文明的一个有益的作用是使犯罪活动专门化，即将它局限于某种特殊形式的范围内并使其成为顽固阶层特有的行业或职业。由此我们可以说，在一个高度进步的民族中，犯罪正在不断缩小其范围并逐渐集中于某个单一阶层中，这一点从惯犯的统计数字中也可以看出。但是这种集中过程是缓慢进行的，它不会在我们这代人中实现，而必须经过许多个世纪。不论如何，我们有义务谨慎从事，不要给文明以任何指责，以致于断言文明的进步促进了犯罪。"②这就使得人类不断与犯罪现象进行的斗争变得更加艰巨、持久、复杂，包括死刑在内的任何严厉的刑罚都只能将犯罪遏制在一定范围内，而不可能从根本上消灭犯罪。法国著名社会学家E.迪尔凯姆曾指出，"由于人类具有不可纠正的恶习，所以犯罪就成为一种人们虽不愿意但又不可避免的现象；而且，也在确认犯罪是社会健康的一个因素，是健康的社会整体的一个组成部分"，只有在"一个圣人们组成的社会，一个模范的完美的修道院，在那里可能没有纯粹的犯罪"。③就其本质而言，人具有自然和社

---

①[美]博登海默：《法理学：法律哲学与法律方法》，邓正来译，中国政法大学出版社1999年版，第264页。

②[意]加罗法洛：《犯罪学》，耿伟、王新译，中国大百科全书出版社1996年版，第162页。

③[法]E.迪尔凯姆：《社会学方法的准则》，狄玉明译，商务印书馆1995年版，第84、86页。

会两种属性。就人的自然属性而言，任何人都有在现实生活中追求自己的幸福与快乐的需要和谋取个人利益最大化的本能；而就人的社会属性来说，正常人都应该意识到自己在追求幸福时也应让其他人幸福，至少不应该妨害或减少其他人的幸福。这两种属性决定了人生来就要过社会生活，同时生来就有与社会公众利益相悖的欲求。[①]而这种由人的本性激发出的社会矛盾，决定了人类社会中的犯罪现象是不可能彻底消灭的。从根本上说，犯罪现象的出现既有个人方面的生理和心理因素（包括先天的遗传、性格与后天的教育、家庭的结构与功能等），更有深层次的社会因素（包括社会价值观、社会与政治风气、学校教育、休闲活动、工作环境等）。诸多的个人因素和社会因素未必都会阻碍社会进步，即使是有利于社会发展的因素，如网络技术等同样可能引发犯罪行为。另外，与具有社会危害性一样，犯罪行为也具有一定的缓解社会张力和促进社会代谢功能。"犯罪作为一种社会代谢现象，微观上危害社会与宏观上伴生社会代谢、促进社会发展甚至形成了千古悖论。"[②]可以说，犯罪现象是人类社会中的正常现象，无论发展中国家还是发达国家都不可避免犯罪现象的长期存在。这一人类社会的共识也提醒着司法机关，在刑事诉讼过程中必须重视犯罪现象产生的时代环境和社会土壤，不应将惩罚的目光单一地盯在实施具体犯罪的行为人身上，把被告人的成长背景、生活经历和现实困境从诉讼程序中剥离。林山田教授曾指出："自犯罪学的个案研究得知，为数不少的犯罪，行为人本人固然难辞其咎，而应受到刑罚的制裁，可是社会亦应对此罪行担负相当的社会责任。"[③]在注重惩罚被告人的同时，也应关注修复被犯罪行为破坏

[①]参见田宏杰：《宽容与平衡：中国刑法现代化的伦理思考》，载《政法论坛》2006年第2期。

[②]梁根林：《刑事政策：立场与范畴》，法律出版社2005年版，第24页。

[③]林山田：《论防制犯罪的对策》，载台湾《刑事法论丛》，台北，元照出版公司1997年版，第469页。

的社会关系。因此可以说，在当今的刑事诉讼中，司法机关必须注重社会在犯罪现象产生和在刑事责任承担中的重要作用，将刑事责任观由个人责任观、国家责任观为中心逐步转向社会责任观，用克制的原则和宽容的司法将犯罪现象控制在社会所能容忍的限度之内。

当前，整个世界正值百年未有之大变局。刑事法律面对纷繁复杂的社会现实，在保持基本的谨慎与克制的同时，也要考虑到案件背后那些复杂的成因和社会背景，既要克制"重刑主义"的内心冲动，更不可盲目、机械地司法。以未成年人犯罪为例。2016年11月1日，我国教育部、中央综治办、最高人民法院、最高人民检察院等9个部门联合印发《关于防治中小学生欺凌和暴力的指导意见》（教基一〔2016〕6号），对有效预防、惩治未成年人罪错行为，保护被害未成年人的合法权利具有重要的指引价值。该意见首先强调强化对中小学生欺凌与暴力行为的积极有效的预防工作，突出学校的法治教育责任和家庭的管教责任，通过积极的法治教育、社会主义核心价值观教育等举措有效地将中小学生的罪错行为从源头上予以消灭；同时，该意见还突出强调了对中小学生的欺凌行为和暴力行为必须坚持零容忍的司法态度，表明了坚决打击未成年人实施暴力犯罪行为的坚定立场。但同时，教育部门和司法机关也应秉承一个重要的基本法律理念——未成年人需要特殊保护。与成年人相比，未成年人的特殊性主要表现为，整个身心正在生长发育的过程之中且处于整个人生的关键阶段，在心智还未健全、尚不成熟的情形下，实施危害社会行为的动机肯定多种多样，这也决定了未成年人承担法律责任的方式自然也应与成年人有所区别。更主要的是，中小学生等未成年人之所以实施危害社会的行为，常常与自己接触的人员、生长的环境紧密相关，未成年人所在家庭和所处的社会更是具有不可推卸的法律责任。因此，针对未成年人实施的违法犯罪行为，不能将原因仅仅局限于未成年人身上，而应当回归到未成年人生活的社会环境之中来查找产生问题的主要根源，合理明确地划分各方应承担的法律责任，以便更好地对涉罪未成年人从源头上进行帮教和矫治。同时，要建立专门的中小学生等未成年人违法犯罪的记录档案，将对中小学生等未成年违法犯罪人进行的人格特征、违法犯罪动机以及家庭背景、社会环境等因素的调查结果记录其中，并定期或不定期地进行回访，从中更多地关注引发未成年人违法犯罪行为的主要原因，消灭违法犯罪行为滋生的土壤和温床。另外，应积极加强对中小学生等未成年被害人普及法律知识，教育未成年被害人面对加害行为，不应忍气吞声而要用法律和智慧保护自己。与此同步，还应高度重视对未成年被害人及其家属的心理疏导和抚慰工作，逐步用细化法律补偿机制等方式，尽力促成犯罪方和被害方达成刑事和解，使未成年被害人及其家属切实感受到公平和正义。

（二）现实依据

1. 刑法规范与案件事实的矛盾日益突出

法律作为调控社会的基本方式，其宗旨在于维护社会秩序，保障人民合法权益，让人民生活得更美好。立法机关根据形势的变化和社会的需要，有针对性地制定出调整诸如刑事关系、行政关系、民事关系等各种法律规范。但由于社会关系的错综纷繁，科学技术的迅猛发展，立法机关因事、因情而制定的法律法规自然也会多种多样，因此必须要通过语言文字的形式把法律规范固定下来。目前面临的问题是文字性的法律条文也仅仅是一般的普遍性规定，适用对象比较广泛，且没有为解决某一具体问题提供现成的答案，而现实生活中发生的案件事实千差万别，远比法律条文纷繁复杂。更主要的是，经济社会持续发展，生活事实不断变化，新的行为样态和权利形态不断出现，这就造成了法律与事实脱节的现象，即现有的法律不能规范新的事物，无法调整新的社会关系，致使对有些案件的处理无法可依，引起司法秩序的混乱。克服法律条文这一局限性，就是法律解释的职责了。这也在客观上要求司法人员在找法、用法时要灵活地解释法律，而不能机械地套用法律条文，以此来应对各种类型的案件事实和犯罪情节，力求在有法可依的情形下，尽量实现依法定罪量刑。其实，法律作为民族精神的自然言说，是人类意志的产物，立法者通过法律条文来表达立法意图，但法律条文诞生之后，就脱离了立法者而成了独立自在的东西，即立法者的当下性已经不复存在，法律的适用者与立法者也难以沟通、对话。

刑法作为维护国家安全、社会安全和人民安全的最后一道防线，制裁手段最为严厉，不仅可以剥夺犯罪人的自由，还可以剥夺犯罪人的生命，既是我国法治体系的重要组成部分，又是我国法治体系的重要保障。在新中国70多年的发展历程中，我国刑法的立法模式经历了一个从单行刑法到刑法典、从刑法典再到立体刑法体系的演变过程。新中国成立后，为强化对新生政权的巩固，满足社会主义建设的现实需要，包括《关于严禁鸦片烟毒的通令》《妨害国家货币治罪暂行条例》《惩治反革命条例》《保守国家机密暂行条例》《惩治贪污条例》在内的一系列具有单行刑法性质的法律先后诞生。虽然尚未形成完整的法律体系，但这些单行刑事法律基本适应当时国内外总体形势，基本能够满足当时惩治犯罪、保障国家建设和经济社会发展的需要。第五届全国人民代表大会第二次会议于1979年7月审议并通过的1979年《刑法》，对推动我国刑法立法和刑事司法的发展发挥了重要作用。在此之后，《惩治军人违反职责罪暂行条例》《关于惩治破坏金融秩序犯罪的决定》等25个单行刑法，以及《人民警察法》等107个附属刑法陆续颁布实施。第八届全国人民代表大会第五次会议于1997年3月审议并通过的1997年《刑法》，以成文法的形式确定了罪刑法定、罪责刑相适应和刑法面前人人平等这三大刑法基本原则，并将罪名增加到412个，总体上体现了刑罚的轻缓化和"少杀、慎杀"的刑罚发展趋势，重视和保障被追诉人的人权开始成为刑法的新机能。自1999年12月第一个刑法修正案颁布以来，我国先后出台了12个刑法修正案、15个立法解释、1个单行刑法和若干附属刑法等规定，至此，以刑法为中心，由单行刑法、附属刑法等共同构成的我国立体刑法体系，具有相对的完整性、系统性和稳定性，刑法的适应性和兼容性因此可以得到最大限度的实现。刑法作为其他法律的保障法必须能够满足法治中国建设的需求，实现国家的长久稳定与平安，但相对的滞后性决定了刑法在出台之时可能就已经落后于社会前进的步伐。调整对象的普遍性决定了刑法规范本身必然具有一定的原则性和概括性，不可能将所有应给予刑事处罚的危害行为都毫无遗漏地加以规范，追求刑法规范内容的完整性和精细化只能是一种不切实际的幻想。在现实生活中，无论单位行为还是自然人行为，虽然具有严重的社会危害或者危险性，但因其具有一定的特殊性而溢出刑法规范的视野之外。刑法立法虽有一定的预见功能，但这种预见是在对现实犯罪状况的分析和总结、借鉴其他国家立法经验基础上作出的大体预测，不可能对十年、二十年之后可能发生的犯罪行为作出精准描述。意大利刑法学家菲利指出："法律总是具有一定程度的粗糙和不足，因为它必须在基于过去的同时着眼未来，否则就不能预见未来可能发生的全部情况。现代社会变化之疾之大，使刑法即使经常修改也赶不上它的速度。"[1]法律是随着对各类风险认知的不断深入和生活实践逐步发展的，法律规范与案件事实脱节的现象在刑事法律领域表现得更加突出。现在已进入信息社会和网络时代，大数据和人工智能革命使得传统的犯罪类型开始以网络化、虚拟化和智能化的方式来实施，网络既是犯罪对象，又是犯罪工具，针对网络或运用网络实施的犯罪屡见不鲜，使得传统犯罪场景实现了从一元到二元甚至是多元化的转变。而现在适用的刑法是非网络时代制定的，面对不断出现的网络犯罪的行为样态，刑法并没有做好应对的

①[意]恩里科·菲利：《犯罪社会学》，中国人民公安大学出版社1990年版，第125页。

准备，因此显得措手不及。例如，利用第三方支付平台非法取财行为的定性问题。近年来，第三方支付已由"支付通道型"转向"通道+账户型"，其在追求便民、快捷的同时，也导致自身法律关系和财产流转程序被技术手段遮蔽。受此影响，刑法对此类现象规制就存在一些漏洞。第三方在网络支付、理财、信贷领域的法律关系、交易结构还没有在事实层面理顺清楚；对利用第三方支付设备取财的行为性质还没有在规范层面给予明确。第三方支付平台所代表的新型支付方式逐渐进入普通百姓的日常生活中，但作为一种新生事物，因其法律地位不明确，利用其实施侵财行为的定性争议较大，给司法实务部门带来了较大麻烦。再如，银行工作人员通过植入程序造成取款不入账的行为应如何定性？银行技术部门的工作人员因工作需要，常常具有经手、管理以数据形式呈现的银行财物的职权。某工作人员将能让自己控制的银行卡取款不入客户账的程序植入相关服务器，然后再通过自动取款机提取现金。对此行为，一种观点认为，行为人是利用职务便利将单位财物据为己有，应认定为职务侵占罪；另一种观点则认为，财物的转移不因行为人的职务行为发生，行为构成破坏计算机信息系统罪和盗窃罪的牵连犯，应择一重罪以盗窃罪论处。[1]审判实务中之所以产生观点纷争，原因之一就是法律供给不足，不能及时回应社会的司法需求。而法律供给不足在此次新冠肺炎疫情防控中体现得更为明显。自1997年《刑法》设立妨害传染病防治罪以来，最高司法机关一直没有出台相应的司法解释，导致在立法与司法之间的规范盲区长期存在，从而造成司法实务部门对该罪名的认识、处理不一致，严重影响了司法操作的实际效果。面对这种情形，2020年2月6日，最高人民法院、最高人民检察院、公安部、司法部印发《关于依法惩治妨害新型冠状病毒感染肺炎疫情防控违法犯罪的意

---

[1]参见宋环宇、毛乃赜、孙淼淼：《通过植入程序造成取款不入账行为的认定》，载《人民法院报》2019年6月27日，第6版。

见》，将妨害传染病防治罪等九类犯罪确定为打击惩治的重点对象。其中，妨害传染病防治罪被列入第一类的重点打击范围之内。随后，最高人民法院和最高人民检察院及时地依法分批发布典型案例，用典型案例为各地法院、检察院提供明确而统一的定罪量刑裁判尺度，也使得典型案件的裁判结果成为人们的行为示范和指南。这既弥补了刑法供给的不足，确保在法律适用层面可以精准打击妨害传染病防治罪，防止司法机关"一刀切"地机械操作和重刑主义者朴素的报复情感，也有利于平稳有序地依法推进疫情防控工作，逐步缓和社会公众的对抗情绪，在传染病疫情防控过程中不断彰显刑事诉讼的法治化水平。

此外，在我国非物质文化遗产保护方面，现行刑法规范也存在明显的不足之处。现行刑法的规定虽然可以为非物质文化遗产提供部分保护，但也存在着一定的缺陷，不足以适应和满足非物质文化遗产保护的客观要求，主要表现是现行刑法对我国各民族的非物质文化遗产的保护有失全面；对某些非物质文化遗产适用知识产权刑法规范加以保护还不够周延；对以物质为载体的非物质文化遗产的保护不足，罪刑配置不合理。[1]又由于多年来国家一直对非物质文化遗产的关注和重视程度不够，导致我国非物质文化遗产开发、申报的步伐较慢、时间较短，对非物质文化遗产的认识尚不全面、深刻，因而对保护非物质文化遗产的保护法律法规供给明显不足，致使诸多已经被批准为非物质文化遗产的项目与现行法律法规相冲突。其中，比较具有代表性的案例是浙江省泰顺县"药发木偶事件"。药发木偶作为一种传统戏曲表演形式，迄今已经有三百多年的发展历史，是首批国家级非物质文化遗产。药发木偶就是将烟花与木偶结合起来，表演时需要制作专用的黑火药，而黑火药恰恰因其爆炸性而被国家列为管制物品。药发木偶传承人周尔禄在没有制作

---

[1]参见郭理蓉：《论我国非物质文化遗产的刑法保护及其完善》，载《贵州民族研究》2014年第1期。

制造黑火药的资格情况下，为传承这一非物质文化遗产，大量制造了黑火药。由于罪刑法定这一"帝王原则"的要求，周尔禄的行为涉嫌非法制造爆炸物罪。经过当地公安机关、检察机关、审判机关等有关司法部门沟通与协调，人民法院以犯非法制造爆炸物罪对周尔禄免予刑事处罚。①周尔禄本来是非物质文化遗产传承人，但就在传承的过程中因药发木偶案承担了刑事责任，非物质文化遗产保护与法律条文的激烈冲突，引起了社会公众的广泛关注。制造黑火药客观上确实具有一定的社会危害性，制造者主观上又是为了传承非物质文化遗产。因刑法关乎被告人的自由权、财产权甚至生命权的剥夺，所以必须对刑法持有慎重与敬畏之心。当司法人员在处理案件中面对违法与犯罪、此罪与彼罪、轻罪与重罪的模糊地带时，必须摒弃尽量适用刑法来规制行为的理念。因此，即使周尔禄因"药发木偶事件"的确涉嫌犯罪，也理应予以司法宽容。

2. 刑事司法公正与司法效率的关系比较紧张

刑事司法既要追求公正，也应追求效率。公正和效率是判断司法裁判质效的基本标准。公正主要表现就是刑事程序公正和刑事实体公正，即刑事过程的公正和刑事结果的公正，具体而言就是法官坚持中立的立场，遵照"以事实为根据、以法律为准绳"的基本原则，实现同案同判、类案类判。就社会整体来说，司法裁判应当告诉社会公众如何判断是非、如何辨别善恶、如何区分真假、如何识别美丑。如果社会公众能够认同司法裁判的利益分配结果，就说明司法裁判是公正的。"迟到的正义非正义"，这句法谚深刻地蕴含着社会公众对司法效率的积极追求。所谓司法效率，就是司法的收益和司法的成本之间的比值，两者的比值越大，就意味着司法的效率越高，两者的比值越小，则意味着司法效率越低。"法经济学的效益理论认为，在资源日益紧张的社会现实

---

①参见滕理忠、陶京津：《"非遗"传承人遭法律尴尬》，载《检察日报》2008年7月21日，第3版。

下……有效利用资源便是最大的正义。"①随着经济的快速发展和社会的不断进步，社会公众的民主精神逐步增强，法治意识日益高涨，除民间调解之外，通过司法途径解决各类民事纠纷已成为越来越多的社会公众的又一选择，"诉讼爆炸"的时代已经来临。"通过司法机关的严格执法和裁判公正，从而有效地解决冲突和纠纷，减少和防止各种社会冲突给社会造成的各种损失和浪费。"②如果司法机关对各类纠纷的处理、对公民权利的维护不能做到及时高效，也就意味着对违法犯罪行为的惩罚不够及时有效，这自然会削弱公民对人民司法的期待和信心。司法公正和司法效率应是辩证统一的关系，即越是公正的司法越有利于提高司法的效率，越是有效率的司法越有利于促进司法的公正。当然，司法公正和司法效率之间有时也可能产生冲突：对司法公正的过度追求肯定需要耗费大量的司法资源，而对司法效率的过度追求又很可能让司法公正遭到不应有的损害。在司法公正和司法效率不可能同时获得时，首先要维护的应是司法公正，因为"只有公正的司法才是最有效率的。而不公的裁判甚至枉法的裁判不仅不能及时解决冲突和纠纷，而且会诱发社会的情绪和行为，导致社会的无序和混乱状态的加剧。因此它是最没有效率的"③。针对司法公正与司法效率的矛盾，有研究者明确提出用"纠纷化解多元化、案件分流标准化、庭审方式精细化、裁判文书规范化和辅助事务集约化"④的方式来强化司法公正、提高司法效率。这既为调和公正与效率的关系开启了新思路，也从反面说明司法公正与效率的关系已经紧张到了一定程度。2020年，最高人民检察院以印发《检察机关案件质量主要评价指标》为标志，正式建立以"案—件比"为核心的案件质量评价指标体系。这既是积极回应人民群众在新时代对检察

① 刘大洪：《法经济学视野中的经济法研究》，中国法制出版社2008年版，第54页。
② 王利明：《司法改革研究》，法律出版社2000年版，第66页。
③ 王利明：《司法改革研究》，法律出版社2000年版，第60页。
④ 张焱：《着力"六化"提高公正与效率》，载《人民法院报》2019年1月24日，第5版。

工作的新需求，也反映了公正与效率之间的紧张关系。所谓"案—件比"，就是指当事人的一个"案子"，与进入司法程序后所经历的有关诉讼环节统计出来的"件数"之对比，是一组反映办案质效的司法统计新的极简指标。①同一个"案子"，公诉部门退回补充侦查一次，就生成一个"案件"，退回两次，就生成两个"案件"。诉讼中生成的"件"越多，就说明同一"案子"经历的环节和程序就越多，办案时间就越长，诉讼效率也就越低，嫌疑人、被告人或被害人可能越不满意。最理想的诉讼状态应当是"案—件比"为1：1，即进入刑事司法程序以后，按照法定的诉讼程序一个"案件"一次性地案结事了。在司法实践中，除受案件数量、案件性质、案件结构等因素制约外，职责定位不准、司法理念落后、司法能力不足、司法管理滞后等深层次原因，严重影响了检察机关的"案—件比"。②比如，为了准确、有效地打击犯罪，保证刑法的正确实施，在程序正向流转基础上，刑事诉讼法针对退回补充侦查、撤回起诉、延长审查起诉期限等特定情形，规定了必要的程序倒流等非常态化诉讼程序。立法者的初衷是一般情形下，刑事案件应按照诉讼阶段的先后顺序稳步有序地向前推进，而为了应对司法实践可能遇到的特殊情形，才规定可以在例外情形下使用非常态化诉讼程序。实际上，绝大多数刑事诉讼案件都可通过常态化的诉讼程序实现案结事了。然而，不少公安司法机关往往忽视非常态化诉讼程序的例外属性，甚至在办案过程中以不违反法律规定为由，习惯性地频繁使用非常态化诉讼程序，将非常态化诉讼程序变成顺手拈来的常规性做法。这不仅扭曲了刑事诉讼程序的法治生态，而且在一定程度上强化了办案人员的懈怠情绪，致使本来可以一次性办结的案件，往往需要经过多个程序

---

①参见范仲瑾、罗向阳、王峰：《"案—件比"：衡量司法质效的标尺》，载《检察日报》2020年4月28日，第3版。
②参见范仲瑾、罗向阳、王峰：《"案—件比"：衡量司法质效的标尺》，载《检察日报》2020年4月28日，第3版。

反复才能结案，极大地提高了司法成本，严重地浪费了司法资源。①而以"案—件比"为核心的案件质量评价体系作为一种全新的、质效合一的案件质量观，要求司法机关办理案件不仅要实体正确、程序合法，还要进一步考察案件实际经历了多少程序环节，这些程序环节的发生是否确有必要，造成程序环节增加的原因是什么，以此来确保在公平公正的前提下，逐步提高司法效率。

在此以涉黑涉恶案件为例。涉黑涉恶犯罪往往涉案人数较多、作案战线较长、时间跨度较大，在调查取证过程中可能面临各种意想不到的障碍和困难，办案期限可能长于其他案件，"案—件比"更要远高于其他类共同犯罪和非共同犯罪。自2018年开始为期三年的扫黑除恶专项斗争已经结束，现已进入扫黑除恶常态化阶段，对证据质量、司法智慧和司法能力提出了更高的要求，既要追求司法公正，更要提高司法效率。然而，涉黑涉恶案件触犯罪名多、涉案事实多、涉案人数多、案情错综复杂、取证难度较大，庭审调查、举证质证的工作量远远大于其他案件。同时，涉黑涉恶案件往往可能因故意杀人、故意伤害、寻衅滋事、故意毁坏财物等犯罪，侵害公民人身、财产权益而引起刑事附带民事诉讼。在刑事附带民事诉讼中，被害方人数众多、诉求多元。如果被害方全部参加庭审表达诉讼请求，很可能影响法庭审理的顺畅进行，甚至极有可能导致法庭审理的中断或迟延。另外，处理涉案财物是扫黑除恶专项斗争中非常棘手的司法难题，也是影响审判进度、制约司法效率的重要因素。黑恶势力往往通过违法甚至犯罪行为，攫取了大量经济利益，涉案财产种类繁多、数额巨大，且存在合法财产与非法财产、单位财产与个人财产、家庭财产与个人财产、正常经营收入与违法犯罪所得等财产利益混同的情形，析分处置难度极大，很容易影响诉讼程序的正

---

① 参见吴宏耀：《优化"案—件比"，增强人民群众的司法获得感》，载《检察日报》2020年4月28日，第3版。

常进行。更主要的是，黑恶势力犯罪本身就具有极大的复杂性，而不同的司法机关和同一司法机关不同的工作人员在政策解读、事实证据、执法标准、法律适用等方面可能存在认识上的分歧，这在客观上就使涉黑涉恶案件的审理工作更加艰巨。如果不能及时化解认识分歧、协调各方关系，不仅会影响个案的司法公正，也可能延缓整个扫黑除恶专项斗争的深入推进。与其他案件相比，审理涉黑涉恶案件更应既追求实体正义又追求程序正义，但追求实体正义，则可能导致案件的审理时间比较漫长，在证据取得方面不一定能够保证完全合法，而这又与程序正义相违背。要解决这一问题，除审判机关提前介入，以法庭审理的证据标准引导公安机关侦查和检察机关的公诉方向，通过庭前会议有效区分存在争议和无争议的事实、整理案件证据、明确争议焦点，保证法庭审理的针对性和顺畅进行外，必须深入贯彻宽严相济刑事政策，推进认罪认罚从宽制度在涉黑涉恶案件中的适用，进而节约国家司法资源和当事人的诉讼成本。对于黑社会性质组织中地位不突出、作用不明显、犯罪情节一般的非核心成员，在每一个诉讼阶段都应做好释法说理工作，促使其真诚悔罪认罪。如果被告人对事实、证据和罪名均无异议，控辩双方的争议焦点自然就集中到量刑上，这样就可以简化法庭调查、辩论等环节，确保庭审过程的顺畅和快捷。更重要的是，部分被告人认罪悔罪的意愿和态度，可增强其口供等证据的真实性、客观性、关联性，这对其他拒不认罪被告人的犯罪事实可以形成有力佐证，进而对整个案件的审理起到有力的助推作用。对于确实认罪悔罪的组织者、领导者以及具有重要作用的实行犯或积极参加者，也可以结合全案情况予以从宽处罚。对于涉案财产，应认真审查财产来源、财产性质以及与违法犯罪行为的关联程度，严格划分违法所得与合法财产、单位财产与个人财产、被告人财产与家庭财产的界限，不得判决追缴权属不明的财产，切实保护善意当事人、股东、债权人等相关各方的合法权益，有效提升涉黑涉恶案件的审理质量、效率和效果。

3. 刑事司法中的民主表达尚显欠缺

改革开放40多年以来，无论在政治领域、经济领域、文化领域，还是在社会治理、基层治理领域，刑事司法的保障作用不可低估。司法是维护社会公平正义的最后一道防线。在司法领域积极有效地推进法治，关键在于如何保证实现司法公正。党的十八届四中全会通过的《中共中央关于全面推进依法治国若干重大问题的决定》明确指出，"司法公正对社会公正具有重要引领作用，司法不公对社会公正具有致命破坏作用"，"坚持人民司法为人民，依靠人民推进公正司法，通过公正司法维护人民权益"。这一论断深刻揭示了司法民主与司法公正的内在联系。我国司法工作的根本宗旨是为了人民、服务人民。为此，必须强化人民群众的监督职能，加快司法的民主化步伐。习近平总书记指出："司法体制改革成效如何，说一千道一万，要由人民来评判，归根到底要看司法公信力是不是提高了。"从本质上说，"司法民主是现代法治国家的基本原则，也是社会主义司法的基本要求，这是由我国人民民主专政的国体和民主集中制的政体所决定的"。司法权是国家公权力的重要组成部分，司法工作的公信力与亲和力绝非凭空产生。只有坚持司法的人民性，不断开发新渠道、创造新方式，让人民群众参与司法、了解司法并可以顺畅地表达对司法机关和司法人员的具体意见，才能消除人民群众对司法工作的误解，回应人民群众对司法公开公正的内心期待，进而确保司法工作的整个运行过程和最终结果获得人民群众的广泛信任。

刑事司法的民主性，是指刑事司法的过程及结果对广大社会公众意志的尊重及尊重程度。近年来，我国现行刑事司法中的民主性表达尚显不足，刑事司法的可接受性方面存在较大问题，致使部分案件的司法过程和最终结果遭受了不少质疑。例如，社会公众普遍知晓的黄静案、许霆案、药家鑫案、李昌奎案、掏鸟窝案、购买仿真枪案，其裁判结果都没有得到人民群众的信任、认同、尊重和服从，即刑事司法出现了信任危机。①而扭转司法危机、重塑司法形象、提升刑事司法公信力的重要途径就是提升刑事司法的民主性，即让社会公众以适当的方式参与刑事司法。在此以人民陪审员制度为例。人民陪审员制度是我国社会主义民主制度在司法领域的重要表现形式。自2004年《关于完善人民陪审员制度的决定》②颁布以来，人民陪审员制度虽然初步得以落实，但该决定提出的"保障公民依法参加审判活动，促进司法公正"的目标始终没有很好地实现，人民陪审员制度也因此损耗了社会公众对该制度的信任和期待。十八届三中全会《中共中央关于全面深化改革若干重大问题的决定》指出："广泛实行人民陪审员、人民监督员制度，拓宽人民群众有序参与司法渠道。"十八届四中全会《中共中央关于全面推进依法治国若干重大问题的决定》进一步提出："完善人民陪审员制度，保障公民陪审权利，扩大参审范围，完善随机抽选方式，提高人民陪审制度公信度。"实行人民陪审员制度就是让人民群众直接参与司法审判，尽最大可能让人民群众通过直接参加法庭的审理活动，行使国家机关的审判权力，从而使得"国民的直接所有物"③——司法权回到人民群众的手中。多年来，在刑事司法过程中，人民陪审员制度对保障人民群众参与

---

①社会公众之所以对人民法院作出的刑事判决表达出"一边倒"的异议，是因为这一类刑事案件的基本事实更贴近于百姓自己的生活，不必基于太多的法律知识，而只需根据自己的生活经验和常识即可作出基本判断。而人民法院的刑事判决在不经意间颠覆了社会公众原有的日常认识和行为规范，使社会公众突然意识到刑法对自己正常的生活存在未知的威胁，破坏了原有的社会安全感。当然，司法裁判不一定完全迎合于民意，但司法机关应在法律与常识存在距离的情形下，尽量尊重社会公众的知情权和表达权，从而使司法裁判建立在社会公众正常的认识之上。

②该决定于2018年4月27日《人民陪审法》施行时废止。

③恩格斯在《〈刑法报〉停刊》一文中写道："司法权是国民的直接所有物，国民通过自己的陪审员来实现这一权力，这一点不仅从原则本身，而且从历史上来看都是早已证明了的。"参见《马克思恩格斯全集》第41卷，人民出版社1982年版，第321页。

刑事司法、监督刑事司法、促进刑事司法公正确实发挥了一定的作用。然而，人民陪审员制度在实际运行中又存在着广泛性和代表性不足的问题，以及因法律专业素养的不高和司法责任意识的欠缺，在刑事审判过程中有部分陪审员"陪而不审""合而不议"，庭审结束就完事大吉，致使人民陪审员制度虚置化、司法民主形式化。更主要的是，近年来案件数量急剧膨胀，呈几何级数增长，人民法院对陪审员的需求数量也随之迅速增多，而兼职的性质决定了人民陪审员不太可能把大量的时间和精力投入法庭陪审上，这就导致实践中时常出现人民陪审员不能按时履行陪审职责，进而造成法庭审理无法按时进行的情况。为解决这一难题，貌似"编外法官"的专职陪审员的驻庭陪审现象便应运而生。专职陪审员虽然解决了兼职陪审员不能按时参加法庭审理的问题，却背离了设立人民陪审员制度的根本目的。国家设立人民陪审员制度、让人民群众参加法庭审理并表达意见，既是社会主义法治国家司法民主的充分体现，又是对人民法院审判工作实行有效社会监督、民主监督的重要途径，而常驻法院且与法官朝夕相处的专职陪审员很难在事实上发挥有效的民主监督作用。立足于提高人民陪审员来源的广泛性和代表性，提升刑事司法的民主性，实现让更多的人有机会参与行使国家审判权，从而促进实现司法公正的根本宗旨，2018年4月颁布实施的《人民陪审员法》将"保障公民依法参加审判活动，促进司法公正，提升司法公信"确定为实施目标，对人民陪审员的产生机制、来源、任期进行了全新的规定。①法国政治学家托克维尔曾经指出，"陪审制首先是一种政治制

---

①《人民陪审员法》第9条规定："司法行政机关会同基层人民法院、公安机关，从辖区内的常住居民名单中随机抽选拟任命人民陪审员数五倍以上的人员作为人民陪审员候选人，对人民陪审员候选人进行资格审查，征求候选人意见。"第10条规定："司法行政机关会同基层人民法院，从通过资格审查的人民陪审员候选人名单中随机抽选确定人民陪审员人选，由基层人民法院院长提请同级人民代表大会常务委员会任命。"第13条规定："人民陪审员的任期为五年，一般不得连任。"

度，其次才是一种司法制度"①，其目的就是要实现司法民主。我国的人民陪审员制度之所以出现上述问题，主要原因在于过于实用主义地强调该制度的司法功能，忽视了该制度的政治功能，从而造成人民陪审员制度的象征意义远大于实质内容。人民法院多注重人民陪审员在充实合议庭人数方面的作用，而常常忽略该制度的民主价值。其实，人民陪审员制度具有深刻的民主内涵，其重要的民主价值应渗透、贯穿于刑事诉讼程序运行的整个过程之中。在案件审理过程中，人民陪审员既是裁判者，又是司法权力的监督者。人民陪审员来自社会各行各业，通民情、知民意、懂常理、接地气，都是各自领域、各条战线、不同岗位中的行家里手。对于涉及医疗行业、金融领域、建筑系统等具有较强专业性的刑事案件，人民陪审员可以弥补法官在医疗行业、金融领域、建筑系统等方面专业知识的不足，为法官的审理工作提供专业帮助和智力支持。同时，陪审员来自民间，拥有更多的当地生活经验，人情事理均能通达，在处理社会影响力较大、公众关注度较高的案件时，可以将法官的司法逻辑与群众的生活经验互为补充、相辅相成。"人民陪审员参与审判，对两造及证人之陈述证据，聆听双方攻击防御之主张，斟情酌理、察言观色，集多数人之意见，无偏无私，使法律与情理，融会贯通，较诸法官一人之独断，周密翔实"②，进而弥补职业法官在长期审理案件过程中形成的专业狭隘，将社会民意有机地融入司法裁判之中，使司法裁判结果更加合乎常识、常理、常情，从而确保裁判结果的公开和公正，提升社会可接受性。另外，人民陪审员作为"不穿制服的法官"，与专职的法官相比，其天然优势是可以顺畅地与被告人、被害人进行情感沟通和心理交流，可以将专业知识和法律术语用大众化、通俗化的语

---

① [法]托克维尔：《论美国的民主》（上卷），董果良译，商务印书馆1988年版，第311页。

② 蒋耀祖：《中美司法制度比较》，台北，台湾商务印书馆股份有限公司1976年版，第369页。

言表达出来，从而使司法调解或司法裁判的结果兼容民心、渗入民意。更值得注意的是，人民陪审员全程参与案件审理，亲身见证司法权力的运作过程，实施现场监督，从而能够有效促进审判权力的规范行使。在人民陪审员制度尚不健全、实践运行还不十分规范，人民陪审员还不能"把人民群众的生活经验和法律意识、道德观念带到法院里来运用"①的当下，特别是在法律供给还不十分充足或法律规范存在一定漏洞时，对被告人定罪量刑时应当适度宽容，以此来增强司法裁判结果的合理性，确保刑事司法裁决获得更多的社会认同。

---

①董必武：《正确区分两类矛盾，做好审判工作》，载《董必武政治法律文集》，法律出版社1986年版，第539页。

二、刑事司法宽容的类型

"法律是一个社会全部历史的结晶，对法律的诉求体现着人类对正义诉求的全部缩影。"从多年的实践来看，刑事立法的每一次完善、司法制度的每一次调整，都体现了社会公众对公正定罪、平等量刑的渴望与追求。正义既包括实体上的正义，也包括程序上的正义。公诉程序设计的本质目的就是要通过检察机关向审判机关提起公诉，由审判机关经过法庭审理来实现弄清事实、适用法律，进而公正定罪量刑、保护社会的实体目标。宽严相济刑事政策中的从宽就包括实体性从宽和程序性从宽。

（一）实体宽容

1. 定罪宽容

定罪就是对行为性质的认定，即关于具体罪名的确定。例如，行为人造成了被害人伤亡的结果，法官就要根据行为人的主客观要件来判定究竟是构成故意杀人罪或者故意伤害罪还是其他罪。定罪是量刑的前提，只有定罪准确，量刑才有正确的可能。在司法实践中，由于刑法条文错综复杂的规定和案件事实的纷繁复杂，案件事实和刑法条文不能完全一一对应，特别是兜底条款的存在，造成有些案件的法律适用在理论上就存在较大争议，在实践上各地做法更是不一。根据有利于被告原则，当存在罪与非罪、重罪与轻罪、数罪与一罪之争时，选择非罪、轻罪、一罪，这就是定罪宽容。定罪宽容突显了我国加强对公民权利保护的决心与价值。从我国刑事司法实践中定罪宽容的案件，可以看出定罪宽容的基本路径。

一是坚持疑罪从无。疑罪从无是现代刑事司法必须坚持的一项基本原则，也是法治国家对刑事司法提出的明确要求，即根据现有证据，均无法证明被告人有罪或无罪的，则应当推定被告人的行为不能构成犯罪。《宪法》第33条第3款明确提出了"国家尊重和保障人权"的基本要求。《刑事诉讼法》第55条规定："对一切案件的判处都要重证据，重调查研究，不轻信口供。只有被告人供述，没有其他证据的，不能认定被告人有罪和处以刑罚；没有被告人供述，证据确实、充分的，可以认定被告人有罪和处以刑罚。证据确实、充分，应当符合以下条件：（一）定罪量刑的事实都有证据证明；（二）据以定案的证据均经法定程序查证属实；（三）综合全案证据，对所认定事实已排除合理怀疑。"《刑事诉讼法》第200条第3项也明确规定："证据不足，不能认定被告人有罪的，应当作出证据不足、指控的犯罪不能成立的无罪判决。"《最高人民法院关于适用〈中华人民共和国刑事诉讼法〉的解释》第72条第2款重申："认定被告人有罪和对被告人从重处罚，适用证据确实、充分的证明标准。"《中央政法委关于切实防止冤假错案的规定》明确要求："对于定罪证据不足的案件，应当坚持疑罪从无原则，依法宣告被告人无罪，不能降格作出'留有余地'的判决。对于定罪证据确实、充分，但影响量刑的证据存在疑点的案件，应当在量刑时作出有利于被告人的处理……不能因为舆论炒作、当事人及其亲属上访闹访和'限时破案'、地方'维稳'等压力，作出违反法律规定的裁判和决定。"党的十八届四中全会决定对新时代的司法机关提出了新要求，要加强人权司法保障，强化诉讼过程中当事人和其他诉讼参与人的知情权、陈述权、辩护辩论权、申请权、申诉权的制度保障。健全落实罪刑法定、疑罪从无、非法证据排除等法律原则的法律制度。完善对限制人身自由司法措施和侦查手段的司法监督，加强对刑讯逼供和非法取证的源头预防，健全冤假错案有效防范、及时纠正机制。法治的命题非常抽象，只有通过一个个具体生动的个案，才能彰显法治的根本价值。以石家庄西郊案和王书金故意杀人、强奸案为例。1994年8月5日，石家庄西郊玉米地发生了强奸、杀人案，经过侦查、公诉、审理等过程，聂树斌最终被认定为犯罪人，并且被执行死刑。2005年1月17日，王书金被抓获后，在从侦查到庭审的整个诉讼阶段，他都一直供述自己在石家庄西郊实施了强奸、故意杀人案。2014年12月12日，最高人民法院首先依法指令山东省高级人民法院复查此案；2016年12月2日，最高人民法院第二巡回法庭对聂树斌故意杀人、强奸案的再审案公开宣判，以事实不清、证据不足为由，撤销原审判决，依法改判聂树斌无罪，并且进行了相应的国家赔偿。此时，发生在石家庄西郊故意杀人、强奸案的"真凶"究竟是谁，成了社会公众普遍关注的焦点。解开这一谜团，即王书金是不是石家庄西郊强奸、故意杀人案的"真凶"，必须严格审查王书金故意杀人、强奸案的相关证据。王书金犯故意杀人、强奸一案，共历经中级人民法院、高级人民法院、最高人民法院两个轮回的审理。自从河北省邯郸市中级人民法院在2007年3月作出一审刑事判决起算，再经河北省高级人民法院在2013年9月的二审裁定维持原判、最高人民法院在2020年7月以案件出现新证据为由而裁定发回重新审判，后经邯郸市中级人民法院在2020年11月增加认定一起强奸杀人事实而作出刑事附带民事判决、河北省高级人民法院在2020年12月裁定维持原判和依法报请最高人民法院核准，最后最高人民法院裁定核准王书金的死刑判决，历经十几年的诉讼，王书金均交代自己共实施了6起犯罪。但在第一轮的一审与二审阶段，两级法院经过证据审查，只认定了其中3起犯罪。在最高人民法院进行第一轮死刑复核期间，对于针对张某甲的一起故意杀人、强奸案，在王书金口供和指认现场的基础上，司法机关又对被害人的DNA进行关键性的补充鉴定，并且结合现场勘查材料、多个证人证言等法定证据种类，认为达到证据审查认定的标准，故在第二轮的审判和裁定中增加对该起案件的认定，判决王书金实施了4起犯罪事实。与此相对应的是，对于王书金供述自己在南堡村的棉花地实施强奸和指认现场的案件，以及自己在石家庄西郊玉米地实施的故意杀人、强奸案，由于王书金的供述没有其他证据证实或者与其他证据存在明显矛盾和重大差异点，检察机关对这两起案件没有提起公诉，即在法律层面没有认定王书金实施了这两起犯罪行为，这充分体现了司法机关在证据审查和裁判方面的审慎立场。

对司法机关而言，疑案是客观存在的。案件事实千差万别且都属于"完成体、过去时"，要想还原、重现案件真相，不能单凭想象和猜测，而必须依赖证据。受司法人员认识能力和侦破手段的限制，有的案件虽然具有一定的证据，甚至有的被告人主动供述，但在证据体系上还没有达到确实、充分的证明标准，则应将该案划定为"疑案"。对于"疑案"，司法机关必须坚守证明审查标准，在既有证据不足以认定被告人实施了被指控的犯罪行为时，坚持疑罪从无原则，不应认定被告人有罪。疑罪从无的立场必须坚定不移，证据裁判的原则必须始终如一，聂树斌案和王书金故意杀人、强奸案都属"疑案"，都须"从无"。惟其如此，我们的司法才能经得起人民和历史的检验。

二是坚守罪刑法定。司法是公民权益的最后保障，罪刑法定作为现代刑法的基本原则是刑事司法机关必须遵守的大宪章，对于保障犯罪嫌疑人、被告人的合法权益具有根本性意义，也是司法机关必须坚守的基本底线。如果允许公安机关、检察机关、审判机关突破罪刑法定原则，对刑法条文随意进行歪曲解释，就很可能使刑法蜕变为无拘无束的狂暴力量，从而成为随意侵害犯罪嫌疑人、被告人合法权益的暴力工具。罪刑法定原则要求对刑法条文的解释不能超出条文本来的含义，尤其是在民营企业经营者、管理者涉嫌的各类犯罪中，民刑交叉、行刑交叉现象比较常见，民事法律、行政法律与刑事法律等各法律部门之间的矛盾、冲突问题时有发生。根据严格的罪刑法定原则，司法机关必须在查清案件基本事实的前提下，准确适用法律。在法律适用问题上既不能模棱两可，也不能随意对刑法条文进行扩张解释，更不能进行类推解释。以王力军收购玉米案为例。内蒙古农民王力军在没有到有关行政管理部门办理收购粮食许可证，没有经过市场监督管理部门核准登记并颁发相关营业执照的情况下，从2014年11月开始在一些村组收购玉米，然后把在巴彦淖尔市临河区收购的玉米卖给了该市的粮油公司。截至2015年1月，王力军倒卖玉米的经营金额高达21万余元，其中获得利润6000元。王力军在被他人举报后积极主动地到当地公安机关投案自首，并积极上缴获利6000元。临河区人民检察院以非法经营罪对被告人王力军提起公诉。2016年4月15日，临河区人民法院以非法经营罪判处王力军有期徒刑1年，缓刑2年，并处罚金2万元，其退缴的6000元由公安机关依法上缴国库。一审宣判后，王力军没有上诉，临河区人民检察院也没有提出抗诉，一审判决发生法律效力。依照《刑事诉讼法》第243条第2款规定的"最高人民法院对各级人民法院已经发生法律效力的判决和裁定，上级人民法院对下级人民法院已经发生法律效力的判决和裁定，如果发现确有错误，有权提审或者指令下级人民法院再审"①，2016年12月16日，最高人民法院指令内蒙古巴彦淖尔市中级人民法院对该案进行再审。巴彦淖尔市中级人民法院于2017年2月13日公开开庭审理此案。在法庭审理过程中，检察员提出王力军收购玉米的行为虽具有一定的行政违法性，但不具有与《刑法》第225条列举的具体非法经营行为相当的社会危害性，也不具有刑事处罚的必要性，因此不符合非法经营罪的构成特征。王力军本人也认为自己在村组收购玉米卖给粮油公司的行为依法不能构成非法经营罪。王力军的辩护律师认为，王力军收购玉米并转卖的行为不具有犯罪的三个特征，即严重的社会危害性、刑事违法性和应受

---

①现为《刑事诉讼法》第254条第2款。

惩罚性，不符合非法经营罪的构成要件，应宣告王力军无罪。经过再审，巴彦淖尔市中级人民法院认为，王力军未经许可即买卖玉米的事实清楚，其行为不符合关于粮食流通管理的规定，但其买卖玉米的社会危害性还未达到犯罪的程度——严重扰乱市场秩序，不具备刑事处罚的必要性。对检察院、王力军本人、辩护律师提出的王力军的行为不能构成犯罪的辩护意见，巴彦淖尔市中级人民法院予以采纳，于2017年2月17日撤销了原审判决，依法认定王力军无罪。

　　罪刑法定原则是刑法基本原则的"龙头"，其核心价值目标就是保护社会、保障人权。任何人的权利都不应受到任何形式的不法侵害，刑法既要保护普通人的人权，也要保障犯罪人的人权；既要保护人的权利不被犯罪行为侵害，也要保护人的权利不被司法机关滥用的刑罚权力侵害。意大利刑法学家贝卡里亚认为，刑罚就是为了保护集存的公共利益，"如果刑罚超过了保护集存的公共利益这一需要，它本质上就是不公正的"[1]。刑罚越公正，留给人们的自由就越多。"为了不使刑罚成为某人或某些人对其他公民施加的暴行，从本质上来说，刑罚应该是公开的、及时的、必要的，在既定条件下尽量轻微的，同犯罪相对称的并由法律规定的。"[2]罪刑法定原则之所以限制刑罚权的发动，其目的就在于避免刑罚成为对"公民"的暴力行为，进而保障包括犯罪人在内的所有人的人权。法治社会要求所有人都遵守法律，并逐渐成为法治的忠实崇尚者、自觉遵守者、坚定捍卫者。普通公民不遵守法律，法治会被侵蚀；司法机关背弃法律，法治会被毁损。对法律明文规定为犯罪的行为，司法机关应当严格依照法律定罪处刑，不得以任何理由放纵犯罪。对法律没有明文规定为犯罪的行为，司法机关不得滥用刑罚权；已经进

---

①[意]贝卡里亚：《论犯罪与刑罚》，黄风译，中国大百科全书出版社1993年版，第9页。

②[意]贝卡里亚：《论犯罪与刑罚》，黄风译，中国大百科全书出版社1993年版，第109页。

入立案、侦查、起诉或者审判程序的案件，应当及时依法撤销案件、不起诉或者宣告无罪，这是罪刑法定原则对司法机关的本质要求。

三是妥善运用刑事政策。宽严相济刑事政策作为我国现阶段的基本刑事政策，既是立法政策，也是司法政策，直接指导刑事立法和司法的全过程。针对当前金融领域刑事案件高发多发态势，为打好防范化解金融风险攻坚战，司法机关始终贯彻宽严相济刑事政策，在持续加大对金融犯罪打击力度的同时，也坚持罪刑法定的基本原则，慎重对待金融领域不断出现的新情况、新问题，严格区分罪与非罪、此罪与彼罪、一罪与数罪的界限，在治罪与治理并重的基础上依法保护金融领域的创新和发展。

以张文中挪用资金、单位行贿、诈骗案为例。[①]2007年12月25日，衡水市人民检察院以挪用资金罪、单位行贿罪、诈骗罪三个罪名向衡水市中级人民法院提起公诉。衡水市中级人民法院于2008年10月9日作出一审判决，认定于2002年年初，在明知民营企业不应得到国债技改贴息资金支持的情况下，张文中和张伟春共谋用国企中国诚通控股集团有限公司所属企业的名义，安排物美集团申报虚假项目，骗取3190万元贴息资金；在2003—2004年，物美集团在收购国旅总社、广东粤财公司分别持有的泰康人寿保险股份有限公司股份后，张文中分别向国旅总社赵某某支付30万元好处费、向广东粤财公司经理梁某支付500万元好处费；1997年，张文中与泰康人寿保险股份有限公司董事长、中国国际期货有限公司董事长共谋，挪用泰康人寿保险股份有限公司资金4000万元用于申购新股，获利数额达1000多万元。根据上述事实，衡水市中级人民法院以挪用资金罪判处张文中有期徒刑1年，以诈骗罪判处张文中有期徒刑15年，并处罚金50万元，以单位行贿罪判处张文中有期徒刑3年，数

---

① 参见罗书臻：《最高人民法院再审改判张文中无罪》，载《人民法院报》2018年6月1日，第2版。

罪并罚决定执行有期徒刑18年，并处罚金50万元；对张伟春、物美集团也判处了相应的刑罚。张文中、张伟春和物美集团不服一审判决，均向河北省高级人民法院提出上诉。河北省高级人民法院于2009年3月30日维持了衡水市中级人民法院对张文中单位行贿行为、挪用资金行为的定罪量刑以及诈骗行为的定罪部分，撤销了衡水市中级人民法院对张文中诈骗罪判处的主刑部分和决定执行的刑罚部分，将主刑由15年有期徒刑改为10年有期徒刑，数罪并罚决定执行12年有期徒刑，并处罚金50万元。

张文中于2016年10月向最高人民法院提出申诉。2017年12月27日，最高人民法院提审该案。再审过程中，张文中认为自己的行为不构成犯罪，其辩护律师也提出无罪的辩护意见。张伟春和物美集团也均要求最高人民法院依法改判无罪。最高人民检察院出庭检察员依法履行职责，建议最高人民法院依法改判张文中等人及物美集团无罪。最高人民法院认为，根据国家关于国债技改贴息项目的政策规定，物美集团虽系民营企业，但也具有申报技改贴息的资格，物美集团所申报的项目符合国家当时的产业政策和经济发展形势，属于重点支持对象。在安排物美集团申报技改贴息项目的过程中，张文中等人既未虚构事实也未隐瞒真相，更不具有非法占有贴息资金的主观目的，不符合诈骗罪的构成特征。物美集团在收购国旅总社所持的泰康股份后，给予赵某某30万元好处费的行为，既不是为谋取不正当的利益，也未达到情节严重的程度，不能构成单位行贿罪。物美集团在收购广东粤财公司所持泰康股份过程中，张文中没有向广东粤财公司的梁某支付好处费，梁某也没有为物美集团提供任何帮助，物美集团也没有获得任何不正当的利益，物美集团不能构成单位行贿罪，自然也不应以单位行贿罪追究张文中的刑事责任。因事实不清、证据不足，依法不能认定张文中的行为构成挪用资金罪。最高人民法院对原判决进行了纠正，依法改判张文中无罪。

基于刑事政策转型中的"修复、预防"理念和认罪认罚从宽、企业合规改革的司法实践，"刑罚个别化原理"应该成为治理民营企业犯罪的刑事政策介入刑法体系的基本路径，用认罪认罚从宽制度和企业合规改革推动"修复性"政策的落实，促进治理民营企业犯罪刑事政策的顺畅运行。司法机关应实事求是地看待企业特别是民营企业在改革发展过程中存在的不规范问题。民营企业本身就具有申报技改贴息资金的资格，但物美集团仍以国企下属企业之名进行申报，这一不规范的申报行为产生于当时特定的历史背景。对待历史问题，必须用历史的眼光来理性看待、审慎判断。对虽然违反行政法律法规但尚未违反刑法因而不构成犯罪，或者罪与非罪界限尚不清晰的，应当依法宣告被告人无罪。在刑事司法中，特别是在解释刑法关于某一具体犯罪构成的规定时，必须充分考虑社会转型、体制改革过程中存在的制度还不十分完善、规范还不十分健全的客观情况，清醒认识政策、法规中语义含糊、界定不清的灰色地带，根据行为时的具体情况，把刑事政策的变动性与刑事法律的稳定性之间的互动关系，作为刑事政策发挥作用的一个基本前提，[①]作出对被告人有利的解释。除法律、行政法规明确禁止的以外，对于在生产、经营、融资等活动中的经济行为，不得以犯罪论处。刑法的最后手段性或者刑法的谦抑性要求我们不能轻易动用刑法这一最具强制力的法律工具，即如果运用其他法律手段就能解决问题，就尽量不启动刑事司法程序。

四是遵循生活常识。所谓"常识、常理、常情"，是指为一个社会的普通民众长期认同，并且至今没有被证明是错误的基本的经验、基本的道理以及为该社会民众普遍认同与遵守的是非标准、行为准则。[②]现代法治应该是人性之治、良心之治，现代法律应该是人民的法律，法律

---

①参见陈兴良：《宽严相济刑事政策研究》，载《法学杂志》2006第1期。
②参见陈忠林：《"常识、常理、常情"：一种法治观与法学教育观》，载《太平洋学报》2007年第6期。

解释及适用不应该背离老百姓共同认可的常识、常理、常情。就刑事案件而言，司法机关的追诉过程应是与被追诉人、社会公众不断沟通的过程，从而确保司法裁判能够得到社会公众的普遍认同和接受。

以小偷偷狗案为例。在20世纪80年代严厉打击犯罪期间，有一个小偷进入一个富豪家中实施盗窃行为。小偷翻遍全屋也没有发现认为值钱的东西，于是顺手牵走了富豪的一条狗，并在回家后将狗杀死当作美食吃掉了。事后经审理查明，这条貌似一般的狗是富豪用50万元买来的。根据当时的《刑法》即1979年《刑法》的规定，盗窃数额达到50万元，特别是在严厉打击犯罪期间，可依法判处死刑。因为偷狗而被判处死刑是否公正呢？法官从社会一般观念出发，基于对社会相当性及行为社会危害性的综合评价考虑，认为因为盗窃一条狗而对小偷适用死刑显然不合情也不合理。为对小偷从宽处理，法官想尽办法，最后在档案中找到当地成立于十多年前的"消灭狂犬办公室"发布的一个关于养犬的文件。根据该养犬文件，法官认为富豪的狗没有经过管理部门登记和防疫部门检疫，不属法律保护的利益，于是判决小偷无罪。[①]另外，在小偷偷狗案等类似案件中，即使在嫌疑人、被告人构成犯罪的情况下，也必须兼顾案发当时的具体历史情境和时空条件，依据宽严相济刑事政策，坚持情理法相融合，进行尽可能妥当、平衡的定罪与量刑。

2. 量刑宽容

量刑，是指人民法院对犯罪分子依法裁量决定刑罚的一种审判活动。量刑宽容，是指在正确定罪的前提下，对犯罪分子适用较轻的刑罚或免予刑事处罚。刑法条文中关于未遂、中止、自首、立功的规定都是量刑宽容的立法表现。此外，最高人民法院、最高人民检察院印发的《关于常见犯罪的量刑指导意见（试行）》，各省自治区直辖市高级人

---

①参见齐文远、周详：《刑法、刑事责任、刑事政策研究——哲学、社会学、法律文化的视角》，北京大学出版社2004年版，第32页。

民法院制定的量刑实施细则，关于自首、坦白、立功、当庭自愿认罪悔罪、退赃退赔、赔偿被害人损失、被告人与被害人达成刑事和解等情节从宽幅度的细化规定，也是人民法院宽容量刑的实体性依据。2019年10月，最高人民法院、最高人民检察院、公安部、国家安全部、司法部印发的《关于适用认罪认罚从宽制度的指导意见》第8条规定："办理认罪认罚案件，应当依照刑法、刑事诉讼法的基本原则，根据犯罪的事实、性质、情节和对社会的危害程度，结合法定、酌定的量刑情节，综合考虑认罪认罚的具体情况，依法决定是否从宽、如何从宽。对于减轻、免除处罚，应当于法有据；不具备减轻处罚情节的，应当在法定幅度以内提出从轻处罚的量刑建议和量刑；对其中犯罪情节轻微不需要判处刑罚的，可以依法作出不起诉决定或者判决免予刑事处罚。"这进一步表明了我国对认罪认罚的被告人予以从宽处罚的基本立场，因此，也可以说，对认罪认罚的被告人给予量刑优惠是量刑宽容的典型表现。有统计数据显示，从2014年1月到2019年6月，全国各级法院共审结一审刑事案件628.3万件，判处罪犯达709.9万人，对具有法定或酌定从宽量刑情节或认罪认罚的被告人依法从宽处罚，其中判处3年有期徒刑以下的被告人占被告人总数的81.6%，同比上升5.8%。[1]由此也可以看出，司法机关用宽容的量刑最大限度地减少消极因素，促进社会和谐。当然，受罪刑法定等刑法基本原则和立法规律、司法规律的限制，无论是对认罪认罚的被告人的量刑宽容，还是对具有其他情节的被告人的量刑宽容，都只能根据刑事政策的具体指引，严格依照法定刑事诉讼程序和刑事司法制度改革的现实需要来进行，不能突破刑事法律的条文规定这一基本底线。在司法实践中，量刑宽容的案件比较常见。

充分利用酌定量刑情节。相对于法定量刑情节，酌定量刑情节自身

---

① 参见张忠斌：《刑事审判要坚决防止引发"破窗"效应》，载《人民法院报》2019年12月12日，第2版。

所具有的功能、特征和价值，决定了酌定量刑情节乃是量刑情节的灵魂。[①]从立法上看，我国刑法为"酌定量刑情节"提供了充分的适用空间。例如，我国《刑法》第37条中据以免予刑事处罚的"犯罪情节"、第61条作为量刑根据的"犯罪情节"均未将"酌定量刑情节"排除在外。从实践上看，酌定量刑情节对宣告刑的作用力大小与该情节反映出的社会危害性或人身危险性提升或减轻的程度呈正相关关系，需要法官结合案情作出具体判断。[②]因此，法官在量刑时应完整提取并合理评价包括"酌定情节"在内的全案所有量刑情节，无论遗漏法定情节还是酌定情节，都将导致案件的宣告刑与被告人所犯罪行不相适应。充分考虑"酌定情节"既是罪刑均衡原则的要求，又符合罪刑法定原则所蕴含的"禁止不均衡的、残虐的刑罚"之精神。[③]

以刘海洋伤熊案为例。刘海洋系清华大学电机系四年级学生，为了达到证明熊的嗅觉是否灵敏的目的，在北京动物园里先后两次（2002年1月29日、2月23日）向人工饲养的狗熊身上及嘴里投掷掺有火碱、硫酸的饮料瓶，造成1只马熊、3只黑熊和1只棕熊遭到严重伤害的危害后果。北京市西城区检察院以故意毁坏财物罪对刘海洋提起公诉，西城区人民法院经审理最终认为，鉴于被告人刘海洋能够真诚悔罪，且情节轻微，可免予刑事处罚，因此，最后认定刘海洋犯故意毁坏财物，但决定对其免予刑事处分。针对刘海洋伤熊案，西城区人民法院认定伤熊行为构成"故意毁坏财物罪"，但同时宣布"免予刑事处罚"。《刑法》第275条规定："故意毁坏公私财物，数额较大或者有其他严重情节的，处三年以下有期徒刑、拘役或者罚金；数额巨大或者有其他特别严重情节的，处三年以上七年以下有期徒刑。"西城区人民法院作出的免予刑

---

① 参见宋建华：《论法官量刑时应重视酌定量刑情节》，载《法律适用》2008年第8期。

② 参见冯骁聪：《酌定量刑情节规范适用的司法困境与优化路径》，载《犯罪研究》2021年第3期。

③ 参见张明楷：《刑法原理》，商务印书馆2017年版，第33页。

事处罚的判决，显然无法从《刑法》第275条规定中找到直接具体的根据，需要借助《刑法》第37条关于免予刑事处罚的规定。然而，在刘海洋伤熊案件中，刘海洋的行为与《刑法》第37条规定的"犯罪情节轻微不需要判处刑罚"的情况并不相符，同时刘海洋伤熊案更不存在其他法定的可以判处免予刑事处罚的情节。事实上，西城区人民法院恰恰是以诸如"认罪态度较好、一贯表现不错"等酌定从轻量刑情节为根据，判处刘海洋免予刑事处罚的。

充分考虑被害方的过错。被害人过错是"与犯罪的产生或者被害后果具有直接因果关系的行为或心理状态，包括违法或不道德的行为，也包括在特定的情境下与防止犯罪事件发生和自身被害这一目的相悖的不当行为和心理状态"[1]。被害人的过错行为具体表现为被害人实施了一般的违法行为、犯罪行为，以及一些为多数社会公众普遍否定的不道德行为。至于被害人的过错行为是否应当受到否定评价，可以根据法律规范、道德伦理、社会习惯作出判断。在以"情节严重""情节恶劣"为构成要件或为法定刑升格条件的犯罪中，被害人的过错将影响被告人的行为是否构成犯罪及刑罚的轻重。

以许霆盗窃案为例。2006年4月21日晚9时许，许霆带着不能透支、余额为176.97元的广州市商业银行的银行卡到某自动柜员机拟取款100元。在输入取款金额时，许霆无意之中将100元输入成1000元，之后该自动柜员机即出钞1000元。经查询，许霆发现在自动柜员机出钞1000元后，其持有的银行卡中仍然存有170多元余额，此时的许霆已经认识到广州市商业银行的此台自动柜员机功能存在异常，于是在当日21时57分至22时19分、23时13分至19分和4月22日0时26分至1时06分这三个时间段内，在该自动柜员机共计取款170次，取款数额高达174000元。两天后，许霆携带取出的174000元巨款逃跑。银行要求许霆退赔，遭到许

---

[1] 郭建安主编：《犯罪被害人学》，北京大学出版社1997年版，第15页。

霆拒绝，于是向当地公安机关报案。2007年5月22日，许霆被公安机关抓获归案。广州市中级人民法院认为许霆的行为属于盗窃金融机构，且盗窃数额特别巨大，认定许霆的行为构成盗窃罪，判处许霆无期徒刑。许霆不服一审判决，向广东省高级人民法院提出上诉。广东省高级人民法院审理后，依法裁定发回广州市中级人民法院重新审理。在重审过程中，广州市中级人民法院并没有改变对许霆取款行为性质的认定，在许霆仍然没有向银行退还赃款的情况下，引用《刑法》第63条第2款的规定，将主刑由无期徒刑改为有期徒刑5年，将附加刑由没收财产改为罚金20000元。广东省高级人民法院终审裁定维持广州市中级人民法院的重审判决。最高人民法院于2008年8月20日，依法核准广东省高级人民法院的终审裁定。在整个诉讼过程中，许霆的涉案事实没有发生变化，国家法律尚未调整，但先后的量刑结果存在巨大落差。从本质上说，许霆并没有自首、立功等法定减轻处罚的情节，但广东省高级人民法院以及最高人民法院不仅减轻而且是大幅度地减轻了对许霆判处的刑罚。在许霆盗窃案中，最高人民法院核准广州市中级人民法院判决的理由主要是：在发现广州市商业银行自动柜员机发生故障之后，许霆临时产生盗窃的故意，其盗窃行为具有相对的偶然性，主观恶性相对于有准备、有预谋地盗窃金融机构犯罪要小得多；许霆是趁银行自动柜员机发生功能故障之机，采用输入指令取款的方法而非破坏手段盗窃银行款项，盗窃方式相对平和，犯罪情节相对较轻。其实，除上述理由外，人民法院对许霆大幅度减轻处罚还存在其他法理根据。可以想象，如果广州市商业银行的自动柜员机正常工作，没有出现任何异常，那么很可能在当时的场合下就不会发生许霆"盗窃银行款项的行为"。正是由于银行自动柜员机自设"陷阱"，许霆才受诱使而进入歧途。而自动柜员机出现异常又是因为银行没有及时履行监管义务造成的，即银行自设"陷阱"，导致"自陷风险"。正是金钱的巨大诱惑，使许霆脆弱的人性得以显现，换言之，银行对许霆盗窃行为的发生起到了关键性的作用。

应当说，在上述案例中，依据法律规定完全可以判处较重刑罚，司法机关的现有判决似乎"不合法"，但细细品味，如此量刑完全体现了法官的司法策略。法官从刑事责任的本质出发来认定行为社会危害性的程度，以其自身的司法智慧把握了刑法的内在谦抑精神。当然，也有学者对这两个案件的判决，特别是对刘海洋伤熊案的判决持否定意见。[①]

3. 行刑宽容

行刑即刑罚执行，是指法定的司法机关根据人民法院已经发生法律效力的判决所确定的刑罚而将其付诸实施的刑事司法活动。刑罚执行包括对各种刑罚方法的执行，以及正确适用缓刑、减刑和假释等制度。行刑的宽容主要表现为在执行过程中坚持以下基本原则。

坚持人道性原则。刑罚执行的根本目的在于通过刑罚的惩罚和教育将犯罪人改造成知法、守法的公民，在刑罚执行完毕后能够重返社会。坚持人道性原则就是要在刑罚执行过程中，尊重被执行人个人的价值和尊严，对其给予人道的待遇，反对酷刑和实施体罚、虐待等侮辱人格的行为。对罪犯本人而言，最需要的是社会的帮助与关爱，若在刑罚执行过程中对其实施体罚、虐待和侮辱等不利于其改造的行为，必然增加其对社会的不满甚至仇恨，进而成为社会的对立面。被执行人虽因实施犯罪行为而受到刑事处罚，但其独立自主的人格仍然存在，这在本质上就要求刑罚执行机关及其工作人员在履行职责过程中，既不能侮辱其人格，更不能剥夺其人权，而应以积极进取的态度尊重犯罪人的独立人格，尽量减少刑罚措施给犯罪人带来的痛苦，同时对被执行人予以正面的教育和科学的矫治，使其早日复归社会。

[①] 犯了故意毁坏财物罪的刘海洋被免予刑事处罚，这样的一种表面上很有人情味的处理方式，实际上给我们业已千疮百孔的法治建设开了一个大不题的天窗——罪刑平等原则在这里成了一句空话，法律的权威性和法治的统一性在这里荡然无存。参见付立庆：《论刑法适用中的隐性不平等——以刘海洋案为视角的考察》，载《法律科学》2004年第2期。

坚持个别化原则。在刑罚执行过程中，要根据被执行人的犯罪性质、具体情节、主观恶性、身体状况、生活经历等方面的差异区别对待。就监禁刑而言，应根据罪犯行为性质的不同，实行分别羁押和分别管理制度。比如，因携带冠状病毒又不自动隔离而构成以危险方法危害公共安全罪的被执行人，必须单独关押，以此来避免罪犯间交叉感染，影响其他罪犯的身体健康。在劳动生产和教育改造过程中也应根据罪犯的文化程度、生理特点、健康状况以及个人在生产技能方面的特长合理分配劳动任务，对未成年犯、累犯、外省籍犯等要有针对性地因材施教。比如，安排文化程度较高的罪犯为其他罪犯讲授相应的文化知识，这样既可以提高罪犯的知识水平，也可以让讲授者感悟到劳动改造的教育意义，进而实现监狱改造目的。

坚持社会化原则。罪犯的出现就是行为人因在社会化过程中的失当而引起的病态反映，因此，在刑罚执行过程中需要融入对其进行再社会化的过程，即应当注重社会因素在刑罚执行过程中的重要作用，畅通罪犯与社会联系的通道，逐步缩小对被执行人人身自由的限制。就行刑主体而言，应更多地利用社会资源，使其与专门的国家刑罚执行机关相结合，以此来逐步提高对罪犯的管理水平。就行刑场所而言，包括监狱在内的所有执行场所均努力提供与正常社会相类似的改造环境，积极为罪犯出狱后顺利回归社会创造条件。

从司法实践看，行刑过程中的减刑、假释是比较典型的行刑宽容方式。根据四川省高级人民法院关于减刑、假释裁判标准规范化的调研报告，2015年到2019年上半年，四川省人民法院审理的减刑案件为112523件，审理的假释案件为2082件。①由于我国的减刑、假释裁定标准立法规定比较简单、还不够规范，确有悔改表现在认定上存在困难，没有再

①参见熊焱、段玲、唐嘉君、丁怡：《明确细化裁判标准 精准输送司法正义——四川高院关于减刑、假释裁判标准规范化的调研报告》，载《人民法院报》2019年8月29日，第8版。

犯罪危险的评估较难，导致减刑、假释案件在审理中对基本问题的认识不统一，这在一定程度上确实影响了减刑、假释裁定的公正性和权威性。但从调研报告的数据来看，四川省司法机关关于减刑、假释的具体实践基本体现了行刑宽容的司法精神。另外，据媒体报道，2020年4月8日浙江省温州市中级人民法院对一例社区矫正人员减刑案依法开庭审理，并当庭宣判。[①]这也是《最高人民法院关于办理减刑、假释案件具体应用法律若干问题的规定》[②]颁布实施以来，温州市中级人民法院审理的首例减刑案。2017年8月5日，因犯非法制造爆炸物罪，乐清市人民法院判处被告人黄某某3年有期徒刑，缓刑4年。2017年8月5日至2021年8月4日为黄某某的缓刑考验期，在此期间由温州市洞头区司法局依法对黄某某实行社区矫正。2018年8月10日早晨，正处于缓刑考验期间的黄某某从龙湾区瑶溪街道永胜村经过，看见一对母女正在水中挣扎，并听到大声呼救，见此情景，黄某某与共同外出打工的同伴先后跳入水中，将落水的母女二人成功救起，使母女二人转危为安。第二天，为了感谢黄某某及其同伴的救命之恩，被救母女一家人将一面印有"见义勇为、恩重如山"的锦旗送给了黄某某及其同伴。半个多月后，负责社区矫正工作的洞头区司法所工作人员在调查走访过程中，了解到了黄某某临危不惧的下水救人先进事迹。当地见义勇为领导小组办公室依法认定黄某某为"见义勇为"。在法庭审理过程中，作为社区矫正执行机关的温州市司法局的工作人员依法履行职责，当庭宣读了温州市司法局出具的减刑建议书，并提供了见义勇为领导小组办公室颁发的见义勇为荣誉证书、温州市司法局对黄某某的月度考核表等相关证据，认为黄某某能够遵守法律法规，服从社区矫正部门的管理，平时表现良好；在母女二人

---

①参见余建华、温萱：《浙江温州宣判首例社区矫正人员减刑案件》，载《人民法院报》2020年4月9日，第3版。

②该规定现已被《最高人民法院关于办理减刑、假释案件具体应用法律的规定》代替。

落水的危急时刻，不顾个人安危，能够勇于下水救人并使母女二人转危为安，应构成重大立功。温州市中级人民法院经开庭审理认为，在缓刑考验期内，黄某某见义勇为——下水救人的事实清楚、证据确实充分，在公示期间温州市中级人民法院也没有收到任何异议及反对意见。依照《刑法》第78条关于有重大立功表现应当减刑的规定，以及《最高人民法院关于办理减刑、假释案件具体应用法律若干问题的规定》第4条第5项、第18条第2款，《最高人民法院关于办理减刑、假释案件具体应用法律的补充规定》第2条的规定，温州市中级人民法院对正在执行社区矫正的罪犯黄某某减去有期徒刑6个月，相应为其缩减1年缓刑考验期。这是典型的对被判处缓刑的被告人予以减刑的案件，也是典型的行刑宽容。

（二）程序宽容

刑事司法宽容应包括两种类型：实体宽容和程序宽容。其中，程序宽容又可表现为多种情况，比如轻缓的强制措施，便利、快捷的诉讼程序，撤销案件，等等。在刑事诉讼过程中，司法机关的公权力必须在法定的框架内运行，但刑事司法公正与刑事司法宽容，特别是与程序宽容之间并不存在根本矛盾。犯罪嫌疑人、被告人的合法权利在诉讼过程中比较容易受到司法机关公权力的侵害，对他们给予适度的宽容处理完全符合刑事正义的要求。就诉讼程序而言，适度宽容的诉讼程序应当是法定程序与人道程序的有机融合。宽容的刑事司法理念必须依托刑事司法程序而存在，宽容的底线不可能突破程序正义的标准。在尊重嫌疑人、被告人个性发展和个人权利的理念下，应当赋予犯罪嫌疑人、被告人一定的程序选择权，在进入诉讼程序之后让犯罪嫌疑人、被告人真正享有意愿表达的机会，进而使刑事司法制度具有产生让各方都满意的结果的能力。

1. 强制措施宽容

刑事强制措施，是指公检法机关为了保障诉讼的顺利进行，依法对犯罪嫌疑人、被告人所采取的在一定期限内限制或剥夺其人身自由的法定强制方法，[①]主要包括拘传、取保候审、监视居住、拘留、逮捕。一般而言，刑事强制措施基本可以划分为两种类型：一是剥夺人身自由的强制措施，即羁押性强制措施；二是限制人身自由的强制措施，即非羁押性强制措施。根据我国《刑事诉讼法》规定，拘留和逮捕属于羁押性强制措施，而拘传、取保候审和监视居住属于非羁押性强制措施。其中，拘留是"指公安机关、人民检察院在侦查过程中，在紧急情况下，依法临时剥夺某些现行犯或者重大嫌疑分子的人身自由的一种强制措施"[②]。逮捕是"指公安机关、人民检察院和人民法院，为防止犯罪嫌疑人或者被告人逃避侦查、起诉和审判，进行妨碍刑事诉讼的行为，或者发生社会危险性，而依法剥夺其人身自由，予以羁押的一种强制措施"[③]。作为羁押性强制措施的拘留和逮捕，既限制人身自由又限制活动自由，进而造成犯罪嫌疑人、被告人处于被羁押的状态。目前的问题是，我国对拘留、逮捕等羁押性强制措施的司法定位除顺利实现刑事诉讼目的之外，还存在提前预支刑罚的成分。换言之，我国当下的羁押性强制措施被赋予了过多的侦查职能和惩罚色彩，并陷入强制措施的功能误区，出现了强制性羁押措施的实体化倾向，[④]将羁押性强制措施作为对犯罪嫌疑人、被告人的一种刑事惩罚手段和对社会上其他人特别是人身危险性较大的人的一种威慑措施。对犯罪嫌疑人、被告人适用羁押性

---

①参见陈光中主编：《刑事诉讼法学（新编）》，中国政法大学出版社1996年版，第202页；徐静村：《刑事诉讼法学》（上），法律出版社1997年版，第203页。

②陈光中：《刑事诉讼法》，北京大学出版社、高等教育出版社2013年版，第234页。

③陈光中：《刑事诉讼法》，北京大学出版社、高等教育出版社2013年版，第223页。

④参见张益南：《刑事强制措施的实体化反思》，载《天水行政学院学报》2015年第6期。

强制措施，在一定时间剥夺其人身自由，在客观上确实能起到一定的教育作用，但这绝不是也不应该成为羁押性强制措施的主要功能。另外，部分司法工作人员持有"先行羁押，再予折抵"的畸形司法理念，随意对犯罪嫌疑人、被告人采取拘留、逮捕等强制措施，从而导致即使被告人依法不构成犯罪，也可能用"看汤下面"的方式对其定罪量刑。从客观上来说，在刑事诉讼中，为防止犯罪嫌疑人、被告人，特别是重大案件的犯罪嫌疑人、被告人逃避法律制裁，影响司法程序的顺利进行，伪造证据、毁灭证据，各共犯人之间串供、订立攻守同盟，继续实施危害社会的行为，司法机关依法对他们采取拘留、逮捕等羁押性强制措施具有充分的正当性，可以实现更高更多的诉讼利益，比如保障诉讼程序的顺利进行、快速恢复遭到犯罪行为侵害的社会关系。但是，根据现代刑事法治原则，无论涉罪行为侵害了多么重大的公共利益，司法机关也不应将羁押性强制措施视为国家惩治罪犯的手段，应摒弃报复性理念来适用羁押性强制措施。无论何时何地，都不能赋予刑事强制措施惩罚性的功能，更不能将刑事强制措施视为执行"预期刑罚"的一种方式。刑事强制措施的正当性是程序指向性的基础。刑事强制措施是保障诉讼顺利进行的一种手段，但在刑事诉讼活动中绝不是必然要对犯罪嫌疑人、被告人采取强制措施，即采取强制措施特别是羁押性强制措施并不是刑事诉讼中的必经环节。

刑事诉讼程序就是因案件的存在而推动诉讼进行的流程，在这一流程中，诉讼活动可能会面临来源于"行为人"和"犯罪事实"的阻碍，而司法机关为了达到"事实清楚，证据确实充分"的程度，排除诉讼障碍，必然要采取一定的强制措施，以此来确保搜集、保全证据的顺利进行，确保嫌疑人、被告人随时到案。但对嫌疑人、被告人而言，采取强制措施意味着牺牲了嫌疑人、被告人在人身自由、财产、隐私等方面的合法权利。因此，在尚未达到"必须"的情况下，司法机关不应积极主动地采取刑事强制措施——刑事诉讼活动中不得已的"恶";特别是拘留、逮捕等羁押性强制措施会剥夺嫌疑人、被告人的人身自由,并使嫌疑人、被告人与社会隔离,这也恰恰不是刑事强制措施的根本目的。从本质上说,刑事强制措施是一种以排除诉讼障碍为目的所达成的诉讼程序保障,程序性乃是刑事强制措施的基本属性。因此,在刑事诉讼过程中,对于那些情节较轻、人身危险性较小的嫌疑人,可在强制措施上予以宽容对待,能采取非羁押性强制措施的尽量不用羁押性强制措施,即"可捕可不捕的不捕"。比如,对于涉嫌犯罪的民营企业管理者、经营者,一方面,要严格把握刑事犯罪的认定标准,不能把经济纠纷和刑事犯罪混同对待,也不能把单位犯罪认定为自然人犯罪。例如,正当融资与非法集资具有严格界限,合同纠纷与合同诈骗之间存在本质区别,民营企业在参与国有企业兼并重组过程中引起的经济纠纷不能等于民营企业具有侵占国有资产的恶意,必须防止把经济纠纷升格为刑事犯罪,坚决防止利用刑事司法插手经济纠纷。在界限尚不清晰、性质尚不明朗、事实尚不确定的情况下,绝不能轻易动用刑事手段介入其中。另一方面,即使在确需动用刑罚手段的情况下,也应充分考虑刑事司法给企业经营者、管理者甚至整个企业造成的消极影响,综合考虑行为的社会危害性及其程度,犯罪嫌疑人、被告人是否配合司法机关工作、认罪悔罪的态度等情况,依法慎重地决定是否适用强制措施、适用羁押还是非羁押强制措施以及是否适用查封、扣押、冻结等措施,从而最大限度降低对企业经营者、管理者和企业本身正常生产经营活动的不利影响。在法庭审理过程中,对虽然已被逮捕但却符合取保候审、监视居住条件的被告人,应当依法将逮捕变更为取保候审或监视居住。对确需采取查封、扣押、冻结措施的,若条件允许,除依法必须责令关停的企业外,可预留必要的往来账户和流动资金,以确保企业的日常运转。不得查封、扣押、冻结与案件无关的财产,避免因为企业经营者、管理者一人涉嫌犯罪，导致整个企业权益受损乃至倒闭破产。

此外，在大力推进国家治理体系和治理能力现代化的今天，注重对涉罪未成年人强制措施的选择适用是我国刑事司法程序向法治化、文明化方向迈进的重要标志。选择适用强制措施不仅要保障刑事司法程序的顺利进行和司法机关公权力的充分行使，更要最大限度地尊重和保障涉罪未成年人的基本人权。因此，对涉罪未成年人应尽量拓展适用非羁押性强制措施的空间。在非羁押期间通过适度的帮教和矫治对处于不良家庭、社会环境或危险状态下的未成年人进行心理干预和调适，使其内心想法和认知发生根本性转变，从而促进社会治理特别是基层治理。目前，在刑事诉讼法中关于犯罪嫌疑人适用取保候审的条件、程序等相关规定，未成年犯罪嫌疑人与成年犯罪嫌疑人没有区别。就保证方式而言，包括保证金和保证人两种情况。从实际操作上看，保证金的方式比较方便、快捷，但当未成年犯罪嫌疑人的家庭经济条件较差、无法支付相应保证金时，就只能选择适用保证人的方式。对涉罪未成年人来说，应首选其法定代理人作为保证人，然后是其他成年的亲属等。然而，如果涉罪未成年人是"无监护人、无固定住所、无经济来源"的"三无"人员，或者涉罪未成年人在本地生活而其父母在外地打工谋生，即既无人监管又不具备相应的经济条件，那么保证人和保证金的方式均无法适用。为充分体现国家对涉罪未成年人的特殊照顾和保护未成年人权益的国家干预立场，应根据涉罪未成年人的具体情况适当拓宽取保候审保证人的范围，以此来保证涉罪未成年人的健康成长。比如，如果未成年犯罪嫌疑人犯罪情节较轻且认罪认罚，但无法提供合适的保证人时，则应由相应的司法机关为其指定无利害关系人作为保证人，依法为其履行保证人的职责。值得注意的是，当前外来未成年人犯罪问题比较突出，而外来未成年人基本处于前述的"三无"状态，相关部门很难给予涉罪的外来未成年人有效的监护和帮教。在此情形下，为保障刑事诉讼程序的顺利推进，办案单位"被迫"对涉罪的外来未成年人适用拘留、逮捕等羁押性强制措施。为充分保护涉罪未成年人的正当诉讼权利，可探索建立有效的社会观护体系，将适用取保候审、监视居住等措施的涉罪的外来未成年人置于社会观护基地，由观护基地的工作人员对涉罪的外来未成年人进行监督、矫正和管束，改变持续存在的"一捕到底"的状态。

2. 审理方式宽容

审理方式宽容，是指在刑事诉讼过程中，人民法院适用简易程序或速裁程序审理案件以及在法庭上营造相对宽松的审理氛围。"正义决不能妥协。"[①]然而，重新审视当今中国刑事诉讼制度即可发现，司法正义恰恰是司法宽容的产物。可以说，宽容理念正在刑事司法实践中逐渐渗透，宽容司法正在刑事诉讼过程中悄然兴起。

简易程序的设置，初显了刑事司法宽容的基本理念。从源头上说，我国早在1996年《刑事诉讼法》中就设置了简易程序。按照当时的规定，人民法院对简易程序具有绝对启动权，人民检察院仅具有简易程序启动的建议权或同意权。而对处于被审判地位的刑事被告人而言，只能被动接受人民法院和人民检察院的自由裁量，其本人根本没有选择是否适用简易程序进行审理的权利。针对这种"缺乏民主、近乎专制的程序"[②]，最高人民法院、最高人民检察院与司法部于2003年3月14日联合发布《关于适用简易程序审理公诉案件的若干意见》[③]，规定被告人可以选择是否适用简易程序。该意见第3条第2款规定："人民法院在征得被告人、辩护人同意后决定适用简易程序的……"第4条第1款规定："对于人民检察院没有建议适用简易程序的公诉案件，人民法院经审查

---

①[美]约翰·罗尔斯：《正义论》，何怀宏、何包钢、廖申白译，中国社会科学出版社1988年版，第215页。

②陈瑞华：《刑事审判原理论》，北京大学出版社1997年版，第398页。

③该意见于2013年4月8日《最高人民法院、最高人民检察院关于废止1997年7月1日至2011年12月31日期间制发的部分司法解释和司法解释性质文件的决定》施行时废止。

认为可以适用简易程序审理的，应当征求人民检察院与被告人、辩护人的意见。"根据此规定，是否适用简易程序以及如何适用简易程序审理案件，除检察机关建议和审判机关决定外，还必须征求被告人及其辩护人的意见。如果被告人、辩护人作无罪辩护，人民法院就不能适用简易程序审理案件。根据该意见的规定，被告人具有一定的实体处分权，即被告人的态度可以直接影响案件的裁判结果。该意见第9条规定："人民法院对自愿认罪的被告人，酌情予以从轻处罚。"2018年《刑事诉讼法》第214条把"被告人对适用简易程序没有异议的"作为简易程序的适用条件之一；根据《最高人民法院关于适用〈中华人民共和国刑事诉讼法〉的解释》第359条的规定，被告人及其辩护人可以申请适用简易程序审理案件。这充分体现了国家对被告人程序选择权的尊重，明显蕴含着刑事司法宽容的基本精神。

普通程序简易化审理，推动了刑事司法宽容向纵深发展。最高人民法院、最高人民检察院与司法部于2003年3月联合发布了《关于适用普通程序审理"被告人认罪案件"的若干意见（试行）》①，第1条规定，"被告人对被指控的基本犯罪事实无异议，并自愿认罪的第一审公诉案件，一般适用本意见审理"；第7条规定了法庭审理的具体简化方式。据此，对符合条件的案件在法庭审理程序上可以简化，甚至可以省略具体的法庭审理环节，如被告人可以不再就起诉书指控的犯罪事实进行供述，公诉人、辩护人、审判人员也可以简化甚至省略对被告人的讯问、发问。另外，"人民法院经审查认为可以适用本意见审理的，应当征求人民检察院、被告人及辩护人的意见"的规定，实际上赋予了被告人程序选择权。与简易程序相比，普通程序简易化审理的司法宽容性更加突

---

①该试行意见于2013年4月8日《最高人民法院、最高人民检察院关于废止1997年7月1日至2011年12月31日期间制发的部分司法解释和司法解释性质文件的决定》施行时废止。

出，主要表现为在刑事诉讼过程中确立了"自认规则"①，即在法庭审理过程中，对公诉人和辩护人双方均没有异议的证据，公诉人和辩护人双方仅针对证据的名称、证明的内容、证明的目的作出说明即可；经过合议庭确认，可以当庭予以认证。在此基础上，2018年《刑事诉讼法》第222条设置了速裁程序，即基层人民法院管辖的可能判处3年有期徒刑以下刑罚的案件，案件事实清楚，证据确实、充分，被告人认罪认罚并同意适用速裁程序的，可以适用速裁程序，由审判员一人独任审判。适用速裁程序审理案件，一般不进行法庭调查、法庭辩论。这一规定突出了认罪认罚在程序选择中的重要作用，再次将民事诉讼领域的"自认规则"引入刑事诉讼领域，虽然弱化了国家打击、惩治犯罪的刚性力度，却显示了刑事司法的宽容性。

辩诉交易在司法实践的具体运用，标志着刑事司法宽容的基本精神从程序正义开始迈向实体正义。所谓辩诉交易或答辩交易，又称答辩谈判、答辩协议，是指在法庭审理前被告人承认犯罪、不作辩护、不作有罪答辩，控方相应降低指控强度（比如，将重罪名降低为轻罪名、减少罪数、建议法官量刑从轻），公诉人和辩护人双方经过充分协商之后达成一致意见并提交到法庭审理的程序。②2002年4月，牡丹江铁路运输法院在证据收集困难和办案成本高昂的情况下，尝试采用新的审理方式——辩诉交易的方式审结一起故意伤害案。本案基本案情为：因车辆在行驶过程中争抢道路，被害人王玉杰与被告人孟广虎发生争吵，在争吵过程中被告人孟广虎及其同伙等多人将被害人王玉杰打成重伤。在案发后的几个月时间内，公安机关也没有将与孟广虎同案的其他犯罪嫌疑人抓捕归案，因此无其他证据，没有办法判断被害人的重伤后果究竟是

---

① 自认规则原本适用于民事诉讼领域，是指一方当事人就对方当事人主张的对其不利的事实予以认可的声明或表示，其法律后果在于免除对方相应的举证责任，使诉讼更加快捷有效。
② 参见刘根菊：《确立中国式辩诉交易程序之研讨》，载《政法论坛》2000年第4期。

否孟广虎所为。为节约司法资源、提高诉讼效率，公诉机关提出，只要被告人孟广虎认罪，并自愿承担相应的民事责任，检察院就向法院提出对被告人孟广虎从轻处罚并适用缓刑的量刑建议。经过控辩双方的充分协商，辩护人同意检察院的处理意见。最后牡丹江铁路运输法院采纳了公诉机关与辩护人双方的交易结果，认定被告人孟广虎犯故意伤害罪，判处有期徒刑3年缓刑3年。从审理过程来看，本案开庭仅仅用了25分钟。①在本案的审理过程中，牡丹江铁路运输法院不再单一地苛求理想秩序状态下的正义，而是以控辩双方的沟通交涉与平等协商为基础，尊重被告人的意志选择，最终经过各自的妥协让步，达成了被告人与被害人双方均认可的合意性处理意见，使原本差异较大的双方利益诉求比较恰当地整合到刑事司法程序中，充分彰显程序民主法治精神。将一个在原产于北美的司法制度应用于中国的法制土壤，并使案件顺利审结，充分体现了我国刑罚观念的根本改变，即在注重刑事司法的法律效果、追求刑罚的报复性功能之外，更加强调刑事司法的社会效果，追求刑罚的矫正性功能。

圆桌审理方式，营造了宽容的司法氛围。圆桌审判作为一种外来的审判模式，最早诞生于澳大利亚，是新南威尔士州对原住民适用的审判方式，具体是指在坚持严肃性与灵活性相结合的前提下，运用与未成年人心理和生理特点相适应的审理方式，将方台坐镇式改变为圆桌式的庭审模式。②圆桌审理方式的主要特点就是通过改变审判法庭的布局形式，即由棱角割据式调整为圆缓相近式，同时适度改变法庭审理过程中对未成年被告审问的语气、态度，从而营造一个既有一定的严肃性，更有平缓性和宽松性的法庭审理氛围，争取达到最理想的法庭审理效

---

① 参见苟晓平：《辩诉交易制度研究——由国内辩诉交易第一案引起的思考》，载《行政与法》2003年第5期。

② 参见自正法：《未成年人圆桌审判与庭审教育：理念、局限与路径》，载《当代青年研究》2018年第4期。

果。①现代刑事审判制度的理念应当是贴近社会、贴近民众，未成年刑事审判更应如此。为保障处于弱势地位的未成年群体的合法权益，充分反映少年犯罪人的身心转变和对少年犯罪人的保护、教育和感化的基本精神，充分发挥人民法院在审理过程中对少年犯罪人的治疗、帮教和矫正的作用，就必须改造现有的诉讼构造。少年司法制度的宗旨重在教育挽救而非单纯的惩罚。国家司法权力的行使过程是严肃紧张的，而且少年司法权的运作过程本身，在某种意义上也是一个对已经进入"少年司法圈"的少年的身心造成不同程度伤害的过程。②因此，《联合国少年司法最低限度标准规则》审判与处置部分第14.2条规定："诉讼程序应当按照最有利于少年的方式和在谅解的气氛下进行，应当允许少年参加诉讼，并自由地表达自己的意志。"在我国未成年人的刑罚呈现轻缓化、非监禁化的今天，原本单一的、以成年人为设计对象的刑事法庭设置模式已不能完全适应对未成年人教育矫治的需要。北京海淀区人民法院于1992年就开始适用圆桌审判方式，此种审判方式程序相对自由灵活、气氛相对宽松和缓，可以让未成年人比较顺畅地接受法庭审理，减轻其对法庭审判的抵触心理和恐惧状态，从而确保法庭发现犯罪真相，更好地教育挽救未成年人。圆桌审判方式蕴含着深刻的"寓教于审，教罚结合"的基本理念，彰显司法人文关怀，即在法庭审理过程中，法官采取交谈或对话的方式，晓之以理，动之以情，将教育和惩罚寓于整个审判程序中，矫正涉罪未成年人的心理问题和犯罪行为，使其真诚悔悟、改过自新，并切身感受到自身行为的社会危害性，自觉改正不良行为并重新回归社会，实现未成年人利益的最大化。

近年来，我国各地法院都在进一步探索如何改进圆桌审判方式。

---

① 参见郭连申、裴维奇、郭炜：《圆桌审判——少年刑事审判方式改革的探索与思考》，载《人民司法》1998年第11期。
② 参见姚建龙：《长大成人：少年司法制度的建构》，中国人民公安大学出版社2003年版，第40页。

2018年10月，为强化矫正和引导未成年被告人的效果，更好地保障未成年被告人的合法权益，进一步明确圆桌审判适用范围和程序，重庆市黔江区人民法院、黔江区人民检察院联合出台了《关于开展未成年人刑事案件圆桌审判的实施意见（试行）》，明确要求在保证教育、挽救和保护救助效果的前提下，应当集中审判资源快速办理，不得有任何不必要的拖延，尽可能减少未成年人的诉讼负累；审判人员注重考虑未成年被告人的身心特点、认知水平、案发原因，坚持教育和保护优先，在不违反相关法律法规的前提下最大限度地减少羁押措施、刑罚尤其是监禁刑的适用。此外，山东法院不断改革，坚持创新，大胆推行未成年被告人的"席位革命"，在现有圆桌审判模式的基础上进行了更深入的尝试。"根据刑事诉讼法和最高人民法院修订的《人民法院法庭规则》中的有关规定，山东法院结合未成年人身心特点，重新设置圆桌审判法庭的区域，试点将未成年被告人的席位调整到辩护人和法定代理人之间，使坐在父母身边的未成年人身心感到安全、放松，充分体现了对未成年人的人文关怀，也有利于对未成年人'教育、感化、挽救'方针的贯彻和对'教育为主、惩罚为辅'原则的坚持。另一方面，未成年被告人经过审判长许可，可以和他的法定代理人、辩护人交流，未成年人的辩护权得到充分行使。应当说，这次'席位革命'，使刑诉法中控辩双方平等原则达到了内容和形式的和谐统一。"[1]对未成年被告人的司法宽容，不仅体现在定罪和量刑方面，更体现在整个刑事诉讼活动的每一个环节，在每一个环节上都使未成年被告人享受到法庭的温情和人文的关怀。

3. 证据认定宽容

在刑事诉讼中，认证是指法庭对经过质证的各种证据材料作出判断和决定，确认其能否作为认定案件事实的根据，即法官通过对刑事案

---

①皮艺军：《庭审布局改革体现少年司法保护理念》，载《人民法院报》2018年6月7日，第5版。

件中的证据进行审查判断，从而确认其证据能力和证据效力的职业活动。①在审理案件的过程中，法官依照法定的诉讼程序，对公诉机关及辩护人提供的证据以及依当事人申请人民法院调查收集的证据进行质证，从而判断每一份证据的证明力，断定哪份证据能作为定罪量刑的依据。从时空范围来说，认证是在法庭调查阶段确认证据材料是否具有客观性、关联性以及合法性的，即是对单个证据能力的认定，而不是对案件事实的认定。认证作为法官独享的职权行为，应包含两方面问题：一是对控辩双方提交的证据以及依当事人申请人民法院调查收集的证据进行评价与判断，这一评价与判断是法官内心的思维活动，我国现行的法律以及司法解释对此仅规定了诸如关联性规则、非法证据排除规则、传闻证据规则以及补强证据规则等一些证据规则；二是运用前述证据对案件进行定罪量刑，这一认证过程主要表现为判决理由的阐释及判决书的制定。可以说，在取证、举证、质证、认证四个环节中，通过认证才能实现取证、举证、质证的目的，为案件事实的认定提供基本前提。

　　证据的认证过程实际上就是证据的筛选过程，即鉴别出哪些可以作为证据使用、哪些不能作为证据使用。根据刑事诉讼法的相关规定，对证据的筛选大致分为两个环节。第一，在"案卷材料"中选择"证据"。在纷繁复杂的案卷材料中，绝不是所有的案卷材料都可成为证据，只有具备实体性和形式要求的材料才能够被列为作为证明案件事实的证据。《刑事诉讼法》第50条第1款规定："可以用于证明案件事实的材料，都是证据。"这一规定明显突出了证据证明案件事实这一功能，为列入证据的材料范围设定了一个比较广泛的空间和较低的标准，即只要是可以用来证明案件事实情况的材料都有可能成为案件的证据。根据《刑事诉讼法》第50条第2款的规定，证据既包括物证、书证、证人证言，又包括被害人陈述，犯罪嫌疑人、被告人供述和辩解，还包括

---

①参见田孝民：《刑事证据认证问题研究》，载《山东社会科学》2007年第12期。

鉴定意见，勘验、检查、辨认、侦查实验等笔录，视听资料、电子数据。这就要求法官对案卷中的材料进行形式审查，即看材料是否符合某种证据的基本条件。如果某一材料符合实质性要求，但无法纳入任何一种证据种类，比如测谎结论，那么自然就不会被认定为证据。第二，从证据中选择"定案的根据"。从证据上升为定案的根据，还需要符合三个条件：一是证据必须查证属实。《刑事诉讼法》第50条第3款规定："证据必须经过查证属实，才能作为定案的根据。"也就是说，所有的证据本身必须是真实的，而不能是伪造的或虚假的。二是该证据没有被作为非法证据而排除。根据《最高人民法院关于适用〈中华人民共和国刑事诉讼法〉的解释》第137条的规定，法庭对证据收集的合法性进行调查后，确认或者不能排除存在以非法方法收集证据情形的，对有关证据应当排除。三是证据要具有相应的证明力。前述司法解释第139条规定："对证据的真实性，应当综合全案证据进行审查。对证据的证明力，应当根据具体情况，从证据与案件事实的关联程度、证据之间的联系等方面进行审查判断。"这两条规定实际上就是针对整体的证据能否上升为定案根据而提出的基本要求，即在审查证据过程中，必须要从整体性视角评估证据与证据之间、证据与待证事实之间的关系，只有在与其他全部证据的相互作用中才能体现出特定证据的特定价值，进而被人民法院最终作为对待证事实的定案根据。

我国《刑事诉讼法》从1979年制定到现在，历经1996年、2012年、2018年三次修改，但"案件事实清楚，证据确实、充分"的证明标准从未改变。即使是审理认罪认罚的案件，人民法院在审查被告人认罪的自愿性和合法性的同时，还要审查判断被追诉人的有罪供述和其他相关证据是否达到了"案件事实清楚，证据确实、充分"的法定证明标准。只有达到法定的证明标准，人民法院才可以对被告人依法予以从宽处罚。否则，即便被追诉人自愿认罪认罚，因认罪认罚的真实性难以得到确

69

认，自然也就不应启动认罪认罚从宽程序。其实，"案件事实清楚，证据确实、充分"的法定证明标准是要求司法机关对主要事实的证明达到结论具有确定性和唯一性的程度。而在适用认罪认罚从宽制度审理的案件中，为了防止犯罪嫌疑人、被告人"被迫认罪"和"欺诈性认罪"，甚至"替人顶罪"现象的发生，必须对涉案事实是否存在、危害行为到底由谁实施、因果关系是否成立等关键问题的证明达到"案件事实清楚，证据确实、充分"的程度。根据《认罪认罚适用的指导意见》，认罪认罚从宽制度的适用范围包括可能判处无期徒刑和死刑的案件，这就要求更严格。联合国《关于保护面对死刑的人的权利的保障措施》第4条规定："只有在对被告的罪行根据明确和令人信服的证据、对事实没有其他解释余地的情况下，才能判处死刑。"①此处规定的"对事实没有其他解释余地"，也就是要求人民法院得出的裁判结论具有确定性和唯一性。

在此需要强调的是，审理认罪认罚案件同样要坚持"案件事实清楚，证据确实、充分"的法定证明标准，但并不是说对案件中的一些次要事实和情节也要达到确实、充分的证明程度。根据实践经验来看，只要"基本事实"清楚，"基本证据"确实、充分，②人民法院就可以据此认为现有证据达到了法定的证明标准。也就是说，在适用认罪认罚从宽制度审理的案件中，证据规则可以适当从简，这在一定程度上似乎冲击了传统的证据规则。《刑事诉讼法》第196条第1款规定："法庭审理过程中，合议庭对证据有疑问的，可以宣布休庭，对证据进行调查核实。"根据此规定，法官有义务依职权主动查明案件事实。但如果适用简易程序审理案件，那么庭审举证、质证就可以适当简化。《最高人民

---

① 《关于保护面对死刑的人的权利的保障措施》，联合国经济及社会理事会1984年5月25日第1984/51决议批准。

② 基本事实，是指能够影响对被告人进行定罪量刑的犯罪事实和相关情节。基本证据，是指可以证明犯罪构成事实存在的证据。

法院关于适用〈中华人民共和国刑事诉讼法〉的解释》第365条规定："适用简易程序审理案件，可以对庭审作如下简化：（一）公诉人可以摘要宣读起诉书；（二）公诉人、辩护人、审判人员对被告人的讯问、发问可以简化或者省略；（三）对控辩双方无异议的证据，可以仅就证据的名称及所证明的事项作出说明；对控辩双方有异议或者法庭认为有必要调查核实的证据，应当出示，并进行质证；（四）控辩双方对与定罪量刑有关的事实、证据没有异议的，法庭审理可以直接围绕罪名确定和量刑问题进行。适用简易程序审理案件，判决宣告前应当听取被告人的最后陈述。"这一规定完全可以适用于审理认罪认罚的案件，当然，如果对被告人可能判处无期徒刑或死刑，还应当注意对案件中的关键性证据进行核实。在认罪认罚从宽案件中，公诉机关、辩护人、被告人、被害人已经就案件事实达成一致，法庭审理主要是审查判断被告人认罪认罚的自愿性和案件事实的真实性。虽然仍然需要适用证据能力、证明力等方面的证据规则，但相比于普通审理程序，认罪认罚从宽案件在证据认证方面还是相对具有较大的灵活性和自由度，即在证据规则适用上可以适当"从简"。此外，《最高人民法院关于适用〈中华人民共和国刑事诉讼法〉的解释》第140条还规定："没有直接证据，但间接证据同时符合下列条件的，可以认定被告人有罪：（一）证据已经查证属实；（二）证据之间相互印证，不存在无法排除的矛盾和无法解释的疑问；（三）全案证据形成完整的证据链；（四）根据证据认定案件事实足以排除合理怀疑，结论具有唯一性；（五）运用证据进行的推理符合逻辑和经验。"这一关于运用间接证据认定被告人有罪的规定，也是证据认证宽容的具体立法表现。

三、我国刑事司法宽容的偏差

（一）宽容理念偏差

刑法理念是刑事司法发展的先声，先进的刑法理念始终代表着刑事司法前进的方向和趋势，我国的刑事司法政策应随本国的国情而变，顺先进的潮流而动，积极吸收人类优秀的法治文明成果，将先进的刑法理念和制度设计融入其中。公正是刑事司法的首要伦理价值，也是刑事司法的生命力所在，但公正绝不是刑事司法的唯一价值归依。除公正外，宽容也同样是刑事司法的价值追求，而适度的宽容更有利于刑事司法公正的实现。我国刑事诉讼法规定的刑事和解制度、未成年人附条件起诉制度、相对不起诉制度等都体现了宽容的司法精神，也得到了学者和公众的广泛认同。可以说，宽容理念的产生和存在既是经济社会发展的需要，更是人性本身的内在需要，体现了人类生活的内在规律。目前来看，宽容正在逐步成为我国刑事司法的基本理念，指引着刑事司法的运行，但在司法实践中，宽容的司法理念还存在一定的偏差。

1. 重被告人轻被害人

自罪刑法定写入刑法条文并被确定为刑法基本原则以来，刑法的机能就发生了重大转折，即保障人权和保护社会。其中，保障人权主要是保障被告人的人权，而保护被害人的权利则放在了保护社会的范畴之中。宽严相济刑事政策中的"宽"也是对被告人的"宽"，这就导致司法实务部门注重对被告人权利的保护而忽视了对被害人的权利保护。特别是在未成年人犯罪案件中，因为"未成年"是法定的从宽处罚情节，加之"他还是个孩子"的传统说法，所以在定罪量刑过程中特别强调从宽，而对被害的人权利保护则多显不足。

在理论上，被害人被司法机关定位为协助国家指控犯罪的证人。"无论现代各国刑事法体系在制度语言上表现出何等的差异，而国家权力结构的组织模式与主流的政府职能观之不同又如何影响了法律程序的设置"[①]，都掩盖不了国家司法权力在本质上的一致性，即被害人和被告人处于不同的利益位阶层次，对犯罪的审理权限完全被国家司法机关垄断。在司法机关看来，犯罪侵害的是国家的权威与法秩序而不是被害人的合法权益。因此，对被告人适用何种刑罚仅是表达国家意志、显示刑罚权威，与被害人所遭受的伤害或损失不具有明显的关联性。在此理念支配下，我国的刑事司法改革基本都是以保障被告人权利为逻辑起点，即在刑事诉讼中坚持罪犯本位观，以被告人利益为核心，以行使公共刑罚权为目标，进行刑事司法程序的顶层设计，而被害人利益不能与司法机关行使公共刑罚权相冲突。从实质上说，被害人作为真正的利益受损者在诉讼中应当具有当事人的地位，但因被害人的利益被国家制度所统摄，所以在刑事程序中，被害人主要是以证人的身份出现在法庭上，即处于协助国家指控犯罪的证人地位。人们不禁质疑，实施了危害社会行为的犯罪者处于诉讼的主体地位且受到国家法律的严格保护，而人身权或财产权遭到损害的被害人却处于刑事法律保护的边缘化状态。正如有学者所言，每个人都有权受到公正的对待，包括犯罪嫌疑人。但是很多证人感觉到案件中被告人的权利高于他们的权利，并且指出他们感到"被遗弃在黑暗中"，在许多时候，人们认为是被害人和证人在受到审判，而不是被告人。[②]在整个刑事诉讼过程中，被害人作为个体的权利常常被疏忽甚至被遮蔽，从而导致被告人和被害人权利明显失衡。

[①][美]米尔伊安·R.达玛什卡：《司法和国家权力的多种面孔：比较视野中的法律程序》，郑戈译，中国政法大学出版社2004年版，第49页。

[②]参见陈光中、郑旭：《追求刑事诉讼价值的平衡——英俄近年刑事司法改革述评》，载《中国刑事法杂志》2003年第1期。

在法律上，被害人并非诉讼主体。在刑事案件中，基于诉讼各方对公平正义的追求，正当诉讼程序内在地要求实现控辩平等。然而，在以国家权力为后盾的公诉机关和单纯的犯罪个体之间很难实现平等。因此，立法机关自然就会在刑事立法中努力向被告人权利保护方面倾斜，罪刑法定原则、无罪推定原则、非法证据排除规则、沉默权制度的确立，就是在立法上优先考虑被告人利益的表现。基于此，法官进行利益衡量时，往往将被告人的利益视为重点关注的对象，常常作出有利于被告人的解释。在周立杰交通肇事案①中就是如此。被告人周立杰系北京市机械施工公司市政分公司司机，2000年10月24日19时许驾驶大货车清运渣土。在海淀区阜石路阜永路口由南向东右转弯时，刮倒了骑自行车的鲁丰富，右后侧车轮碾轧鲁丰富的身体，致鲁丰富当场死亡。周立杰当时感觉车身颠了一下，但并没有停车，而是驾车驶离事故地点，继续到工地清运渣土。当其再次经过事发地点时，见有交通民警正在勘查现场，即向单位领导报告自己可能撞了人，并于当日向公安交通管理部门投案。经北京市公安交通管理局海淀交通支队认定，周立杰负事故全部责任。海淀区人民法院经审理认定，周立杰在行驶过程中发现情况不及时，处理不当，造成1人死亡的交通事故，且在发生交通事故后没有立即停车保护现场，而是肇事逃逸，其行为已构成交通肇事罪。本案中的"逃逸"情节对量刑具有重要影响，但周立杰是否属于"肇事逃逸"，则极具争议。从审判结果看，海淀区人民法院已判定周立杰属于肇事逃逸。但有研究者认为，周立杰在其所驾驶车辆肇事时，根据其专业司机所具有的经验和已经感觉到车身颠了一下的情况，理应知道车辆可能撞到行人了，但尚不能据此得出被告人周立杰已经明确知道其车辆已发生

---

① 参见中华人民共和国最高人民法院刑事审判第一、二、三、四、五庭主办：《中国刑事审判指导案例》（危害国家安全罪·危害公共安全罪·侵犯财产罪·危害国防利益罪），法律出版社2009年版，第99页。

交通事故的结论。①此后，周立杰驾车离开事故地点，继续清运渣土。从本案现有情况看，周立杰在离开事故现场时并不确切知道自己已经肇事，因此，无法肯定或排他地推断出周立杰离开事故现场的行为一定是以逃避法律追究为目的。本着存疑有利于被告的一般规则，不宜认定周立杰的行为属于"交通肇事后逃逸"。可见，最高司法机关也特别注重保护被告人的权利。与此形成鲜明对比的是，在现代刑事司法文明中被害人似乎并没有享受到明显的"福利"，其所受到关爱的程度与被告人无法比拟。聂树斌案最为典型。经过20多年的各方共同努力，聂树斌得以平反昭雪，讨回了公道，但本案中的被害人因"没有加害人"而没有得到赔偿，也未得到司法机关的救助。实际上，在刑事法律体系中，国家试图接管被害人的部分诉讼权利，比如指控权、放弃追诉权、与犯罪人协商权、对结果的决定权、宽恕权等，而对被害人遭受的物质、心理损害并未接管。这种刑事诉讼体系结构必然导致被害人在刑事诉讼过程中的主体性地位缺席，即基本没有可以主张的诉讼利益，完全被司法机关排斥在诉讼体系的结构之外。

笔者认为，国家是否垄断追诉犯罪的权力，应根据具体犯罪是否有被害人而区别对待。在没有被害人的犯罪或国家就是被害人的犯罪中，只存在国家和被告人利益双方，即单纯是国家与被告的利益较量。此时为体现对被告人的人文关怀，国家可以宽容被告人。而在有被害人的犯罪中，除了国家指控被告人构成犯罪外，被害人也可以要求惩罚被告人或宽容对待被告人。在此情形下，如果忽略被害人在诉讼中的体系性地位，国家直接宽容被告人就是对被害人利益的严重侵犯。从历史上看，国家垄断刑事追诉权的必然结果是，被害人失去求刑权、量刑权和

---

①参见中华人民共和国最高人民法院刑事审判第一、二、三、四、五庭主办：《中国刑事审判指导案例》（危害国家安全罪·危害公共安全罪·侵犯财产罪·危害国防利益罪），法律出版社2009年版，第101页。

行刑权。而在现代刑事法治领域，冲突已经不再主要展现为被告人与被害人之间的对立，而是表现为权力和权利之间的斗法。[①]如果继续忽视被害人的诉讼权利，则严重违反刑法保护法益的目的。重视被害人的利益，寻求国家公权力与被害人、被告人的权利平衡，是保护私权和限制公权的必然选择。我国现有的刑事制度运行过程中牺牲被害人的很多利益，已引起部分公众对国家公诉制度的正当性产生了不满情绪。正如罗尔斯所言："当规范使得各种社会生活利益的冲突要求有一恰当的平衡时，这些制度就是正义的。"[②]只有被害人的利益得到应有的重视，才能真正满足国家、被告人与被害人三者的利益需求和平衡。在有被害人案件中过度宽容被告人，既可能使国家公诉制度产生正义危机，又可能使被害人遭到不公正的司法待遇。

2. 重刑罚效果轻刑罚效益

公正和效率是司法的两大价值目标，其中公正是第一位的，被视为司法的生命。人类对司法公正的追求是司法程序不断完善的原始动因。而"经济效益主义是西方经济分析法学派提出的一种程序价值理论，其在法律活动中的价值主要表现在所有关于法律的司法活动以及有关法律制度规定的设置是为了集合有限的人类资源来最大程度的增加社会福祉"[③]。从此意义上讲，在司法活动中经济效益不仅是一种价值理念，更是司法程序运行的"指路标"。在经济分析法学派看来，效益才是法的根本宗旨，国家开展的所有法律活动和国家设立的所有法律制度都应以有效地利用社会资源从而最大限度地增加社会财富的总量为目的。也就是说，法律所有的价值既是为了满足人们所需的自由、安全和秩序良好的生存环境，又是保障法律本身的程序正当，重视司法自身的存在价

[①]参见孙万怀、黄敏：《现代刑事司法和解精神的基础》，载《法学》2006年第4期。

[②][美]约翰·罗尔斯：《正义论》，何怀宏、何包钢、廖申白译，中国社会科学出版社1988年版，第5页。

[③]樊崇义：《刑事诉讼法哲学思维》，中国人民公安大学出版社2010年版，第132页。

值与效益追求，而诉讼程序的存在恰恰是为了提高诉讼的经济效益，减少诉讼司法资源的耗费。虽然正义和效率都是司法的价值目标，但二者的位置并非等量齐观，效率有价而正义无价。在刑事诉讼中，公正性的增强意味着诉讼程序的复杂化，必然会消耗更多的司法资源，从而降低刑事司法的经济效益。相反，如果过分追求刑事诉讼效益，那么必然会将本来意在体现程序正义精神的诉讼程序视为实现诉讼效益的障碍，从而导致程序正义也无法实现。

从本质上来说，司法资源的稀缺性与易耗性在客观上要求司法机关在刑事诉讼过程中必须以最少的诉讼资源投入来审结最多数量的案件。美国著名的经济分析派法学家波斯纳认为："正义的第二种意义，简单地说就是效益。"①经济学是对法律进行规范分析的有力工具，在一个资源有限的世界中，效益是公认的法律价值，表明一种行动比另一种更有效，当然是制定公共政策的一个重要因素。②因为惩罚犯罪越及时就越能达到其应有的刑罚效果和社会效应。意大利著名的刑法学家贝卡里亚在《论犯罪与刑罚》一书中指出："惩罚犯罪的刑罚越是迅速及时，就越是公正和有益。诉讼本身应该在尽可能短的时间内结束。犯罪与刑罚之间的时间间隔越短，在人们心中，犯罪与刑罚这两个概念就越突出、越持续，因而人们就很自然地把犯罪看作起因，把刑罚看作不可缺少的必然结果。推迟刑罚尽管也给人们以惩罚犯罪的印象，然而，它造成的印象不像是惩罚，倒像是表演。"③从实践上看，诉讼的迟延不仅是带来诉讼成本的极大浪费，而且对于被追诉人来说，是非正义的。因为长期处于追诉的风险中，尤其是长期的被羁押，给被追诉者带来的伤

---

①[美]理查德·A.波斯纳：《法律的经济分析》（上），蒋兆康译，中国大百科全书出版社1997年版，第1页。

②参见沈宗灵：《论波斯纳的经济分析法学》，载《中国法学》1990年第3期。

③[意]贝卡里亚：《论犯罪与刑罚》，黄风译，中国大百科全书出版社1993年版，第56—57页。

害远比刑罚的惩罚危害更大。因此，效率和正义一样，都是刑事诉讼应该追求的价值目标之一。贝利斯教授也指出："没有正当的理由，人们不能使程序在运作过程中的经济耗费增大，在其他条件相同的情况下，任何一位关心公共福利的人都有理由选择其经济耗费较低的程序。"[1]因此，在保证公正的前提下，公诉程序的设计应当尽可能地予以简化，以此来促进诉讼效率的快速提升。但从司法实践来看，我们非常热衷于追求刑事司法的法律效果和社会效果，[2]而缺乏对司法效率的考量。近年来，人民法院适应新时代的人民群众对司法的新要求，坚持为大局服务和能动司法，将人民群众的根本利益作为司法审判的基本出发点，力争使裁判结果赢得社会公众的普遍认同和尊重，实现法律效果和社会效果的有机统一。在这一理念支配下，人民法院通过厘清责任、明辨是非，充分发挥司法裁判的评价、教育、指引等功能，形成司法与舆论良性互动和司法与民意的充分沟通，让对焦点、热点案件的审判成为全民共享的法治公开课，切实解决"救不救""劝不劝""追不追""扶不扶"等群众高度关注的突出问题，得到了公众充分的肯定，取得了良好的社会效果。但为了追求实体结果的公正，有的案件往往久拖不决，导致诉讼效率极其低下。例如，公众普遍知晓的聂树斌案，经过20多年的艰苦努力，才得以平反昭雪，虽然对聂树斌而言实现了结果正义，但消耗了大量的司法资源。更主要的是，刑事司法的社会效果与法律效果不一定能时时保持完全一致。如果没有一定的诉讼效率，即使诉讼程序全部履行完毕，也不一定能够实现社会公众期待的社会效果，反而可能产生负面影响，所以应当从法律效果和社会效果两个维度来判断诉讼效益如何。就现实性而言，如果检察机关对实际发生的所有犯罪行为都向

---

[1]陈瑞华：《刑事审判原理论》，北京大学出版社1997年版，第92页。
[2]法律效果是指法律所规定的程序在司法实践中的实现程度，单纯的法律效果就是指法律所规定的诉讼权利和义务在诉讼法律关系参加者的行为中实现了没有、被执行了没有、执行的程度如何。社会效果是指诉讼程序得到执行后，给整个社会带来的积极意义。

法院提起诉讼，刑事司法的法律效益也许会实现，但不一定符合社会公共利益，因而不能实现刑事司法的社会效益。基于司法资源的稀缺性和有限性，对部分过失犯罪、轻微犯罪和未成年人犯罪的免予起诉反而更有利于节约司法成本，提高诉讼效益。在当前我国案多人少且物资、经费等司法资源比较有限的情况下，多数司法机关处于超负荷运转状态，案件办理任务十分繁重。如果过度追求司法的法律效果和社会效果，肯定会导致诉讼战线过长，既浪费有限的司法资源，又不必然能够得到公正的结果，也会背离程序公正的价值目标。司法实践中的效率，是指司法成本和司法程序的司法资源产值比例，提高刑事司法的诉讼效率既是实现刑事司法正义的基本要求，也是国家司法机关的价值追求。司法资源具有有限性早已成为人们的共识，但随着新的犯罪类型的不断出现，刑事案件数量在现有态势下还在继续上升，司法机关的工作压力越来越大。在持续增长的刑事案件中，轻刑案件的比例逐年增加，而这类案件社会危害性不大，行为人的人身危险性也较小，若投入大量的司法资源打击此类轻刑案件，明显浪费资源。而优化有限的司法资源的配置，促使司法机关集中优势力量处理社会影响巨大、危害结果严重、犯罪手段残忍的刑事案件，更利于诉讼效率的整体提高，保障社会的公平与正义。因此，必须强化成本意识，优化资源配置，提高诉讼效率。随着犯罪数量的不断上升，面对有限的司法资源和较大的案件压力，各国都在积极探索提高诉讼效率的路径，实行辩诉交易、扩大不起诉范围、启动速决程序等都是提高诉讼效率的有力措施。我国正在大力推行的认罪认罚从宽制度的核心价值取向就是"公正为本，效率优先"[1]，这恰恰是对经济效益主义的基本理念在司法实践中的认可与运用。

　　当然，在司法实践中也有公正与效率的关系处理得比较好的典型案

---

[1]陈卫东：《认罪认罚从宽制度研究》，载《中国法学》2016年第2期。

件。比如，民航总医院杀医案。[①]2019年12月4日，被告人孙文斌及亲属将其母孙魏氏送至民航总医院治疗。因对医生杨文的治疗心存不满，孙文斌意图报复杨文医生。12月24日6时许在急诊抢救室内，孙文斌用尖刀反复切割、扎刺值班医生杨文颈部，致杨文医生死亡。2020年1月16日，北京市第三中级人民法院一审对被告人孙文斌故意杀人案进行公开审理并当庭宣判，认定孙文斌犯故意杀人罪，判处死刑，剥夺政治权利终身。宣判后，孙文斌不服北京市第三中级人民法院的一审判决，提出上诉。北京市高级人民法院经依法开庭审理，于2020年2月14日作出裁定，依法驳回上诉，维持原判，同时将上诉人孙文斌的死刑裁定依法报请最高人民法院核准。最高人民法院于3月17日裁定核准了对孙文斌的死刑判决。4月3日上午，北京市第三中级人民法院遵照最高人民法院下达的执行死刑命令，对故意杀人犯孙文斌依法执行死刑。被告人孙文斌虽然自动投案，但并未阻止死刑的适用。从案发到执行死刑共计3个多月时间，诉讼进程可谓快矣，其中北京市第三中级人民法院一审当庭宣判，足见其效率之高。另外，在2020年年初新冠肺炎疫情暴发期间，全国多地法院快速及时地审结了影响疫情防控案件。比如，上海市闵行区人民法院于2020年2月18日采用在线庭审模式审理并当庭宣判发生于2020年1月31日的上海首例殴打防疫志愿者涉刑案[②]、广西壮族自治区两家基层法院宣判两起发生于2020年2月8日的涉疫情妨害公务案[③]、云南省河口瑶族自治县人民法院审结发生于2020年2月5日的云南首例涉疫情

---

① 参见赵岩：《"民航总医院杀医案"罪犯孙文斌被执行死刑》，载《人民法院报》2020年4月4日，第3版。

② 参见严剑漪、杨程：《上海首例殴打防疫志愿者涉刑案当庭宣判》，载《人民法院报》2020年2月19日，第3版。

③ 参见费文彬、肖丽婷、马玲、肖剑阳：《广西宣判两起涉疫情妨害公务案》，载《人民法院报》2020年2月19日，第3版。

网络诈骗案[①]、重庆市涪陵区人民法院开庭审结发生于2020年2月1日至2日的重庆首例涉疫情电信诈骗案[②]。这些案件的及时审理，有效地回应社会公众对案件的关切，也用让人们看得见的方式实现了公平正义。

3. 重司法直觉轻结论检测

司法审判的过程就是法官根据法庭审理查明的案件基本事实，运用自己对法律法规的认识和理解来处理具体案件的过程。在判决书的制作过程中，法官应该严格依据法律推理来论证其裁判结论，人们也因此一直认为法官进行的司法审判活动是高度理性的活动，即司法审判应遵循"大前提—小前提—裁判结论"这一逻辑过程。但多年来的司法实践表明，在绝大多数情形下，法官都会将自己对案件的直觉作为思考案件将如何裁决的逻辑起点，之后再对根据直觉初步形成的裁判结论进行检验，最后在综合各种因素、权衡各种利弊的基础上得出最终的裁判结果。美国联邦法官波斯纳因此明确指出："直觉在司法决定中扮演了主要角色。"[③]直觉作为一种对人的思维有着十分重大影响的认知方式，虽然较难用逻辑的方式或者理性的方式来进行阐释，但在现实生活中，人们运用直觉对某一个事物或某一件事情作出的价值判断可能比理性判断更加快捷和准确。在审理案件的过程中，法官的目光在规范与公正之间徘徊，会不由自主地凭借自己内心的初步直觉，在证据与事实之间构筑一道桥梁。但必须强调的是，凭借司法直觉得出的初步结论必须经过有意识与合司法逻辑的理性分析予以检测与论证，才能证明其合法性与正当性。一般而言，在司法裁判过程中，法官直觉往往起着先行者的作

---

①参见茶莹、杨帆：《云南首例涉疫情刑事案件一审宣判》，载《人民法院报》2020年2月19日，第3版。

②参见刘洋、彭麟、康敏：《重庆宣判首例涉疫情电信诈骗案》，载《人民法院报》2020年2月19日，第3版。

③[美]理查德·波斯纳：《法官如何思考》，苏力译，北京大学出版社2009年版，第107页。

用，"理性分析"环节应当紧随"直觉"之后，对"直觉"进行验证或者监控，通过验证或者监控这一环节来引导法官分析当初依据司法直觉得出的结论是否正确。若不正确，则需要进行相应的修正，直至被公众认可为止。对依据司法直觉得出的裁判结论进行理性分析，既可预防司法偏见，又可增加最终司法裁判结论的社会可接受性。正如认知心理学的研究结论所说："人类的'经验直觉'与'理性分析'两种认知加工机制是和谐地协同处理着外部信息的。既不是像法律现实主义所说的那样，法官裁判是由司法直觉决定的；也不是像多数法学家所主张的，法律裁判只能由法官的理性分析来完成。理想的情形应当是，司法中的直觉机制应当是有所约束的'法律发现'，这种法律发现除了受自身认知机制的检测外，应当增加一道具有公共沟通意义的正当化论证工序。"①实际上，在现实刑事诉讼过程中，从法条的寻找到事实的认定再到定罪量刑结论的形成，绝对不能缺少司法直觉的先前启发，也可以说，直觉在司法过程中发挥了重要的基础性的先行加工作用。

直觉作为一种人类认知方式，是人们基于某种日常经验来进行判断或决策的，具有信息处理自动化、快捷化的特点。卡尼曼研究指出，直觉思维的本质是以节省心理资源为目的，而人类的认知加工又是遵循所谓的"吝啬法则"的，因此，人们更愿意以直觉的方式解决社会实际问题。也就是说，能够通过"经验—直觉"机制获得结论的，大脑就吝啬地不愿启动"理性—分析"机制，因为"理性—分析"机制需消耗更多的心理资源。②司法裁判过程本应是一个理性的思维过程，除法律和事实之外，一些边缘性、外在性、社会性因素也应考虑其中，进而得出社会公众普遍接受的司法裁判结论。在司法实践中，相当一部分案件事实

---

①沙季超：《直觉思维对司法审判的影响及其防范机制的建立——以"佘祥林案"为样本》，载《湖北警官学院学报》2014年第11期。

②参见[美]丹尼尔·卡尼曼等：《不确定状况下的判断：启发式和偏差》，方文等译，中国人民大学出版社2013年版，第466页。

不能与法条一一对应，特别是有的案件明显属于"事出有因，情有可原"，应综合全案事实，坚持证据裁判原则，进行定罪量刑。由于在信息不十分充分的情况下得出案件结论需要消耗更多的心理资源，所以，在实践中法官常常不由自主地遵循认知加工的"吝啬法则"，习惯于相信甚至依靠自身内心的直觉判断分析某一证据或事实的真伪，而又往往忽略用"理性—分析"的方式对裁判结论进行检测。美国著名的哈奇森法官曾经断言："判决事实上是依据直觉和预感进行的，而非依据逻辑推论，它仅仅是一份'向法官自己证明判决是正确的'书面论证。"①由于受到司法者个体知识经验的影响，司法直觉不可避免地存在个人主观和臆断的可能性，因此容易导致法官的判断出现偏差，特别是在宽容司法时出现偏差，张建故意杀人案②就是典型例证。张建系沈阳市辽中区某废品收购站经营者，2018年5月31日，张建雇佣薛某某等多人在某工厂工作。8时许，薛某某不慎坠入厂房内一个2.8米的深坑内。在发现薛某某坠入深坑发出微弱呻吟很快即失去反应后，张建既未采取任何施救措施，又不顾同在现场的他人劝阻，而是立即用铲车铲推两车混有金属块的渣土填入坑中，将薛某某掩埋在深坑之内。之后，张建又采取措施制造薛某某失踪的假象，并与他人串通、虚假报案，以此掩盖其恶劣罪行。后经司法鉴定，薛某某是在乙醇（酒精）中毒在先的基础上，因钝性外力作用引起严重胸、腹部损伤，颅脑损伤，以及泥沙堵塞呼吸道，掩埋压迫胸、腹部，引起机械性窒息，终因呼吸、循环功能障碍而死亡。辽宁省沈阳市中级人民法院一审认定被告人张建犯故意杀人罪，判处15年有期徒刑，并处剥夺政治权利5年。宣判后网上骂声四起，社会公众反应极其强烈。沈阳市中级人民法院审判委员会经集体讨论，认

①陈林林：《直觉在疑案裁判中的功能》，载《浙江社会科学》2011年第7期。
②参见孙航：《张建故意杀人再审案公开宣判》，载《人民法院报》2019年11月22日，第3版。

为原判决认定事实及适用法律确有错误，决定对本案启动再审程序。沈阳市中级人民法院经再审认为，张建在已经认识到被害人薛某某坠入深坑后可能并没有死亡的情况下，仍驾驶铲车铲推混有金属块的渣土将被害人薛某某掩埋，致被害人薛某某死亡，其行为已经构成故意杀人罪。作为雇主，张建对其所雇佣人员薛某某在从事雇佣工作时所处的危险状态，本应积极、及时地实施救助行为，但在认识到被害人薛某某坠入深坑之内可能并没有死亡的情况下，张建不仅不实施任何救助行为，反而不顾在场人员劝阻，驾驶铲车铲推混有金属块的渣土将被害人薛某某掩埋，故意非法剥夺他人生命，致被害人薛某某死亡，其行为严重地挑战了社会公德底线，违背社会公序良俗，案发后又制造被害人失踪假象、串通他人虚假报案，企图掩盖罪行、逃避法律制裁。张建在法庭审理过程中不能如实供述罪行，犯罪情节恶劣，主观恶性极深，社会危害性极大，依法应当判处死刑。鉴于张建家属代为民事赔偿并取得被害人薛某某家属的谅解，对张建判处死刑，可不立即执行。原审判决未能正确处理民事赔偿与刑罚裁量的关系，未能充分考虑行为人的主观恶性及其行为社会危害的程度，导致量刑畸轻。依照《刑法》第232条等规定，改判张建死刑，缓期2年执行，剥夺政治权利终身。

李昌奎故意杀人、强奸案[①]的二审判决也同样存在重司法直觉轻结论检测的问题。2009年5月14日，云南省巧家县茂租乡鹦哥村村民李昌奎的哥哥李昌国与被害人王家飞的母亲陈礼金，因为水管费的收取问题发生争吵。根据被害人王家飞的母亲陈礼金的陈述，2007年李昌奎的家人曾经托人到陈礼金家说媒，要李昌奎与王家飞联姻，但陈礼金家没有同意，于是陈礼金和李昌奎两家便产生了矛盾。因说媒联姻一事遇阻，李昌奎就产生了报复王家飞的意图。得知自己的家人与王家产生争吵

[①] 参见李芹：《李昌奎故意杀人强奸案再审宣判》，载《人民法院报》2011年8月23日，第3版。

后，正在四川西昌打工的李昌奎立即返回老家。2009年5月16日下午1时许，李昌奎在门口遇到19岁的王家飞和其3岁的弟弟王家红，李昌奎同王家飞发生争吵斯打，在斯打过程中李昌奎不仅将王家飞裤子撕烂，而且在掐晕王家飞后又将其强奸。在强奸王家飞之后，李昌奎又使用锄头将王家飞敲打致死。李昌奎还将年仅3岁的王家红倒提摔死在铁门门口。随后李昌奎又残忍地用绳子勒紧姐弟二人的脖子。在实施了强奸、杀人行为之后，李昌奎畏罪潜逃。经法医鉴定，王家姐弟二人均因颅内损伤伴机械性窒息而死亡。2010年7月15日，云南省昭通市中级人民法院经审理查明，被告人李昌奎不仅杀人手段特别凶残、情节特别恶劣，而且后果特别严重，罪行极其严重，具有极大的社会危害性，应依法予以严惩，而且李昌奎的自首情节不足以对其从轻处罚。昭通市中级人民法院认定李昌奎犯故意杀人罪，判处死刑，剥夺政治权利终身。2011年3月4日，云南省高级人民法院经审理认为，昭通市中级人民法院原判虽然定罪准确，但量刑明显失重，遂以李昌奎自首情节、能够认罪悔罪、积极赔偿为由，将死刑立即执行改为死刑缓期2年执行。此判决公布后，顿时在家属之间和社会舆论中引起轩然大波，受害人家属向云南省高级人民法院提出申诉，明确要求云南省高级人民法院启动再审程序，撤销死刑缓期2年执行的终审判决，依法改判凶手李昌奎死刑立即执行。2011年8月22日，云南省高级人民法院经过再审，依照《关于执行〈中华人民共和国刑事诉讼法〉若干问题的解释》（法释〔1998〕23号）第312条第2项的规定，将死刑缓期2年执行改判为死刑立即执行。最高人民法院终审核准死刑。根据最高人民法院下达的执行死刑命令，昭通市中级人民法院于2011年9月29日对李昌奎执行了死刑。

上述两个案件之所以出现量刑偏差，主要就是因为司法机关在依据司法直觉得出初步结论后，没有经过"理性—分析"进行检测。在张建故意杀人案中，法院认为张建构成间接故意杀人，但为什么是间接故意并没有进行足够的理性分析。在李昌奎故意杀人、强奸案中，二审法院并没有阐述清楚为什么作为"可以"型的自首情节就能改变死刑的量刑结果。其实，科恩早就说过，"根据我自己的直觉判断经验以及朋友们（我常常要求他们对特定结果做出反应）的经验，我已经知道孤立的直觉判断往往十分不可靠"[1]。在理性设计的司法程序中，遵循逻辑规则的法律推理应发挥主要作用，即法官应主要依靠理性的逻辑推理得出案件的裁判结论，而不应仅仅依据经验积累形成的司法直觉就径直作出裁判。正如哈特所说，那种主张"直觉是司法决定的真正基础"的观点是对法律基础的错误认识，对审判实践根本不能提供有用的描述性说明，直觉在任何法律系统中都不是中心之点。

当然，因为司法直觉而产生的裁判偏差实际上并不是法官恶意造成的。一般而言，只要有办法让法官意识到自己当初对案件的司法直觉已经产生了偏差，法官就能够及时对自己的直觉进行自我修正。因此，需要对法官的司法加以必要的引导，确保其作出的司法裁判不偏离司法目标。

（二）宽容路径偏差

1. 非羁押性强制措施无序适用

非羁押性强制措施，是指司法机关仅对犯罪嫌疑人、被告人的人身自由进行一定限制，并不以剥夺其人身自由为目的的强制方法。该强制方法以无罪推定原则为基础，以减少对犯罪嫌疑人、被告人的人身自由限制为目标，充分体现了保护犯罪嫌疑人和被告人的人身权利的基本理念，既可以避免过多地消耗司法资源，又可以提高刑事诉讼效率，还可以防止因"交叉感染"而增加犯罪嫌疑人、被告人的反社会的人格风险。适用非羁押性强制措施必须遵循一定的原则。（1）程序法定原

---

[1] [英]L.乔纳森·科恩：《理性的对话：分析哲学的分析》，邱仁宗译，社会科学文献出版社1997年版，第72页。

则。虽然不剥夺犯罪嫌疑人、被告人的人身自由，但立法机关也应在刑事诉讼法的条文中明确地预先设定各类非羁押性强制措施的名称、适用主体、适用条件和适用程序。司法机关也必须按照刑事诉讼法明文规定的条件和程序予以适用，刑事诉讼法律没有规定的强制措施一律不得适用。（2）比例原则。比例原则，是指国家公权力的行使与对公民私权利的限制之间要具有一定的衡平性。随着人权保障理念的逐步增强，比例原则已成为现代刑事司法的一项基本原则。比例原则就是要求司法机关限制、侵犯公民人身权或财产权的手段与其要达到的司法目的之间合乎一定的比例，即如果同时具有多个措施可以实现同一个目的，那么就要选择适用侵害最小、损失最少的措施。就刑事强制措施而言，究竟适用羁押性强制措施，还是适用非羁押性强制措施，应当综合权衡犯罪嫌疑人、被告人的人身危险性、行为的社会危害性以及行为的时空条件等诸多因素来判定。（3）无罪推定原则。无罪推定原则即未经人民法院审判，不得认定任何人有罪，使无辜者免受刑罚。非羁押性强制措施的非羁押性重在保障犯罪嫌疑人、被告人的人身自由，而其强制性则重在惩罚犯罪。坚持无罪推定原则就要求在刑事司法程序启动之后首先考虑适用取保候审、监视居住等非羁押性强制措施。非羁押性强制措施的适用也恰恰是无罪推定原则在司法实践中的生动体现。

从目前的司法实践来看，司法机关适用非羁押性强制措施的无序性主要表现在以下几个方面。（1）适用程序不明确。《刑事诉讼法》第66条规定："人民法院、人民检察院和公安机关根据案件情况，对犯罪嫌疑人、被告人可以拘传、取保候审或者监视居住。"据此，公安机关、检察机关和审判机关都有权力决定是否适用非羁押性强制措施，这虽有利于各司法机关完成自己的工作任务，但极易造成同一犯罪嫌疑人、被告人在不同的诉讼阶段被不同的司法机关适用同一种非羁押性强制措施的现象。例如，自公安机关侦查阶段起，犯罪嫌疑人就被取保候审，而到了审查起诉和法庭审理阶段，已经超过了取保候审的法定期限，但检察机关和审判机关仍"依法"对其取保候审。另外，刑事诉讼法仅规定了决定机关，但并未规定适用程序，即非羁押性强制措施的适用具体由哪个层面机关或领导决定、审批，对此刑事诉讼法并未明确。虽然最高人民法院、最高人民检察院和公安部各自出台了相关的司法解释或指导意见，但这三家机关的规定也不十分一致。就采取或解除非羁押性强制措施而言，公安部和最高人民检察院的规定就存在一定的差异。根据公安部的相关规定，工作人员首先填写《呈请××报告书》，然后报县级以上公安机关负责人批准，最后由该负责人签发《××决定书》；而最高人民检察院则规定，首先由办案人员提出处理意见，然后由办案部门负责人审核，最后报请检察长审查决定。此外，在具体的实践操作中，非羁押性强制措施的审批程序在不同的单位也有不同的做法。不明确或不一致的法律规定导致司法机关的具体做法略显混乱，严重损害了法律的权威性和严肃性。（2）适用条件不明确。刑事诉讼法规定了拘传、取保候审和监视居住三种非羁押性强制措施，其中仅对取保候审明确规定了适用条件，而对拘传和监视居住的适用条件未予明确，致使拘传和监视居住在实践中具有较大的随意性。就拘传而言，有的办案人员经常将其与传唤、留置盘问、带走调查混同适用，有的办案机关通过连续拘传或变相连续拘传的方式达到变相羁押的目的。就监视居住而言，刑事诉讼法将取保候审与监视居住并列规定在同一个法律条文之中，即两者的适用条件相同，鉴于此，究竟适用取保候审还是监视居住完全取决于办案人员的自由裁量。更值得注意的是，《监视居住决定书》[①]上明确写着"指定居所监视居住"，但在操作上却是一般的监视居住。这为法院量刑时在是否折抵刑期的问题上带来了争议。（3）适用次数不明确。根据刑事诉讼法的规定，拘传、取保候审和监视居住

[①]沈阳市公安局和平分局《监视居住决定书》[沈公和（交）监居字（2019）90号]。

三种非羁押性强制措施都有明确的法定期限，但期限的时间起点如何认定，在实践中做法不一。以拘传为例，拘传的法定期限为12小时，有的办案人认为应从犯罪嫌疑人到案开始计算，而有的办案人员认为从讯问时开始计算。对于适用的次数更是众说纷纭，有的甚至对同一犯罪嫌疑人连续或者多次适用同一非羁押性强制措施，明显丧失了程序正义。

2. 不起诉决定随意使用

不起诉权是检察权的重要组成部分。对被不起诉的案件而言，不起诉决定具有终止刑事司法进程的效力。2007年6月，最高人民检察院发布的《人民检察院办理不起诉案件质量标准（试行）》（〔2007〕高检诉发63号）规定，对于犯罪情节轻微，依照刑法规定不需要判处刑罚或者免除刑罚，同时具有下列情形之一的，依法决定不起诉："1. 未成年犯罪嫌疑人、老年犯罪嫌疑人，主观恶性较小、社会危害不大的；2. 因亲友、邻里及同学同事之间纠纷引发的轻微犯罪中的犯罪嫌疑人，认罪悔过、赔礼道歉、积极赔偿损失并得到被害人谅解或者双方达成和解并切实履行，社会危害不大的；3. 初次实施轻微犯罪的犯罪嫌疑人，主观恶性较小的；4. 因生活无着偶然实施盗窃等轻微犯罪的犯罪嫌疑人，人身危险性不大的；5. 群体性事件引起的刑事犯罪中的犯罪嫌疑人，属于一般参与者的。"上述规定充分体现了人民检察院基于宽容的司法理念，而对自己起诉权的克制，也是司法的消极宽容。[①]为保证具有终局性效力的不起诉决定权力能够公平公正地行使，提升司法公信力，早在2001年3月最高人民检察院发布的《人民检察院办理不起诉案件公开审查规则（试行）》（〔2001〕高检诉发第11号）明确了相应措施。该规则第7条规定："人民检察院对不起诉案件进行公开审查……听取意见可

[①]张善燚博士以司法程序是否启动为标准，将司法宽容划分为消极宽容和积极宽容两种类型。司法的消极宽容，是指司法机关的纯粹不干预，即完全的自我克制；司法的积极宽容，是指司法机关已经启动程序，最低限度地干预以及为当事人创造适当的便利，从而处理与当事人的关系。参见张善燚：《论司法宽容》，中南大学2008年博士学位论文，第39—43页。

以分别进行，也可以同时进行。"第10条规定："不起诉案件公开审查时，允许公民旁听；可以邀请人大代表、政协委员、特约检察员参加；可以根据案件需要或者当事人的请求，邀请有关专家及与案件有关的人参加；经人民检察院许可，新闻记者可以旁听和采访。对涉及国家财产、集体财产遭受损失的案件，可以通知有关单位派代表参加。……"第14条规定："……参加公开审查的侦查人员，犯罪嫌疑人及其法定代理人、辩护人、被害人及其法定代理人、诉讼代理人可以就案件事实、证据、适用的法律以及是否应予不起诉，各自发表意见……"可见，为规范不起诉权力的行使，国家已从限制公权力的视角进行了相应规定，但由于近年来刑事案件处于高发态势，办案压力较大，各地检察机关的具体做法并不十分规范，导致"不起诉"在司法实践中的适用还存在一定的问题。在此主要以隐性不起诉和附条件不起诉为例。

隐性不起诉随意适用。隐性不起诉，是指检察机关在审查起诉过程中，对部分涉嫌犯罪事实既未建议侦查机关撤回案件，又未向审判机关提起公诉，也未作出不起诉决定，使其处于隐匿状态。简言之，就是检察机关对涉嫌犯罪的部分事实的减少处理。这一"减少处理"的方式对被告人而言是一种宽容处理，但因其并不需要经过法定的审批程序，对被害人而言也没有法定的救济程序，有可能涉嫌对被害人权利的侵害。邓某某假冒注册商标案和王某某涉嫌寻衅滋事、故意伤害、盗伐林木案就是典型事例。

邓某某假冒注册商标案。A公司业务人员邓某某在1998年至2005年7月，利用经手货款的职务之便，采用截留等方式侵占A公司50万元货款。B公司于2006年3月通过业务员邓某某从A公司购买多台"建力"牌风柜。接此业务后，邓某某没有将该业务交给A公司生产，而是将其交给了邓某某自己创立的C公司生产，并将"建力"牌商标贴到风柜上，以此来冒充A公司生产的风柜，价值人民币8万多元。公安机关认为邓某某涉嫌假冒注册商标罪和职务侵占罪。检察机关审查后，仅以假冒注册商标罪向人民法院提起公诉，认为邓某某涉嫌职务侵占罪证据不足，不予认定。人民法院受理后判决邓某某构成假冒注册商标罪。检察机关没有就邓某某涉嫌的职务侵占罪向人民法院提起公诉，A公司表示不服，于是向人民法院提起自诉。一审法院认定邓某某的行为构成职务侵占罪，并依法处以刑罚。一审宣判后，邓某某向上级法院提出上诉，理由是检察机关没有对邓某某涉嫌的职务侵占罪作出不诉决定，不属于法院受理案件的范围。二审法院经审理采纳了上诉方邓某某的意见，裁定发回重审。在重审过程中，法院要求检察机关对职务侵占罪作出不起诉决定或出具不予起诉的书面证明，遭到检察机关拒绝。最终被害人A公司按照法院要求撤诉。①

王某某涉嫌寻衅滋事、故意伤害、盗伐林木案。王某某涉嫌寻衅滋事罪、故意伤害罪、盗伐林木罪，A县公安局侦查终结后向A县检察院移送审查起诉。检察机关经审查，仅以故意伤害罪、盗伐林木罪向人民法院提起公诉，认为王某某寻衅滋事行为情节显著轻微，不构成犯罪。A县公安局接到起诉书后，认为检察院认定王某某的行为不构成寻衅滋事罪是错误的，于是要求检察院进行复议。A县检察院则认为，针对不起诉决定公安机关可以提起复议。本案中，检察院已经对整个案件向人民法院提起公诉，但并没有对不予认定的部分事实作出不起诉决定，所以公安局对检察院提出复议要求，于法无据。②

上述两个隐性不起诉的典型案件充分说明，隐性不起诉在刑事诉讼法中处于"真空地带"。现有规定都是针对显性不起诉，比如，《刑事诉讼法》第180条规定："对于有被害人的案件，决定不起诉的，人民

---

① 参见刘天响：《检察机关在审查起诉中不予认定的部分罪行应如何处理》，载《今日南国（理论创新版）》2008年第12期。

② 参见本刊学习问答组：《公安机关认为检察院"漏诉"，能否要求复议？》，载《人民检察》2002年第3期。

检察院应当将不起诉决定书送达被害人。被害人如果不服，可以自收到决定书后七日以内向上一级人民检察院申诉，请求提起公诉。人民检察院应当将复查决定告知被害人。对人民检察院维持不起诉决定的，被害人可以向人民法院起诉。被害人也可以不经申诉，直接向人民法院起诉。人民法院受理案件后，人民检察院应当将有关案件材料移送人民法院。"可见，如果被害人不服检察院的"显性不起诉决定"，被害人可依据刑事诉讼法行使救济权利，但隐性不起诉属于检察机关的消极不作为，也没有相应的司法文书，这就在事实上剥夺了被害人进行申诉和自诉的诉讼权利。再如，《刑事诉讼法》第179条规定："对于公安机关移送起诉的案件，人民检察院决定不起诉的，应当将不起诉决定书送达公安机关。公安机关认为不起诉的决定有错误的时候，可以要求复议，如果意见不被接受，可以向上一级人民检察院提请复核。"如前所述，所谓"隐性不起诉"，就是检察机关事实上没有向审判机关提起公诉，但又未作出不起诉决定，这对公安机关而言既丧失了对检察机关不起诉决定的制约权力，又关闭了权利救济的其他渠道。

附条件不起诉随意适用。附条件不起诉，也可以称为暂缓起诉或者暂缓不起诉，是指检察机关在审查起诉时，根据涉罪未成年人的犯罪性质、犯罪情节、行为时的年龄、性格特征、实施犯罪的具体原因以及犯罪后的悔过表现等，对罪行较轻的犯罪嫌疑人设置一定的条件，如果在法定的期限内，涉罪未成年人履行了法律规定的相关义务，检察机关就应对该未成年人作出不起诉的决定。[1]附条件不起诉坚持"教育、感化、挽救"未成年人的基本方针，在考验期内通过有效的教育、矫治和监督，让涉嫌犯罪的未成年人深刻体会到自己所犯罪行的社会危害性，帮助未成年犯罪嫌疑人早日复归社会，重新开启人生之路。同时，附条

---

[1]参见罗冬莲：《附条件不起诉制度的实践与思考》，载《山西省政法管理干部学院学报》2018年第2期。

件不起诉可以在一定程度上抑制公安机关打击、惩治未成年犯罪嫌疑人的冲动，能够与报应性司法模式向恢复性司法模式转变的趋势相适应，促进涉罪未成年人的人格矫正，帮助涉罪未成年人尽快摆脱犯罪的"标签效应"，维护家庭和睦与社会稳定。另外，附条件不起诉也符合诉讼经济原则和程序分流的司法目的。我国2012年修改的《刑事诉讼法》在第五编"特别程序"第一章"未成年人刑事案件诉讼程序"中，用3个条文设置了附条件不起诉制度，为涉嫌犯罪的未成年人提供了新的审前转处、程序分流的途径和予以司法上非犯罪化的可能。更重要的是，以教育、感化、挽救为主要目的的附条件不起诉制度能够与改造未成年人个别化与社会化的路径相契合，可以提高司法资源的利用率，积极化解社会矛盾。但在实际运行过程中，检察机关不起诉裁量权的运用并不很规范，附条件不起诉制度也没有充分发挥保护涉嫌犯罪未成年人权利的基本功能，主要存在如下问题。

附条件不起诉选择适用问题比较突出。根据《刑事诉讼法》第282条和第283条的规定，检察院既是附条件不起诉的决定主体，又是后续的监督考察主体。这意味着，如果检察机关认为未成年人不具备较好的帮教条件，就可能不适用附条件不起诉，从而影响该制度的公平实施。[1]司法实践也多次证明，上述担忧不是没有道理。附条件不起诉制度以在校学生、在本辖区有固定工作、固定居所或者户籍在当地市区、县城的人员为主要适用对象。[2]前述人员具备固定单位或居所，便于其所在学校、单位或者居住地基层组织等进行考察，检察机关因此对其作出附条件不起诉决定的可能性较大。而对于虽然符合法定的适用附条件不起诉的要求，但存在不便于考察、监督等因素的情况下，检察机关不

---

①参见兰跃军：《附条件不起诉再议》，载《甘肃政法学院学报》2015年第6期。

②参见谢登科：《困境与出路：附条件不起诉适用实证分析》，载《北京理工大学学报（社会科学版）》2015年4期。

愿对这样的嫌疑人适用不起诉决定。比如，涉嫌犯罪的外来流动未成年人。对此类未成年人适用附条件不起诉，常常需要受理案件的检察机关委托外地检察机关，即外来人员的户籍所在地或者暂时居住地或者迁入地的检察机关协助进行考察监督工作。然而，现实中由于多种原因导致工作衔接不顺畅，委托外地检察机关进行考察监督难度较大。① 所以即便外来流动人员和非校内学生等类似人员符合适用附条件不起诉的要求，检察机关一般也不太愿意对外来涉罪未成年人选择适用附条件不起诉。这在"客观上形成了本地人与外地人的差别待遇"②。概言之，附条件不起诉需要相应的支持条件来实现对涉罪未成年人的监督考察，如果未成年人所在的家庭不具备监管条件或者未成年人与本地缺乏比较稳定的社会关系，则很难对其适用附条件不起诉。有检察官就明确表示："如果不是本地户籍的未成年人并且家里没有人在本地的，不会考虑适用附条件不起诉。"③

附条件不起诉中悔罪的认定比较随意。根据《刑事诉讼法》第282条规定，悔罪表现是人民检察院作出附条件不起诉决定的必备要件。有学者认为，悔罪就是指犯罪分子犯罪后，对自己罪恶的悔恨表现，体现了犯罪分子犯罪后，相对犯罪前积极的思想变化，它是确认犯罪分子不再具有人身危险或社会危害性，或者人身危险或社会危害性较小的重

---

① 当然，也有协助开展考察工作的好典型。比如，江苏省常州市新北区检察院接受委托，对该省启东市检察院作出附条件不起诉决定的常州籍犯罪嫌疑人陈某开展异地协作考察。新北区检察院接受委托后，以"五个一"模式启动为期6个月的观护考察，包括进行一次帮教前充分沟通、制定一个"有重点"的帮教方案、开展一次"启发式"的心理疏导、举办一场父母亲职教育体验和制作一本规范温馨的"帮教手册"等内容，流程规范、措施扎实、见效明显，从而确立了该院附条件不起诉异地协作考察的新标准、新模式。参见皇甫冰、邱颖娟：《启动附条件不起诉异地协作考察》，载《检察日报》2017年10月23日，第2版。

② 苗生明、叶文胜主编：《附条件不起诉的理论与实践》，法律出版社2015年版，第8页。

③ 何挺：《附条件不起诉制度实施状况研究》，载《法学研究》2019年第6期。

要标志；是对犯罪分子从轻量刑的情节，它是一个重要的法律事实。[①]
张明楷教授也提出："悔罪，意味着被告人对自己犯罪行为的后悔、悔
恨，表明被告人以后不愿意再次实施相同的犯罪行为。"[②]文字表述大
同小异，但本质是一致的，即悔罪说明犯罪嫌疑人的人身危险性已经降
低或减小，所以刑事诉讼法规定，悔罪表现是对涉嫌犯罪的未成年人适
用附条件不起诉的重要考量因素，即悔罪表现在检察机关决定是否向审
判机关提起公诉过程中发挥着重要作用。悔罪表现是涉嫌犯罪的未成年
人主观心态变化的外在表现，应当是发自未成年犯罪嫌疑人内心的自觉
自愿的行动，而不是在附条件不起诉这一司法利益的外在驱动、激励下
被动的行为，更不应是虚假的、欺诈的悔罪。一般而言，衡量未成年犯
罪嫌疑人是否具有悔罪表现主要应把握以下三个方面：一是涉嫌犯罪的
未成年人的认罪态度；二是专业心理咨询机构出具的涉罪未成年人的心
理评估报告；三是涉罪未成年人是否向被害人及家属赔礼道歉和积极赔
偿被害人的实际损失。在司法实践中，检察机关应当全面考察涉罪未成
年人犯罪后的具体言行，综合判断未成年人是否具有真实的"悔罪表
现"。比如，具有自首或立功情节，能够如实、全面供述自己的罪行并
积极配合司法机关工作；能够积极向被害人及其家属赔礼道歉或者尽
力、主动赔偿被害人的物质或精神损失；能够积极向被害人退还赃款、
赃物进而得到被害人的谅解，或者与被害人达成刑事和解。[③]涉嫌犯罪
的未成年人只要具备上述表现之一，就应认为具有悔罪表现。但如何认
定悔罪是摆在检察机关面前的一道难题。对自首、坦白、立功这三种法

[①]转引自陈娜、赵运锋：《定罪阶段的悔罪问题研究》，载《政法学刊》2018年第3期。
[②]张明楷：《论犯罪后的态度对量刑的影响》，载《法学杂志》2015年第2期。
[③]2017年最高人民检察院印发的《未成年人刑事检察工作指引（试行）》第181条第3款规定，具有下列情形之一的，一般认为具有悔罪表现：（1）犯罪嫌疑人认罪认罚的；（2）向被害人赔礼道歉、积极退赃、尽力减少或者赔偿损失的；（3）取得被害人谅解的；（4）具有自首或者立功表现的；（5）犯罪中止的；（6）其他具有悔罪表现的情形。

定悔罪形式相对容易认定，而对于酌定悔罪情形的认定就完全依靠检察机关的自由裁量了。需要注意的是，在不同的案件中，悔罪表现及其程度可能会因案因人而存在差异，这就需要检察人员根据每个未成年人的身心特点，结合具体案情和自己多年积累的办案经验进行综合判断。因标准不同、尺度各异，导致有的检察官对悔罪表现的把握并不是十分严格，甚至随意性较大。有人认为，"只要如实供述，甚至包括虽然避重就轻但主动供述且内容属实的，都可以认定为有悔罪表现"①。"有的地区从防止被害人申诉的角度，将悔罪条件间接等同于获得被害人谅解，被害人不谅解就不能适用附条件不起诉。"②为了实现公众普遍追求的社会效果，如果拟对涉罪未成年人适用附条件不起诉，检察官确实需要听取被害人对涉罪未成年人的处理意见，但即使被害人不谅解涉罪未成年人，不同意对涉罪未成年人适用附条件不起诉，也不应排除适用附条件不起诉的可能性，因为是否适用附条件不起诉应当由涉罪未成年人的具体情况来决定。当然，在被害人不谅解、不同意的情形下，适用附条件不起诉必须慎重。从本质上说，判断涉嫌犯罪未成年人是否真诚悔罪不能仅凭其言语表达，而需要在从审查批捕一直到审查起诉的整个流程中，全面了解该未成年人的具体情况并与其进行相对深入的思想沟通和情感交流，这在客观上决定了准确判断涉罪未成年人是否真诚悔罪确实需要一个过程。

另外，从部分地方的实施细则来看，对悔罪表现的规定也各有特色。如江苏省人民检察院2014年1月印发的《江苏省人民检察院附条件不起诉工作暂行规定》（苏检发诉一字〔2014〕3号）明确规定，"虽未自首，但能够如实供述主要犯罪事实的"和"主动赔偿损失、赔礼道歉，取得被害人谅解的"，都可以认为具有悔罪表现。又如"江西省南

①何挺：《附条件不起诉制度实施状况研究》，载《法学研究》2019年第6期。
②何挺：《附条件不起诉制度实施状况研究》，载《法学研究》2019年第6期。

丰县检察院出台的《未成年人涉嫌犯罪案件附条件不起诉实施办法》规定'犯罪行为实施后能够积极配合司法机关办理案件的'，可认定为具有悔罪表现"①。各地规定不同，做法自然各异。值得注意的是，从不起诉决定的作出，到考察帮教的实施，再到经过考察帮教最终是否向审判机关提起公诉，均由检察机关负责，整个过程是否公开公平公正，少有监督。根据《刑事诉讼法》第282条第1款的规定，"人民检察院在作出附条件不起诉的决定以前，应当听取公安机关、被害人的意见"，但在缺乏当事人的有效参与和社会公众的有效监督的情形下，公安机关和被害人的意见意义何在？附条件不起诉决定权的正当性如何保障？当事人的合法权益能否被侵害？这不能不引起社会公众特别是当事人的内心担忧。

被不起诉人所附条件的履行比较随意。根据刑事诉讼法的规定，与考验期限一样，附条件不起诉附带的条件应当由检察官在决定附条件不起诉时作出相应安排。在最终决定是否对涉罪未成年人不起诉时，必须充分考虑附带条件能否有效履行和考验期间能否顺利度过这些重要因素。一般而言，检察机关会充分考量涉罪未成年人的具体情况，根据涉罪未成年人在就学、生活、工作等方面的具体需要，来为其确定附带的条件以及具体的执行方式，尽量少干扰或不干扰未成年人在监督考察期间的正常学习和生活。从本质上说，无论是"修复关系条件"（比如向被害人赔礼道歉、赔偿被害人损失）、防止其再犯的条件、带有一定惩罚性质的"弥补损害条件"，还是要求未成年人接受某种处遇措施（比如戒瘾治疗、心理辅导），都意在促使涉罪未成年人早日顺利复归社会。所以检察机关选择所附条件时应当充分考虑涉罪未成年人的身心特点，根据未成年人的个人成长环境、家庭情况等具体因素，对不同的涉

①李红豆：《附条件不起诉制度实施问题研究》，载《北京警察学院学报》2019年第1期。

罪未成年人"量体裁衣"，因人而异地附加不同的条件，从而更好地实现附条件不起诉的适用效果。可以说，附带条件的个别化与针对性是确保所附条件能够发挥预期作用、实现预期效果的重要基础。但从实践来看，检察机关适用的附带条件个别化还比较差、针对性尚显不足，诸如社区公益劳动、接受法制教育、接受道德教育等。另外，虽然所附条件和条件的实际履行应具有个别化和针对性，并根据涉罪未成年人的具体情况进行相应调整，但附带条件及履行方式一旦确定下来，不仅对涉罪未成年人具有强制力，而且对未成年人的监护人也具有法律约束力，不履行或者不按照要求履行，涉罪未成年人及其监护人将承担相应的法律后果。从实践来看，"对于考验期内的一些具体要求，并不会明确写入附条件不起诉决定书和监督考察协议，而是以口头告知甚至随时要求的方式提出，有时甚至会提出一些建议性质的要求，而这些都大大降低了附带条件的法律约束力，使其在某种程度上降格为执行与否均可的要求"①。更主要的是，检察机关所附的条件具有法律强制力和约束力，如果涉罪未成年人及其监护人没有依法履行，则应受到相应的惩戒。然而，由于立法上的欠缺和配套措施的供给不足，实践中对所附条件履行的监督和对未按照要求履行的惩戒措施存在"方式较为单一；检察官过于依赖监护人或社工并因工作量过大等原因而参与不足，监督考察各方主体尚未形成合力，未成年人参与不足影响了教育矫治效果；观护基地等社会支持力量不足，且欠缺多样性；对考验期限的弹性运用不足；监督考察期内约束措施的强制性不足，出现违反规定的情况时缺乏相应的惩戒手段"②等不足之处，很难有效监督未成年人及其监护人履行的具体情况，尤其是不许去歌厅、不许去酒吧和不许夜不归宿等禁止性措施是否被涉罪未成年人实际遵守，更是难以进行有效的监督考察。目前，

---

① 何挺：《附条件不起诉制度实施状况研究》，载《法学研究》2019年第6期。
② 何挺：《附条件不起诉制度实施状况研究》，载《法学研究》2019年第6期。

在附带条件未被依法履行时，只能用训诫和延长考验期限的方式予以惩戒，较难达到预期效果。

3.另案处理频繁出现

2014年3月6日，最高人民检察院与公安部联合颁布的《关于规范刑事案件"另案处理"适用的指导意见》明确规定，另案处理是指在办理刑事案件过程中，对于涉嫌共同犯罪案件或者与该案件有牵连关系的部分犯罪嫌疑人，由于法律有特殊规定或者案件存在特殊情况等原因，不能或者不宜与其他同案犯罪嫌疑人同案处理，而从案件中分离出来单独或者与其他案件并案处理的情形。从该指导意见对另案处理的界定可以看出，另案处理的适用主体具有特定性，即另案处理主要是刑事案件的侦查机关在向检察机关提请审查批准逮捕犯罪嫌疑人或将案件向检察机关移送审查起诉时依职权所实施的司法行为。另案处理的适用范围既包括共同犯罪案件，也包括虽不属于共同犯罪但与案件具有事实上的牵连关系的嫌疑人。比如在办理受贿案件时，常常将行贿人进行另案处理。被另案处理的犯罪嫌疑人虽然未能同案处理，但毕竟涉嫌共同犯罪或者与案件在事实上具有一定的牵连关系，所以对其不应作为治安案件消化处理，更不应进行非罪化处理，而是应将其纳入刑事追诉程序。对涉案人员进行另案处理或者是基于法律规定或者是基于案件的具体情况或者是基于证据因素等法定理由作出的处理决定。随着法治建设的逐渐进步，人权保障理念不断深入人心，刑事司法的人权保障机能明显增强。在一些共同的贪污受贿等腐败犯罪中，同案犯因畏罪潜逃，甚至逃往国外等无法进入司法程序的现象时有发生。由于共同犯罪人未能全部到案，诉讼活动常常被搁置迟延，对于已在案的犯罪嫌疑人而言，其行为究竟是否构成犯罪处于摇摆不定的状态，而那些已经身陷囹圄的罪犯更是饱受煎熬。贝卡里亚曾对此形象地描述道："诉讼本身应该在尽可能短的时间内结束。法官懒懒散散，而犯人却凄苦不堪。这里，行若无事的司法官员享受着安逸和快乐，那里，伤心落泪的囚徒忍受着痛苦，还有比这更残酷的对比吗？！"①既然"因刑事诉讼程序很容易就会不当地侵犯了被告的权利范围，……因此需要有一迅速的刑事司法程序"②来解决实践中长期存在的具体困惑。而另案处理的制度设置恰恰可以较好地满足对犯罪嫌疑人、被告人权利保障的现实需要，能够将没有到案的犯罪嫌疑人及时进行分流处置，既可以在一定程度上实现对犯罪嫌疑人的权利保障，又可以使刑事司法程序不必再畏缩不前。如果案件基本事实已经清楚，就可以直接针对已经归案的嫌疑人依法启动刑事诉讼程序，早日实现司法正义。另外，任何司法程序的运转都需要有比较强大的人力、物力的支撑，耗费大量的国家司法资源。目前，国家司法资源还比较稀缺，案多人少的矛盾还没有得到有效解决，这在客观上就要求必须提高司法资源利用的效率和效益。正如中国台湾学者陈朴生所言："刑事诉讼之机能，在维持公共福祉，保障基本人权，不计程序之繁琐，进行之迟缓，亦属于个人无益，于国家、社会有损。故诉讼经济于诉讼制度之建立实不可忽视。"③纵观世界，为有效减少诉讼程序的过多迟延和案件数量的不断积压，从而最大限度地实现诉讼的经济效率和效益，一些国家不断进行新的诉讼制度改革和新的诉讼程序设置，以此来提高司法资源的利用率。只有将另案处理的诉讼机制纳入法治轨道，才能有效实现案件的及时分流处置而不是在某一个诉讼阶段长久地停滞不前，从而大大提高刑事诉讼的效率和效益。

然而，由于实践中运行的不规范，致使另案处理出现了一些问题。近年来，中纪委以"打虎拍蝇猎狐"宣告中国反腐败进入新常态。从司

---

① [意]贝卡里亚：《论犯罪与刑罚》，黄风译，中国大百科全书出版社1993年版，第56页。

② [德]Claus Roxin：《德国刑事诉讼法》，吴丽琪译，台北，三民书局1998年版，第148页。

③ 陈朴生：《刑事经济学》，台北，中正书局1975年版，第327页。

法实践来看，贪污、受贿、挪用公款等腐败犯罪中的串案、窝案现象屡见不鲜，而对腐败犯罪中窝案、串案中的部分犯罪嫌疑人，以另案处理的方式进行分流处置已经成为办案单位比较常见的做法。比如，根据涉案人员职务的高低或根据腐败行为的具体性质（如受贿罪、行贿罪），分别进行异地侦查、异地起诉、异地审判。此种做法似乎符合多年形成的司法习惯，但在实践中出现了实体处理不当的问题，从而使另案处理变成降格处理甚至变成"另案不理"。所谓实体处理不当，是指在实体上根本不需要或不应当进行另案处理的嫌疑人，侦查机关却对其进行另案分流处置。在一些共同犯罪案件中，特别是在对行性或对合性腐败犯罪案件中，对本应同案审理的犯罪嫌疑人却人为地予以另案分流处置，在浪费有限司法资源的同时，更可能使嫌疑人在实体上获得从轻甚至减轻处罚，从而使人民法院司法裁判的权威性、公正性遭到极大的削弱。更值得注意的是，对行性或对合性犯罪本来属于必要的共同犯罪，将部分犯罪嫌疑人进行另案分流处置存在较大的无法查明全案事实真相的风险。以行贿罪和受贿罪为例。从常识即可判断，行贿行为与受贿行为应当同时存在，所以行贿的事实是否存在对受贿的事实是否存在具有极为重要的影响。在侦查机关调查取证过程中，如果唯一的行贿人在多份笔录中前后供述不一，有的是虚假供述，有的是如实供述，那么行贿人前后不一的多份供述笔录对最终认定受贿事实是否存在就至关重要。在此情形下，侦查机关如果进行另案分流处置，那么在开庭审理受贿犯罪时，行贿人就很难到庭作证，无法当庭陈述事实或说明情况，这必然给"受贿"事实真相的查清制造了困难。再如，身为国家工作人员的丈夫收受他人财物而妻子予以窝藏包庇，如果丈夫涉嫌受贿罪，妻子则涉嫌窝藏、包庇罪。受贿罪和窝藏、包庇罪之间具有明显的主从关系，即受贿罪的成立是窝藏、包庇罪成立的基本前提，窝藏包庇行为若查证属实也对受贿罪的认定提供支撑。如果将具有紧密关联的主罪与从罪人为地割裂开来，用另案处理的诉讼方式进行分流处置极有可能掩盖整个案件的事实真相。在共同犯罪案件中，一旦将部分嫌疑人分开审理，因不同的裁判者自身的法律知识、社会阅历和生活经验各不相同，而对于相关人员的行为是否构成犯罪、构成何种犯罪，很可能形成相异的裁判结论。另外，不同的公诉人可能会有不同的指控，不同的律师也可能提出不同的辩护意见。因此，即使证据材料、案件事实相同，不同的审判机关也可能会得出不尽相同甚至相互矛盾的裁判结论，并很容易出现此法院认定此被告人有罪，而彼法院认定彼被告人无罪的现象。如果单纯地为了增加办理案件的数量、提升本单位或本人工作成绩而人为地进行分案，则不仅可能导致基于同一事实但不同法院作出结论相反的判决，甚至会出现"从犯有罪而主犯无罪"的异常情形。比如，某个县的人民检察院在侦办某乡原副乡长、原水利专管员共同受贿案时，为了增加案件数量，将本应同案处理的受贿案分为两个案件分别审查起诉。这种人为运用另案处理的方式对案件进行分流处置的惯常做法既浪费有限的司法资源，更造成定性不准、量刑不当等负面影响，从而严重地减损了人民法院裁判结论的严肃性、公正性与权威性。

另外，由于缺乏有效的跟踪检查和监督机制，导致司法机关对另案处理人员不能进行及时依法审理。比如，有部分侦查机关在调查取证过程中，往往忽视收集整理另案处理人员的相关犯罪证据。因为在部分侦查机关的视野里，只要将部分犯罪嫌疑人抓捕归案，就可视为整个案件成功告破，所以自然就不重视收集另案处理人员的涉案证据。在接下来的案件处理过程中，常常因时过境迁、线索中断、证据灭失等而没有办法再获取有力证据，即使抓获曾被另案处理多年的在逃人员，也很难给予其应有的处罚。有的在逃另案处理人员被抓捕归案后，因距离案发时间比较久远，侦查机关很难收集到当年的相关证据，而且侦查机关对以前收集到的证据材料保存得也不够完整，有的甚至已经全部灭失，这就给侦查机关后续的调查取证造成极大的障碍。在此情形下，貌似合法的另案处理最终可能导致两种结果：一是另案处理被淡化为降格处理，比如用罚款、治安拘留等行政处罚的方式来代替刑事处罚；二是另案处理被稀释成另案不理。近年来，确实有些犯罪嫌疑人就是在另案处理的掩盖下，顺利地逃脱了刑事司法程序的追诉，在"合法"外衣的遮挡下，另案处理悄悄地演变为降格处理或另案不理。

更主要的是，在这人工智能、万物互联的信息时代，犯罪的手段、行为的方式也变得更加隐蔽，而有的侦查机关的办案装备以及相应的配套措施却没有与时俱进地更新换代。如何利用现有的人力和物力来化解巨大的办案压力、提高工作效率，成了侦查机关面临的严峻挑战。特别是面对不断出现的团伙式、家族式的黑恶势力犯罪、贪污受贿等职务犯罪案件，在部分同案人员潜逃外地甚至外国的情况下，千里追逃或跨国追逃的人力成本和财力成本相当巨大。对侦查机关而言，最简便快捷的处理办法就是仅对已经到案的嫌疑人向检察机关移送审查起诉，而对潜逃的其他人员则予以另案处理。此种做法最大的隐形危害就是，侦查机关很可能不再组织专门的侦查力量对负案潜逃的犯罪嫌疑人进行调查取证。如果今后没有相关当事人的追究或者没有上级领导机关督办、过问此案，被另案处理的人员很可能在事实上就演变成非犯罪化处理。正是由于另案处理的分流处置方式具有这种"特殊的法律效果"，部分侦查机关就通过种种理由，比如将个别嫌疑人认定为负案潜逃人员，或者通过司法鉴定将个别同案犯确定为身患严重疾病不宜参加诉讼人员，然后用另案处理这一"合法"方式，使其告别刑事诉讼程序、远离刑事责任。而随着时间的延伸和新案件的逐渐增多，曾经被另案处理的人员不再被司法机关关注，也渐渐地淡出了社会公众的视线，最终很可能的结果就是不了了之或者多说给予行政处罚。这种习惯性的司法操作，在不知不觉中逐渐蜕变成刑事案件的一种消化方式。另案处理的这种"非罪化"和"去罪化"的司法功能，使其升级为部分侦查人员权力寻租的有力工具。在权力制衡缺乏和监督机制薄弱的背景下，由另案处理引申渐变出来的"灰色地带"，极有可能造成漏捕、漏诉、漏判的不良结果。广东地下钱庄洗钱案的主犯——连卓钊在公安部郑少东案件中曾扮演重要角色，罪行如此严重的连卓钊就是在另案处理这一"合法"外衣的掩盖下躲过了司法程序的追究顺利逃亡香港。

4. 法律论证相对缺乏

宽容司法正在逐步成为我们的司法理念，在一些制度中也有所体现，但细心观察就会发现，宽容司法与罪刑法定原则、无罪推定原则既相互融合，又存在一定的冲突。（1）与罪刑法定原则冲突。罪刑法定作为刑法的基本原则，要求认定任何行为构成犯罪都必须以刑法的明文规定为依据，一个人的行为如果构成犯罪，就应依法定罪量刑。在大力倡导公平公正的时代背景下，强化案件办理的准确性与统一性，实现同案同判、类案类判已成为现代刑事司法的基本要求。但宽容司法作为国家针对犯罪嫌疑人、被告人的一种功利行为，往往以嫌疑人、被告人做有罪答辩为前提，即只有被告人承认犯罪事实，甚至认可公诉机关指控的罪名后，才有资格与检察机关、审判机关就量刑问题进行司法谈判，宽容处罚作为国家给予被告人的一种回报才可能成为现实。目前，正大力推行的认罪认罚从宽制度即是如此。现在的问题是，依据宽容司法的基本理念，认罪者可能获得宽大处理，而不认罪者则可能会被判处较重刑罚，但有些时候的认罪并非是被告人真实的意思表示，所以以认罪与否作为量刑的依据似乎有些不太公平，甚至违背罪刑法定原则。特别是在共同犯罪中，同样是主犯或从犯，仅因认罪与否就可能导致受到的刑罚存在较大差别。（2）与无罪推定原则冲突。无罪推定原则是刑事诉讼的基石，可以保证被告人享有包括辩护权在内的一切诉讼权利。但从实践上看，有时的宽容司法是以有罪推定为前提的，例如目前正在实施的认罪认罚从宽制度。在适用认罪认罚从宽制度审理案件的过程中，有时法官明确告诉被告人，若认罪就判何种刑，若不认罪就判何种刑。从法官的告诫中就可以看出，法官审理案件的基本前提就是已经认定被告人的行为构成犯罪。本来被告人不想认罪，辩护人也拟定了无罪辩护的基本思路，但在法官已认定被告人构成犯罪的前提下，量刑的轻重取决于被告人究竟是持合作还是对抗的态度。在此情形下，可能会出现较高的有罪答辩率和服罪服判率，这很可能导致检察机关怠于履行证明责任，特别是在证据不足、事实不清的案件中，被告人的认罪认罚可能使检察机关丧失进行充分指控的诉讼动力，从而造成有的被告人遭到不当追究的冤错案件。这既侵害了被告人的合法权利，更影响了刑事司法的公信力和亲和力。与罪刑法定、无罪推定存在一定冲突的宽容司法，不一定能被社会公众普遍接受，取得良好的社会效果，有时甚至可能影响公众的刑法信仰。这就需要司法人员加强对裁判结论的说理和论证，提高刑事司法的法律效果和社会效果。然而，从现实来看，人民法院的判决书和人民检察院的不起诉决定书都在一定程度上存在着说理不足的问题。

刑事判决书说理不足。裁判文书是司法过程和法官思维过程的高度提炼，更是实现司法公平公正的重要产品。刑事判决的正当性归根到底取决于裁判理由的正当性。裁判文书作为法官展示自由心证的重要平台，是法官在裁决案件过程中认定事实、采信证据和适用法律的主要载体。党的十八届三中全会《中共中央关于全面深化改革若干重大问题的决定》明确规定，"增强法律文书说理性"。党的十八届四中全会《中共中央关于全面推进依法治国若干重大问题的决定》明确规定，"加强法律文书释法说理"。《人民法院第四个五年改革纲要（2014—2018）》就裁判文书说理改革也作了明确要求。最高人民法院于2018年6月1日出台的《关于加强和规范裁判文书释法说理的指导意见》，更是明确要求全国各级人民法院必须高度重视并不断规范裁判文书的释法说理。根据该意见的相关规定即可看出，最高人民法院之所以高度重视并反复强调要规范法官对裁判文书的释法说理，就是要通过对定罪量刑结论的形成过程和正当性进行充分的论证，来提高裁判结论的社会可接受性，从而将法律效果和社会效果统一起来。可以说释法说理是刑事裁判正当化的核心和精髓，也是人民法院得出唯一裁判结果的理性化过程，在裁判文书中运用法律推理、法律解释、价值判断、日常经验法则来阐释定罪量刑的理由，是规范法官的审判权力、提高司法裁判的社会认同度、提升刑事司法公信力的最佳选择，当然也是必然选择。特别是在案件的逻辑结论和具体裁判结论可能存在一定的冲突、案件的裁判结论与社会公众的预期可能存在一定的距离时，人民法官更需要在坚持法治精神的前提下，借助、参考社会公众的朴素正义情感和善良风俗等因素进行权衡并决定取舍，进而清晰地阐释作出判断的依据和推理过程，这既可以帮助法官进一步检验与修正根据司法逻辑推理得出的结论，又可以有效地促进刑事司法权力的规范行使，限制刑事司法权力的擅断与随意；既是对当事人、律师和社会公众高度负责，也是对法官的有效保护。更主要的是，刑事判决书不仅仅是对个案作出一个关于罪刑的结论，更发挥着对社会道德、价值观念和对公众未来行为的指引作用，在论证如何得出定罪量刑结论的过程中，应将"法"与"事"、"情"与"理"相结合，既让公诉人、被告人、被害人心服口服，还能够让社会公众普遍接受，让正义直抵人心。[1]但现实的刑事判决书多数

---

[1] 有一法官审理过一起六姐弟为争夺房产反目的案件。鉴于具体案情，仅用法律对产权及收益进行利益分配肯定不能解决纠纷，在依据法律进行裁判的同时，必须更多地运用情感的感化，于是在判决书中引用了《诗经·常棣》中的几句话，"凡今之人，莫如兄弟。死丧之威，兄弟孔怀。原隰裒矣，兄弟求矣。脊令在原，兄弟急难"，希望通过一份情融于法的判决，让六兄弟姐妹能够相互关心彼此的生活，相互理解彼此的难处，多一分谦让和信任，少一分争执和猜忌，真正实现诗经描绘的"兄弟既翕，和乐且湛。宜尔室家，乐尔妻帑"的家庭状态。参见郑吉喆：《司法审判：道是"无情"却有情》，载《人民法院报》2019年5月21日，第2版。

都是首先罗列案件事实，再列举相关证据，然后用"本院认为……"这一模式化的叙述方式，以比较简化的语言来说明被告人的行为与刑法中的某个法条符合或不符合，因而被告人的行为构成或不构成某罪，整个论证过程相当薄弱，至于案件事实与法律规范之间如何对应与印证更是无法显现。对于辩护人的意见常以"经查，无法律和事实依据，不予采纳"的论述结构一笔带过，至于为什么不采纳，没有任何说理和论证。正如有学者所说，刑事判决书"在总结性说理裁决部分，重视认定，忽视认证说理，因而造成分析不透，说理不足，削弱了判决的说服力和公信力"[1]。随着整个社会民主法治意识的不断增强，对于宽容处理的案件，特别是具有重大社会影响的案件，社会公众早已不再满足于知道"是什么"，更想知道"为什么"。刑事判决只有符合社会公众的常识常理与国民道德情感，才能得到社会公众的共鸣与支持，从而实现真正的现代刑事法治。"法官审理案件，就是通过适用法律给当事人一个公正、有说服力的判决。这种说服力不仅体现在严谨、规范的诉讼审理程序中，尤其体现在判决书的论证、说理中。"[2]如果刑事裁判文书本身论证不透彻、说理不充分，法官又不能为案件当事人答疑解惑，这就极有可能导致"普通民众对法院判决总是存在着这样或那样的'怀疑'，而社会舆论在不明真相的情况下多种'揣测'"[3]这种令人十分尴尬的局面。美国学者托马斯·弗兰克曾指出："如果法律没有神圣的渊源，也就没有永恒的有效性。当法官对实体案件的裁判沦为一项程序式解决问题的实验，刑事法律彻底成为一件用来贯彻特定政治、经济和社会政策而精心制作的工具时，公众对刑事法律合法性的尊崇就会遭受损

---

①龙宗智：《刑事判决应加强判决理由》，载《现代法学》1999年第2期。

②周洁：《论刑事判决书说理与法官释法权的衔接》，载《中北大学学报（社会科学版）》2014年第4期。

③沈玉忠：《刑事裁判文书说理性的应然思考与路径选择》，载《四川检察学院学报》2009年第3期。

害，刑事法律制度将更容易引起争议，而不可能激发公众矢志不渝的忠诚。"[1]"公民对刑法的认可不仅在于人人有一本刑法条文，而是通过刑法运作中的实践理性即'法律效果和社会效果并重'得以实现，而这有待于刑事立法、司法的合理化进程。"[2]"法律与主体间的关系是双向的，从而使得法律价值既不是单向的法律对主体的作用，也不是单向的主体对法律的作用，而是法律本质与主体需求的一种双向交流过程。"[3]刑法的功能不应该仅在于对社会的维护，更重要的是刑法要保持自身的价值；不能只强调大众对刑法的遵守，也应该重视刑法对大众利益的尊重。[4]前述观点都在表达一个共同的思想，即人民法官对每一个案件裁判理由的充分阐释，都应当是充满法理和情理洞见的智慧结晶，承载着人民法官为追求司法正义、实践司法正义而付出的无数次艰苦努力。社会公众之所以对人民法院所作的刑事判决表达异议，是因为人民法院的判决在不知不觉中颠覆了社会公众的认知和行为规范，社会公众意识到刑法对自己的人身和财产存在未知的威胁，这种威胁引起了民众内心的恐慌，破坏了民众的安全感。因此，司法机关有责任在判决生效的前后，尽一切努力将案件与常识之间的差别告知公众，从而使司法的审判建立在公众正常的认识之上。实践反复证明，裁判文书的释法说理只有融入法官个人对人性、人生甚至对生命的体验与感悟才能真正放大司法正义的巨大能量，弘扬社会主义法治的基本精神，从而展现法官为人民司法的职业精神与情怀。

不起诉决定书说理不足。最高人民检察院早在2012年就制定了规范统一的各种检察文书基本模板。其中，不起诉决定书的基本模板就对该

---

[1]Tomas M. Frank. *The Structure of Impartiality: Examining the Riddle of One Law in a fragmented World.* New York. 1968. p.62.

[2]孙道萃：《刑法信仰的建构》，载《河南科技大学学报（社会科学版）》2012第4期。

[3]谢晖：《法律信仰的理念与基础》，山东人民出版社1997年版，第147页。

[4]参见龙宗智：《刑事判决应加强判决理由》，载《现代法学》1999年第2期。

检察文书的写作格式、叙述方法等分别进行了规范。模板明确要求，在不起诉理由及依据部分，应当就前面所叙述的案件事实、列举的基本证据逐一进行释法说理，不仅要说明不起诉该嫌疑人的具体法律依据，还要从法理与情理上来说明为何作出不起诉决定。可以说，不起诉理由及依据部分是不起诉决定书非常重要的组成部分，无论犯罪嫌疑人、被害人，还是侦查机关一定会高度关注。为了进一步规范执法、推进检务公开，增强检务的透明度，保障人民群众知情权、参与权和监督权，最高人民检察院于2014年6月20日出台的《人民检察院案件信息公开工作规定（试行）》①第18条明确规定，"不起诉决定书"应当在人民检察院案件信息公开系统上发布。这实际是对不起诉决定书释法说理部分提出了更高的要求。若没有充分的说理论证，就极易引起不良的社会后果。以吴某某强制猥亵罪为例。2016年9月5日下午3时多，还没有成年的甘肃省庆阳市第六中学高三年级学生李依依（化名）因突发胃病在自己的宿舍里休息。在宿舍休息期间，班主任吴某某亲吻了李依依的额头、脸和嘴等部位。之后，李依依被诊断患抑郁症和创伤性应激障碍，于2016年10月7日、12月6日先后两次服药自杀未遂。距离猥亵行为发生近8个月后，即2017年5月2日，吴某某被处以行政拘留10日处罚。2017年5月24日20时，李依依再次欲跳楼自杀，被解救；2017年8月，吴某某涉嫌猥亵案被立为刑事案件。2018年3月1日，庆阳市西峰区检察院经审查，对李依依的班主任吴某某作出了不起诉决定；庆阳市人民检察院于2018年5月18日维持了西峰区检察院对班主任吴某某作出的不起诉决定；2018年6月20日，李依依看到不起诉决定书后很是生气，于是自杀身亡。甘肃省人民检察院于2018年8月将西峰区人民检察院对吴某某作出

---

① 该试行规定于2021年9月28日《人民检察院案件信息公开工作规定》施行时废止。《人民检察院案件信息公开工作规定》第18条规定："人民检察院办理社会广泛关注的、具有一定社会影响的案件涉及的下列法律文书，可以向社会公开：（一）刑事案件起诉书、抗诉书；（二）不起诉决定书；（三）刑事申诉结果通知书。"

的不起诉决定和庆阳市人民检察院作出的刑事申诉复查决定一并撤销，依法决定由西峰区人民检察院依法向西峰区人民法院提起公诉。西峰区人民法院一审认定猥亵李依依的被告人吴某某犯强制猥亵罪，判处有期徒刑2年，禁止其在刑罚执行完毕之日起3年内，从事教育培训等与未成年人有密切接触的职业。① 从外观上看，虽然来得迟缓，但正义似乎已经实现。然而，从时间线索上看，仿佛给人一种感觉：被害人用自己一次次自杀行为推动案件前行，所以本案特别值得关注的是，西峰区人民检察院究竟依据什么对班主任吴某某作出不起诉决定？在阐述不起诉理由时，该院认为，仅有被害人李依依个人的陈述，而没有其他证据来证明嫌疑人吴某某实施了摸李依依的后背、脱李依依的衣服、咬李依依的耳朵的行为，在补充侦查过程中公安机关仍然没有收集到相关证据；被不起诉人吴某某辩解自己用嘴接触被害人李依依是为了给其测试体温，因此班主任吴某某虽然有亲吻李依依的行为，但属于情节显著轻微；被害人李依依被庆阳市中医医院诊断为抑郁症，但没有直接证据能够证明此病情与班主任吴某某的亲吻行为具有直接因果关系。在李依依的父亲依法向庆阳市人民检察院提出申诉后，庆阳市人民检察院于2018年5月18日对西峰区检察院作出的不起诉决定予以维持。从事实表述到证据认定，西峰区检察院的不起诉决定书和庆阳市人民检察院的复查决定书都存在较大问题，李依依已出现了抑郁并多次自杀行为等问题，为什么还属于情节显著轻微，并没有就此展开说明论证。

再如，江苏省新沂市人民检察院不起诉决定书（新检诉刑不诉〔2016〕5号）也明显存在说理不足的问题。

被不起诉人何某某，男，1970年**月**日生，身份证号码3213211970********，汉族，高中文化，无业，住宿迁市宿豫区**小区

---

① 参见《甘肃女生跳楼前1周：看到检方不起诉决定书特别生气》，载荔枝网2018年6月26日，http://news.jstv.com/a/20180626/1529995087530.shtml。

栋号。被不起诉人何某某因涉嫌职务侵占罪，于2014年8月26日被新沂市公安局刑事拘留，同年9月2日被该局取保候审，2015年10月16日经本院决定取保候审，当日由该局执行取保候审。

本案由新沂市公安局侦查终结，以被不起诉人何某某涉嫌职务侵占罪，于2015年10月15日向本院移送审查起诉。本院受理后于2015年10月16日已告知被不起诉人何某某有权委托辩护人，依法讯问了被不起诉人何某某，审查了全部案件材料。因该案事实不清、证据不足，本院分别于2015年11月30日、2016年2月14日退回新沂市公安局补充侦查，新沂市公安局于2015年12月30日、2016年3月14日重新报送本院审查起诉。因本案案情复杂，本院分别于2015年11月14日、2016年1月29日、2016年4月14日先后延长了审查起诉的期限半个月。

新沂市公安局移送审查起诉认定：2012年4月9日，江苏省**园林建设有限公司在泗阳县园林绿化管理处中标，中标工程：泗阳县百万宿根花卉垂直绿化等项目工程，中标价为人民币304.39万元，项目负责人：赵某某，具体施工管理人：何某某。2012年10月8日，泗阳县园林处按照合同约定汇入**园林工程款人民币152万元；2013年9月29日，被不起诉人何某某将泗阳工程款人民币91.32万元背书转入其个人账户使用。被不起诉人何某某归案后称：其转入个人账户的人民币91.32万元工程款，是江苏省**园林建设有限公司合作方赵某某还其借款，被不起诉人何某某与赵某某之间有人民币86.03万元借据。

经依法审查，本院认为公安机关认定的事实不清、证据不足。**市政园林有限公司与江苏省**园林建设有限公司之间的关系尚未查清，不符合提起诉讼的条件。依照《刑事诉讼法》第171条第4款①的规定，决定对嫌疑人何某某不予起诉。

被不起诉人何某某如不服本决定，可以在收到本不起诉决定书后的

①根据案情，此处依照的是2012年《刑事诉讼法》，现为《刑事诉讼法》第175条第4款。

7日内向本院提出申诉。被害人如不服本不起诉决定，可以在收到本不起诉决定书后的7日内向徐州市人民检察院提出申诉，请求向法院提起公诉。

这是典型的绝对不起诉。一般而言，绝对不起诉决定书首先应当概括介绍公安机关出具的起诉意见书认定的犯罪事实，然后再叙述检察机关自己依法审查后认定的犯罪事实及相关证据。而此份不起诉决定书仅仅叙明了侦查机关认定的事实，并未叙明检察机关认定的事实，而且对于犯罪事实与犯罪情节的认定，检察机关和公安机关并不一致，对于罪与非罪的认定，两家司法部门也互相矛盾。在侦查机关认定的事实中仅涉及江苏省**园林建设有限公司和泗阳县园林绿化管理处两家单位，而新沂县人民检察院又提到"**市政园林有限公司"。可见，此份不起诉决定书既没有进行说理论证，又明显体现出说明事理时逻辑结构上的混乱，呈现出在制作不起诉决定书时的随意状态。

判决书和不起诉决定书说理不足的现实说明，"国家机关在行使权力时往往忽视法理上的正当性论证，而这样赤裸裸的权力行使往往很容易引起法理的正当性危机，又迫使法学理论不得不硬着头皮在按照既定方针去勉强地应付和进行善后处理"①。就不起诉决定书而言，检察机关要把经过依法审查后确认的犯罪事实及相应的支撑证据叙述清楚，而且必须重点突出显著轻微的案件情节和危害程度较小的犯罪结果。如果嫌疑人实施的行为已经符合某一罪名的构成特征，本应当依法追究其刑事责任，但依据《刑事诉讼法》第16条第2至6项之规定，嫌疑人具有可不追究其刑事责任的相应情形，因而决定对嫌疑人不予起诉的，那么不起诉决定书必须重点说明符合法定情形的基本事实和相关证据，从而把涉案事实和法律规定的对应关系充分地显示出来，否则极易令被害人

---

① 季卫东：《法学理论创新与中国的软实力——对法律与社会研究的重新定位》，载《上海交通大学学报（哲学社会科学版）》2008年第3期。

"失望"，引起公安机关的复议、复核和被害人的申诉。从本质上说，刑事诉讼的根本目的在于发现事实真相并将犯罪嫌疑人依法处置，刑事诉讼法作为刑事诉讼运行的基本轨道，则旨在减少冤假错案的发生并依法维护各方当事人的诉讼权利。现代刑事法治是"说理型法治"、和谐社会是"说理型社会"，这在客观上要求包括侦查、起诉、审判、执行在内的各个诉讼阶段均需要论证说理。与判决书是否说理一样，不起诉决定书是否说理，可以反映出一个国家的法治状态。对犯罪嫌疑人而言，不起诉属于典型的宽容处理，涉及被害方的权利保护问题。所以不起诉决定不仅要体现正义，更要让被害人、社会公众看得见正义。而实现看得见的正义，就意味着不起诉的理由必须充分论证并公开展示，进而让人看到不起诉的法律依据和不起诉决定的形成过程。只有这样，人民才有可能实现对不起诉决定的监督权，才能理解并接受司法宽容。

（三）宽容程度偏差

1. 宽容不足

宽严相济是我国基本的刑事政策，即在定罪量刑过程中，当宽则宽，当严则严，以宽济严，以严济宽，但在司法实践中常常出现当宽却未宽即宽容不足的现象。

（1）实体宽容不足

实体宽容不足，主要是指不应定罪而定罪、应定轻罪而定重罪、应判轻刑而判重刑的现象。近年来，此类案例并不鲜见。

不应定罪而定罪。以王力军收购玉米案为例。[①]《刑法》第225条用列举的方式规定了非法经营罪的四种非法经营行为：（1）未经许可经营法律、行政法规规定的专营、专卖物品或者其他限制买卖的物品的；（2）买卖进出口许可证、进出口原产地证明以及其他法律、行政

---

①关于本案的案情详见本书第44—45页。

法规规定的经营许可证或者批准文件的；（3）未经国家有关主管部门批准非法经营证券、期货、保险业务的，或者非法从事资金支付结算业务的；（4）其他严重扰乱市场秩序的非法经营行为。很明显，收购玉米的行为不符合前三种情形，只能将其归属为第四种行为。所以王力军收购玉米案属于典型的适用兜底性条款来认定行为性质的案件。在最高人民法院的关注下，经过巴彦淖尔市中级人民法院再审，王力军得到了公正判决。两级人民法院两次审理的裁判结果之所以天壤之别，是因为临河区人民法院与巴彦淖尔市中级人民法院对"其他严重扰乱市场秩序的非法经营行为"这一兜底条款的理解存在差异。非法经营罪中兜底条款的适用必须满足三个条件：一是非法经营活动必须违反国家行政强制性规定；二是非法经营活动侵犯扰乱正常市场秩序；三是扰乱的程度必须情节严重。一审法院和再审法院对"王力军无证收购玉米的行为扰乱了市场秩序"没有争议，关键在于何谓"情节严重"认识不一。其实，王力军没有办理许可证就买卖玉米的行为虽然不符合行政法的相关规定，但并未达到造成国家粮食市场秩序变得混乱不堪，进而损害整个粮食市场流通机制的程度。基于此，巴彦淖尔市中级人民法院坚持严格的罪刑法定原则，认为王力军无证收购玉米的行为并没有同时满足前述的三个适用兜底条款的条件，进而认定王力军的行为不符合非法经营罪的构成特征。从根本上来说，王力军无证收购玉米的行为即使构成非法经营罪，临河区人民法院也不必然要对其进行刑事处罚。根据我国《刑事诉讼法》第16条第1项的规定，"情节显著轻微、危害不大，不认为是犯罪的"，不应追究行为人的刑事责任，已经开始追究的，也应当撤销案件，或者作出不起诉决定，或者终止对案件的审理，或者宣告被告人无罪。据此，如果临河区人民法院坚持认定王力军的行为构成非法经营罪，也完全可以《刑事诉讼法》第16条第1项作为法律依据，不追究王力军的刑事责任。临河区人民法院基于对非法经营罪兜底性条款的错误理解，更由于缺少宽容的司法理念，致使适用非法经营罪兜底条款时出现了严重的失误，酿成了错案。

应定轻罪而定重罪。以肖永灵投放食品干燥剂案为例。肖永灵系上海市金山区东泾镇人，2001年10月，他通过阅读新闻了解到炭疽杆菌呈白色粉末状，若接触到带有炭疽杆病菌的邮件就可致人死亡，国外曾经发生过此类恶性事件。肖永灵对社会怀有不满情绪，于是将家中保存的粉末状食品干燥剂装入两个信封内，分别寄给了上海市政府陆某某领导和东方电视台的工作人员陈某某。上海市政府陆某某、东方电视台的陈某某分别于2001年10月19日和20日收到并拆看上述信件，发现粉末状食品干燥剂后，精神上高度紧张，也引起周围人们的心里恐慌。肖永灵曾因犯盗窃罪于1995年7月被判处有期徒刑1年6个月。法院经开庭审理认为，肖永灵用邮寄带有炭疽杆病菌邮件的方式制造社会恐怖气氛，影响了社会稳定，符合以危险方法危害公共安全罪的构成特征，且系累犯，应当依法从重处罚。法院依照《刑法》第114条和第65条第1款的规定，以以危险方法危害公共安全罪判处肖永灵4年有期徒刑。

《刑法》第114条规定："放火、决水、爆炸以及投放毒害性、放射性、传染病病原体等物质或者以其他危险方法危害公共安全，尚未造成严重后果的，处三年以上十年以下有期徒刑。"从立法技术和罪状表述上看，以危险方法危害公共安全罪的成立需要行为人实施的危险行为具有与"放火、决水、爆炸以及投放毒害性、放射性、传染病病原体等物质"相同的危害性与严重性，而投放食品干燥剂的行为不可能在事实上造成多么严重的危害结果，显然与"放火、决水、爆炸以及投放毒害性、放射性、传染病病原体等物质"不具有同质性。2001年12月29日通过《刑法修正案（三）》增加的《刑法》第291条之一规定："投放虚假的爆炸性、毒害性、放射性、传染病病原体等物质……严重扰乱社会秩序的，处五年以下有期徒刑、拘役或者管制；造成严重后果的，处五年以上有期徒刑。"从文字表述即可看出，此法条打击的是投放虚假危险物质的行为，而《刑法》第114条惩罚的则是投放真实危险物质的行为。如果行为人将虚假的危险物质误认为真实的危险物质而投放，则可能构成未遂形态。本案中，肖永灵明知是食品干燥剂而邮寄给他人，很显然不符合以危险方法危害公共安全罪的构成特征。从立法技术上来说，"以其他危险方法危害公共安全"的立法规定本身就表明该条具有兜底性质，如果再对其进行扩大解释，既不利于保障人权，更可能破坏刑法的稳定性和国民的可预测性。法院将肖永灵邮寄食品干燥剂的行为认定为以危险方法危害公共安全罪，不仅违反罪刑法定原则，更具有明显的重刑主义倾向，丝毫没有体现出刑事司法的宽容精神。

应判轻刑而判重刑。以大学生掏鸟案为例。大学生小闫系就读于郑州一家职业技术学院的学生。2014年11月，小闫发现自家大门外的树上有个鸟窝，于是和朋友小王搭了个梯子，从鸟窝里面掏出12只鸟，饲养一段时间后即销售给他人。之后又从窝里掏出4只鸟。法院以非法收购、猎捕珍贵、濒危野生动物罪，分别判处小闫和小王10年半和10年有期徒刑，并处以罚金。[①]宣判后，该案引起广泛争议，社会公众普遍认为量刑过重。贪污、受贿近千万元的被告人都可能被判处10年或以上有期徒刑，难道掏16只鸟的危害性可以与贪污、受贿千万元相提并论？然而，公诉机关认为，被告人是"河南猎鹰兴趣交流群"的成员，在网上兜售时特意标注信息为"阿穆尔隼"，据此已经查明犯罪嫌疑人具有犯罪的故意，依法量刑并不算重。

在传统的刑法理论中，对事实错误和法律错误适用不同的归责规

---

① 参见鲁燕：《掏鸟16只，获刑10年半——啥鸟这么宝贵？ 燕隼，国家二级保护动物》，载《郑州晚报》2015年12月1日，第A10版。

则，事实认识错误阻却犯罪故意，法律认识错误不影响犯罪的成立，即
"不知法律不赦"。危害珍贵、濒危野生动物罪的侵害对象是国家重点
保护的珍贵、濒危野生动物。大学生小闫所掏之鸟名叫"阿穆尔隼"，
属于事实认识；"阿穆尔隼"系国家法律禁止捕捉的珍贵、濒危野生动
物，则属于法律认识。大学生小闫具有关于此鸟的事实认识，是否就意
味着具有法律认识呢？在科学立法、严格执法、公正司法、全民守法的
时代要求下，社会公众本应知法懂法守法，当代大学生更应具有知法守
法的义务担当，如果允许人们可以用"不知法"为事由进行抗辩，则整
个社会将会陷入混乱的状态。但行为人是否知法、能否知法，应根据具
体情况进行考量。本案中，该鸟是否属于国家重点保护的珍贵、濒危野
生动物，刑法没有规定。根据2000年11月27日最高人民法院《关于审理
破坏野生动物资源刑事案件具体应用法律若干问题的解释》[1]，国家重
点保护野生动物名录中的国家一级、二级保护动物，《濒危野生动植物
种国际贸易公约》的附录一和附录二中的野生动物以及人工驯养、繁殖
的上述动物，都属于非法猎捕珍贵、濒危野生动物罪中的"珍贵、濒危
野生动物"，按照一般情理和日常生活常识，普通人很难或根本无法认
识到此案中的"鸟"是受到法律特别保护的品种，即此案中的"鸟"是
受到法律特别保护的品种，不属于一般公民的常识性事实认识。此时，
如果"强行"预设普通人的知法状态，就是违背常情、常理的"强人所
难"。"法律的生命不在于逻辑而在于经验"，法律规范来源于社会现
实生活，对案件进行法理分析应当符合常识、契合情理，在坚持刑法基
本原则的同时实现个案的正义。因此，在个别涉及法律认识错误的案件
中，如果一概机械地适用"不知法律不赦"这一传统规则，很可能有违
一般人的正义情感，对诸如大学生掏鸟案等某些量刑明显不合理的案件

---

[1]该解释于2022年4月9日《最高人民法院、最高人民检察院关于办理破坏野生动物资源刑
事案件适用法律若干问题的解释》施行时废止。

可以适当予以出罪化或轻刑化。

（2）程序宽容不足

目前，在我国刑事司法实践中，犯罪嫌疑人、被告人的诉讼权利存在严重缺失，即司法机关对犯罪嫌疑人、被告人的程序宽容明显不足，主要表现为：刑讯逼供屡禁不止；超期羁押现象严重；审前羁押的比例较大；律师的在场权得不到有效保护。在此以超期羁押为例。

羁押，是指"将被告人拘禁于一定的关押场所（比如，看守所），防止被告人逃跑及保全诉讼证据，以确保完成刑事诉讼并保全诉讼程序为宗旨的强制处分"[1]。超期羁押是指依法被采取刑事拘留、逮捕等强制措施的犯罪嫌疑人、被告人，在诉讼过程中的羁押时间超过了法定的羁押时限的一种违法行为。超期羁押包括显性超期羁押和隐性超期羁押两种情况。显性超期羁押是指在没有任何可以对嫌疑人、被告人继续羁押的事实及法律依据的情形下，仍然明显违反刑事诉讼法的相关规定，超过法定的最长期限继续对犯罪嫌疑人、被告人进行羁押。隐性超期羁押是指办案单位和办案人员，运用规避法律或伪造羁押理由的手段对嫌疑人、被告人进行超期羁押，在形式上貌似合法但实质上明显超过合理羁押期限。[2]换言之，所谓隐性就是在形式上有继续羁押的合法手续，但实质上却是变相超期羁押在押人员的行为。依法及时地进行侦查、起诉和审判是法律赋予犯罪嫌疑人、被告人的一项基本诉讼权利，而超期羁押和久押不决是明显侵犯在押犯罪嫌疑人、被告人刑事诉讼权利的程序违法行为。超期羁押和久押不决问题之所以长期存在，除法律规定

---

①林钰雄：《刑事诉讼法》（上册 总论编），中国人民大学出版社2005年版，第178页。

②参见李津媛：《隐性超期羁押的原因和对策分析》，载《山西省政法管理干部学院学报》2017年第4期。

模糊①、监督不力、救济渠道不畅外，归根到底是源于具体司法人员程序意识淡薄、宽容理念缺失。虽然"尊重和保障人权"已写入刑事诉讼法，但就现阶段来看，办案人员"尊重和保障人权"的观念仍较为淡薄，"重实体、轻程序"的传统意识没有从根本上得到扭转，更没有形成丧失程序正义与丧失实体正义一样，也是违法办案的基本共识，个别案件办理人员的头脑中依然存在着"实体正义才是硬指标，而程序正义仅是软任务"的错误倾向，单纯地以办理案件的数量作为衡量工作优劣的标准，常常忽视依法保护犯罪嫌疑人、被告人的正当诉讼权利。甚至有的办案人员以"羁押的期限可以依法折抵相应刑期"为根据，总觉得多关押几天或少关押几天无所谓，从而导致在羁押期限已满而案件又未办结的情况下，不是对嫌疑人、被告人依法变更非羁押性强制措施，而是想办法、找理由进行超期羁押，以此来为获取犯罪证据、侦破案件争取更多时间。此外，我国刑事司法裁判中却存在着相当高的轻刑（3年以下有期徒刑）率或者判处被告缓刑的现象，这也从反面印证了较高的羁押率与较高的轻刑率不成比例的现状。曾有数据统计，"2002年—2009年，全国总共有7024200个嫌疑人被检察机关批准或决定逮捕，其中4466759人被人民法院（生效判决）判处实体刑罚，被判处实体刑罚

---

① 《刑事诉讼法》虽然对刑事诉讼活动作了系统性的规定，但关于诉讼期限某些模棱两可或者任意性较大的规定仍然给超期羁押留下了漏洞和隐患。比如，第160条第1款规定"发现犯罪嫌疑人另有重要罪行的"，"自发现之日"起重新计算侦查羁押期限，但是对"重要"的标准未予以界定，只是对重新计算羁押期限作了原则性规定，并没有对具体的程序和操作方法进行相关约束。而第2款对"犯罪嫌疑人不讲真实姓名、住址，身份不明的"，"侦查羁押期限自查清其身份之日起计算"的规定，完全可能导致侦查机关为了拖延办案时间一直不问犯罪嫌疑人的身份。另外，在延长侦查羁押期限的法律规定下，延长理由含糊不清，容易导致歧义。第158条延长羁押期限的四种情形中规定了"交通十分不便的边远地区的重大复杂案件""重大的犯罪集团案件""流窜作案的重大复杂案件""犯罪涉及面广，取证困难的重大复杂案件"，其中，"交通十分不便""重大复杂""涉及面广"等多处不明确的延长羁押期限理由，使得原本不需要延长的羁押依旧在可操作性的规定下被任意延长。

的人仅占被逮捕人的63.5%"①。这一比例可以充分说明，有相当一部分被逮捕的犯罪嫌疑人、被告人本来不应该适用羁押性强制措施，然而基于案件办理的"需要"，侦查机关、检察机关、审判机关予以羁押，甚至超期羁押。另外，还有调查显示：在2011—2013年期间，S省L市超期羁押的犯罪嫌疑人为2981人，占拘留未报捕总人数的45.53%；2013—2015年C市J区超期羁押的案件数量为153件，占拘留未报捕案件总数的55.84%。可见，严重的超期羁押现象在上述两个地区的公安机关中普遍存在。②

从本质上说，超期羁押就是对犯罪嫌疑人、被告人的非法拘禁，严重剥夺了其人身自由，也给其整个家庭和亲人造成严重的身心伤害，引发社会不和谐与不安定的潜在因素。同时，超期羁押不仅造成对犯罪嫌疑人的不公平对待，而且延长了诉讼时间，浪费了司法资源，降低了刑事诉讼效率。更主要的是，无论超期羁押还是久押不决，都让本来早就可以看得见的司法正义变得希望渺茫甚至遥遥无期，即使人民法院最终的裁判结论貌似公正，也必然让司法的形象遭到贬损，使个案的正义大打折扣，也会使公众对法律的权威和人民司法的公信力产生质疑，从而极大地破坏社会公众对法治建设的信心。

有媒体报道，"从2013年3月开始，全国各级政法机关纷纷开展专项活动——集中清理并纠正久押不决案件，在取得比较明显阶段性成果的同时，'前清后超、边清边超'的现象伴随着清理过程依然存在，大大地影响了清理、纠正工作的预期成效"③。为解决这一问题，最高人民检察院刑事执行检察厅于2015年6月1日印发的《人民检察院刑事执行

---

①刘计划：《逮捕审查制度的中国模式及其改革》，载《法学研究》2012年2期。

②参见郭鹏飞：《超期羁押的成因、危害及其对策——以刑事拘留未报捕案件为分析对象》，载《成都理工大学学报（社会科学版）》2018年第1期。

③张武俊：《拿什么来终结超期羁押和久押不决》，载《民主与法制时报》2015年8月8日，第2版。

检察部门预防和纠正超期羁押和久押不决案件工作规定（试行）》对督办清理工作进行了分工，省级检察院负责督办超过法定羁押期限3个月和羁押已经超过5年的久押不决案件；最高人民检察院直接督办并指定专人负责超过法定羁押期限6个月和羁押已经超过8年的久押不决案件。最高人民检察院专门出台文件治理超期羁押和久押不决问题，既说明最高人民检察院对此问题的高度重视，也折射出此问题的严重性。仅靠运动式的清理模式不可能从根本上解决超期羁押和久押不决问题，必须建立健全常态化的规范办案机制，加大惩处力度，让具体的办案单位和办案人员"不敢超期羁押、不想超期羁押、不能超期羁押"，从根源上杜绝久押不决的问题。

2. 宽容过度

时至今日，刑事司法的人道性和宽容性已经成为现代司法中不可或缺的价值底蕴，这也从根本上要求司法机关启动刑事司法程序要谨慎，适用刑罚要宽缓，尽量遏制刑法万能主义和重刑主义倾向。毫无疑问，宽容司法可以减轻嫌疑人、被告人的刑事责任，但过度的宽容既无法保证执行措施的惩戒力度，又难以保证被告人与被害人之间的利益均衡，对此必须要有清醒认识。

（1）实体宽容过度

实体宽容过度，是指依法应认定为犯罪而没有认定为犯罪，或者依法应适用死刑而没有适用死刑，或者依法应判处较重刑罚却被判处较轻刑罚。在此以两个具体案件为例展开论述。

应适用死刑而没有适用死刑。以李昌奎故意杀人、强奸案为例。[1]云南省昭通市中级人民法院一审判处李昌奎死刑，云南省高级人民法院二审改判为死缓，顿时引起舆论界的轩然大波，后经云南省高级人民法院再审改判为死刑。

---

①关于本案的案情详见本书第84—85页。

刑事司法宽容是一个社会法治文化的进步和法治文明的体现，也是人道主义的必要组成部分。但给予刑事被告人过度的人道主义待遇也是对社会公平和正义的侵犯。从历史发展规律来看，人类文明的每一次进步都需要付出必要的代价，但是人类在和自然界做斗争的过程中，无论付出多大代价，总是能以相对平和的心态去面对和接受。而在人类自身发展过程中，对由于人为恶的因素给他人的人身造成伤害、财产造成损失的，则心态要复杂得多，甚至产生了通过以牙还牙、以血还血的方式进行惩罚的仇恨心理。为了人类社会的和谐稳定与可持续发展，在立法上确实有必要保留一些能够让罪犯付出沉重的代价的威慑、惩罚手段。但随着历史的发展和时代的进步，人类必须学会放弃一些带有暴力性和残忍性的复仇手段，而采用一些相对宽缓的社会管理措施，于是人类社会一直在文明与野蛮的相互交替中慢慢前行。从世界刑罚逐步轻缓化的发展趋势来看，废除死刑肯定是社会文明特别是法治文明发展的必然历史结果，也是人类社会文明发展到高级阶段的显著标志。但就目前我国的物质生活条件和精神文明程度来说，绝大多数社会公众还没有从单纯的以牙还牙、以血还血的朴素正义情感中解脱出来，所以自然也就不能接受在诸如李昌奎故意杀人、强奸等类似案件中，被害人死亡结果已经出现而被告人不被判处死刑的现实。另外，人类关于死刑的存废的持久争议，也足以表明人类对于某些严重犯罪的复杂心理和尴尬状态。在精神文明程度和人们的整体素质较高的社会里，较为轻缓的刑罚方法大多就足以制止违法犯罪行为，无论是社会公众还是司法机关，对待违法犯罪行为的态度会较为理智和冷静，朴素的报应观念会逐渐淡化直至丧失，进而会慢慢认可并逐步接受较为谦抑的刑法和较为宽容的刑事司法制度。反之，在一个文明程度相对较低、宽容精神不足的社会，只有用较为严厉的刑罚才能制止违法犯罪行为，人们的报应观念自然就十分浓厚。目前，在我国国民精神素质普遍不是很高，物质文明水平相对不均的情况下，如果废除死刑或者应该判处死刑却没有适用死刑，可能会出现一些不法分子因死刑废止而危害社会的情况，从而影响社会的和谐稳定与可持续发展。

有资料记载，2011年7月22日发生在挪威首都奥斯陆及附近于特岛由凶手布雷维克实施的爆炸与枪击犯罪，共造成77人死亡的惨案，应当说是一次极为惨烈的惊天大案了。2012年8月24日，经过3个多月的漫长审判，由5名法官组成的奥斯陆地方法院合议庭通过投票一致裁定，布雷维克神志正常，"恐怖行动"罪名成立，决定驳回控方认定布雷维克精神失常从而将他无限期交付精神治疗的请求，判处布雷维克入狱21年。在法庭外等待判决结果的遇害者家属听到判处布雷维克21年监禁后，紧紧地互相拥抱，对21年监禁的判决结果较为满意。[①]在挪威范围内，布雷维克既不是第一个，也不会是最后一个持枪杀人的罪犯。但对挪威的国民来说，对布雷维克这类持枪杀人犯的宽容态度也许会不断地延续下去，这可能就是人类文明发展和现代法治进步的必要代价。但不管如何，对于挪威国家和挪威国民来说，如此宽容持枪杀人犯代表了人类社会的发展方向，的确值得人们尊敬。但也必须看到，挪威的刑法已经废除了死刑和无期徒刑这两种刑罚方法。在挪威刑法规定的各类刑罚中，21年监禁已属最为严厉的刑期，所以被害人家属的"满意"可能基于对法律的敬畏，也可能是因为无可奈何。

应判处较重刑罚却被判处较轻刑罚。以毛志尧交通肇事案[②]为例。2017年9月3日晚，被告人毛志尧与亲属聚餐饮酒，21时许回到家中休息。23时许，毛志尧的妻子突然发病，毛志尧和其儿子马上打出租车将妻子送至陇西县第一人民医院进行救治。毛志尧亲戚随后驾驶一辆

---

①参见杨兴培：《现代刑罚文明不能承受之痛》，载《法制日报》2012年9月25日，第10版。

②参见孙航：《甘肃陇西再审宣判毛志尧交通肇事案》，载《人民法院报》2019年8月28日，第3版。

小型轿车到医院看望帮忙。安排妻子住院后，毛志尧驾驶亲属的小型轿车欲回家取妻子衣物。9月4日4时40分许，在沿陇西县巩昌镇崇文路由东向西行驶至恒力大厦附近路段时，毛志尧驾车撞上正在道路上进行清扫作业的陇西县综合执法局巩昌环卫管理站职工宋晓玲，致宋晓玲创伤性休克，当场死亡。事发后，毛志尧拨打110报警电话，并在事故现场等候警察到来处理。经鉴定，毛志尧血液中乙醇平均含量为268.15mg/100ml；事故发生前，毛志尧驾驶的小型轿车转向装置、制动系统等安全技术状况均正常，其行驶速度约为51~55km/h。警方出具的道路交通事故认定书认定，毛志尧醉酒驾驶机动车的路段限速40km/h，毛志尧醉酒以51~55km/h的速度超速行驶是造成本起道路交通事故的根本原因，应承担事故全部责任，被害人宋晓玲没有责任。在案件审理过程中，被告人毛志尧认罪悔罪，积极筹款赔偿，获得被害人宋晓玲亲属的谅解。甘肃省陇西县人民法院认定毛志尧构成交通肇事罪，但因其具有自首情节，能够认罪悔罪、积极赔偿被害人损失，得到被害人亲属的谅解，所以免予刑事处罚。在司法实践中，绝大多数严重醉驾并超速行驶的被告人都难以逃脱刑事处罚，而毛志尧不仅严重醉驾超速行驶，且发生了撞人致死的严重后果，却获得了免予刑罚的"量刑优惠"。陇西县人民法院如此的裁判结果令社会公众难以接受，在社会公众中引起了较大质疑：被告人毛志尧是否"花钱买刑"、人民法院是否"放纵罪犯"？陇西县人民法院于2019年8月27日经再审认为：原审被告人毛志尧的行为构成交通肇事罪，应依法惩处。毛志尧交通肇事后立即报警，并在事故现场等候处理，归案后如实供述罪行，系自首，依法可从轻或减轻处罚；毛志尧案发后认罪悔罪，并积极筹款赔偿，取得被害人亲属谅解，符合认罪认罚从宽与刑事和解的有关规定，依法可从宽处罚。综合考虑毛志尧自首、认罪悔罪、积极赔偿、被害人亲属谅解等情节，以及社区矫正部门出具的对毛志尧可以适用社区矫正的调查评估意见，毛志尧符合法定的缓刑适用条件，可以对毛志尧从轻处罚，并适用缓刑。法院遂依法以交通肇事罪判处毛志尧有期徒刑1年，缓刑1年6个月。

就本案而言，陇西县人民法院原审判处免予刑事处罚就存在实体宽容过度的问题。当然，这需要从刑事和解与量刑之间的关系说起。当事人和解制度有利于被告人和被害人的利益，体现了"恢复性司法"理念。根据《刑事诉讼法》第288条的规定，犯罪嫌疑人、被告人真诚悔罪，能够向被害人赔礼道歉、赔偿损失，并得到被害人的谅解，或者被害人自愿和解的，加害人与被害人可以和解。刑事和解适用于因民间纠纷引起的犯罪（《刑法》分则第四、五章中可能判处有期徒刑3年以下的犯罪）和可能判处有期徒刑7年以下的过失犯罪（渎职罪除外）。毛志尧交通肇事一案就明显地属于能判处有期徒刑7年以下的过失犯罪。根据《刑事诉讼法》第290条的规定，对于加害人与被害人已经达成和解的案件，被告人可以获得法院的从宽处罚。问题的关键就在于人民法院如何从宽？从宽到何种程度？根据《最高人民法院关于适用〈中华人民共和国刑事诉讼法〉的解释》（2021年）第596条第1款规定，如果加害人与被害人已经达成和解，人民法院就应当从轻处罚被告人；被告人若具备适用非监禁刑的条件，就应当对被告人适用缓刑等非监禁刑；如果按照法定最低刑适用刑罚还显过重，则可以对被告人减轻处罚；如果被告人犯罪情节轻微，无需适用刑罚的，则可以判处免除刑事处罚。根据最高人民法院《关于常见犯罪的量刑指导意见》（2017年）①的相关规定，如果加害人与被害人已经达成和解，可综合考量行为的性质以及赔偿和悔罪等具体情况，人民法院可以减少基准刑到50%以下；如果被告人的犯罪较轻，则可以减少基准刑50%以上，或者依法对被告人免除处罚。《关于常见犯罪的量刑指导意见》（2017年）还对交通肇事罪

---

①该指导意见于2021年7月1日《最高人民法院、最高人民检察院关于常见犯罪的量刑指导意见(试行）》施行时废止。

和自首的量刑问题作了具体规定：交通肇事"致人重伤、死亡或者使公私财产遭受重大损失的，可以在二年以下有期徒刑、拘役幅度内确定量刑起点"。"在量刑起点的基础上，可以根据事故责任、致人重伤、死亡的人数或者财产损失的数额以及逃逸等其他影响犯罪构成的犯罪事实增加刑罚量，确定基准刑。""对于自首情节，综合考虑自首的动机、时间、方式、罪行轻重、如实供述罪行的程度以及悔罪表现等情况，可以减少基准刑的40%以下；犯罪较轻的，可以减少基准刑的40%以上或者依法免除处罚。"具体到本案，关于毛志尧的交通肇事行为可以得出以下基本判断：一是对被告人毛志尧的刑罚裁量最高不应超过2年有期徒刑。二是因刑事和解可以减少基准刑的50%以下。行为人毛志尧不仅真诚地认罪悔罪，而且赔偿了被害人的损失并向被害人及其亲属赔礼道歉，毛志尧与被害人的亲属也达成了和解协议。基于此种情况，陇西县人民法院可以判处毛志尧有期徒刑1年左右。当然，也可以依法对毛志尧适用缓刑。三是被告人毛志尧不具备免除刑事刑罚的适用条件。本案中，被告人毛志尧严重醉酒、超速驾驶致一人死亡，根本不符合《最高人民法院关于适用〈中华人民共和国刑事诉讼法〉的解释》规定的"犯罪情节轻微不需要判处刑罚"的条件。陇西县人民法院原审判处被告人毛志尧免予刑事处罚，明显量刑不当，属于典型的宽容过度。在追求良法善治的过程中，定罪量刑既要严格遵守罪刑法定等刑法基本原则，又要严格遵循宽严相济刑事政策。重罪重判、轻罪轻罚是宽严相济的本义；在重罪案件中从轻量刑，在轻罪案件中又适度从重处罚，则是宽严相济刑事政策的精髓。陇西县人民法院经过再审，将原审对毛志尧判处的免予刑事处罚改为1年有期徒刑并适用缓刑，考验期为1年6个月，既回应了公众对原审判决的合理质疑和内心担忧，也是宽严相济刑事政策在司法实践中的大胆尝试。

（2）程序宽容过度

程序宽容过度，是指本来应启动刑事司法程序而没有启动，或者本来应采取羁押性强制措施而没有采取，或者本来应适用普通程序审理却采用简易程序或速裁程序等。此种宽容过度同样违反罪刑法定、罪责刑相适应等刑法基本原则，背离了刑事司法的公平与正义。实践中此类案例并不鲜见。

应启动刑事司法程序而没有启动。以"痴呆"骗取医保案[①]为例。北京大学国际医院系由社会资本投资的非营利性医院，受该院一名副院长的指使，有的科室医生用虚假的方式将该院长诊断为"痴呆"患者，然后用多次刷医保卡的支付方式开药。除此之外，该医院肛肠外科的一个医师根据是否持医保卡来结算医疗费这一因素，擅自增减患者的病症。北京大学国际医院的相关领导对部分医务人员骗取医保基金的违法行为相当重视，当即决定涉案人员停职，同时责成涉案人员配合组织调查，然后根据调查小组的最终调查结果，依法依规对当事人进行严肃处理。针对此案，北京大学国际医院决定对身为副院长、副主任医师的当事人立刻停职，并正式表态将以调查小组的最终调查结果为依据进行严肃处理，这实属理所当然的常规做法。但必须明确的是，采用虚假诊断、擅自增减病症等欺诈手段骗取老百姓"保命钱"的行为，具有相当大的社会危害性。对此仅仅给予单位内部的行政处理，尚未启动任何司法程序，很显然属于典型的程序宽容过度。医保基金关系到人民群众的切身利益和整个社会的和谐稳定，所以，北京市医保管理部门有必要针对医务人员公然欺诈骗取医保违规违法行为尽快介入调查，如果采取欺诈方式骗取医保的行为是北京大学国际医院相关医务人员所为，则对相关涉案人员应依法进行处罚；如果是以北京大学国际医院的名义实施的

①参见魏文彪：《"痴呆"骗取医保只做内部处理？》，载《人民法院报》2019年1月28日，第2版。

骗保行为，则应当对该医院进行处罚，若达到了情节严重的程度，则医保行政部门应将该院的医保定点资格取消。根据《医疗机构管理条例实施细则》（中华人民共和国国家卫生和计划生育委员会令第12号）第82条的相关规定，医疗机构不应该向任何单位和个人出具虚假证明文件；关于病历书写的基本规范也要求，医疗机构工作人员不得弄虚作假、玩忽职守，如果医疗机构工作人员滥用职权、徇私舞弊，应依法给予行政处分；如果构成犯罪则应依法追究刑事责任。相关的刑事司法解释也规定，以欺诈、伪造材料等虚假手段骗取包括医疗保险、养老保险、工伤保险、失业保险、生育保险等在内的社会保险金，符合《刑法》第266条关于诈骗公私财物的规定。所以，如果本案中的相关医务人员涉嫌诈骗犯罪，当地司法机关应当依法启动刑事司法程序，追究涉案医务人员的刑事责任。从本质上说，正是为了切实减轻广大患者的医疗负担、保障全体民众的身体健康，国家才投入较大的人力和物力来建立基本医疗保险制度，而个别缺少诚信的医疗机构与部分医务人员通过各种虚假手段，肆意骗取医保基金与药物、器械，公然实施欺诈骗取医保基金的违规违法行为，不仅给国家与民众利益造成重大损失，更削弱了医疗保险制度的保障能力。因此，必须建立健全事前防范机制，加大对骗取医保基金行为的处罚力度，该启动司法程序的司法机关必须及时介入，医疗机构及其主管部门也应及时将案件移送司法机关，从而真正让涉案人员付出巨大的成本，有效遏制骗取医保基金行为的发生。

应立案而不予立案。以操场埋尸案[①]为例。2001年12月，杜少平承揽了怀化市新晃侗族自治县第一中学400平方米操场土建工程，聘用罪犯罗光忠等人负责经营管理。新晃一中委派员工邓世平、姚本英（病故）负责监督工程质量。在施工过程中，因工程质量等问题杜少平与邓

[①]参见孙航：《湖南新晃"操场埋尸案"罪犯杜少平被执行死刑》，载《人民法院报》2020年1月21日，第4版。

世平产生一些矛盾，于是杜少平对邓世平怀恨在心。2003年1月22日，杜少平伙同罗光忠来到工程指挥部办公室，将邓世平在办公室内杀害，之后将邓世平尸体掩埋在操场土坑内。2005年4月，杜少平伙同他人实施故意伤害行为，造成一人轻伤的危害结果；2008年以来，杜少平作为首要分子纠集多人并组成恶势力犯罪集团，实施了寻衅滋事等多起违法犯罪活动。2003年1月22日，即杜少平、罗光忠将邓世平在工程指挥部办公室杀害并掩埋在操场深坑后，邓世平的妻子及弟弟先后向怀化市新晃侗族自治县公安局报案。新晃侗族自治县公安局随即成立了专案组，开始案件的侦破工作。然而，杜少平为了逃避刑事法律的追究，与其舅舅黄炳松找到新晃侗族自治县公安局政委杨军，让其包庇杀人罪行，又伙同杨荣安多方请托、拉拢腐蚀当地相关公务人员，干扰、误导甚至阻挠杀人案件调查取证工作。接受请托的公务人员违反法律、突破底线，有的徇私枉法，有的玩忽职守，共同为杜少平编织逃避法律制裁的"保护伞"和"关系网"，导致杜少平杀害邓世平的恶性案件在长达16年的漫长时间里没有被公安机关立案侦查，造成了极其恶劣的社会影响，也给邓世平家属造成极大的精神伤害。[1]这是典型的因公职人员不作为甚至人为地操纵而导致的程序过度宽容案件，既没有及时实现公平正义，又严重影响司法效率，更谈不上任何法律效果和社会效果。2019年6月以来，操场埋尸案引发社会各界的广泛关注，广大人民群众义愤填膺、深恶痛绝，通过各种平台表达了对该涉案的黑恶势力"保护伞"进行严惩的强烈要求。全国扫黑除恶办公室将该案列为重点挂牌督办案件。至此，操场埋尸案才正式进入刑事司法程序，持续长达16年的程序过度宽容状态得以扭转。在多个部门的共同努力下，2019年12月17日至18日，怀化市中级人民法院一审对被告人杜少平等人故意杀人案及其恶势力犯

---

①参见刘晓芬：《"操场埋尸案"："打伞破网"再发力 深挖彻查不姑息》，载《人民法院报》2019年1月1日，第2版。

罪集团案进行公开审理并当庭宣判，认定被告人杜少平犯故意杀人罪、故意伤害罪、寻衅滋事罪、非法拘禁罪、聚众斗殴罪、强迫交易罪，数罪并罚，决定执行死刑，剥夺政治权利终身，并处罚金50万元。宣判后，杜少平向湖南省高级人民法院提出上诉。2020年1月10日，湖南省高级人民法院二审依法驳回上诉，维持原判，并依法报请最高人民法院核准。最高人民法院于2020年1月16日裁定核准了怀化市中级人民法院对杜少平的死刑判决。虽然邓世平不能复生，但法律正义终于实现。2019年12月30日，湖南省靖州苗族侗族自治县人民法院对为操场埋尸案编织"保护伞"和"关系网"的10个相关公职人员涉嫌的渎职犯罪案进行一审公开宣判。新晃侗族自治县公安局原政委杨军、新晃一中原校长黄炳松均以徇私枉法罪被判处有期徒刑15年，其他涉案公职人员分别被判处7年以上有期徒刑。一审宣判后，黄炳松等9名被告人不服靖州苗族侗族自治县人民法院一审判决，向怀化市中级人民法院提出上诉。怀化市中级人民法院经审理，驳回黄炳松等9人的上诉，维持原判。[①]

操场埋尸案之所以在长达16年的时间没有进入司法程序，主要是因为部分公务人员为涉嫌恶势力犯罪的杜少平编织了"关系网"和"保护伞"。对操场埋尸案依法公开宣判，是中央开展扫黑除恶专项斗争取得的重大胜利，是全面依法治国的生动实践，对深入推进扫黑除恶"打伞破网"具有里程碑意义。黑恶势力一般具有稳定的犯罪组织和相对固定的成员，以暴力、威胁或者其他手段有组织地进行违法犯罪活动，为非作歹，称霸一方，肆无忌惮，不仅欺压、残害百姓，而且严重破坏当地经济发展和社会秩序。正是由于以全心全意为人民服务、维护社会公平正义为宗旨的权力机关不作为、乱作为，黑恶势力才能够得以放肆妄为。在查处、办理操场埋尸案公职人员涉嫌渎职犯罪案件过程中，湖南

---

①参见李果、周纯华：《"操场埋尸案"相关公职人员渎职犯罪案二审宣判》，载《人民法院报》2020年4月4日，第3版。

公检法系统动作迅速，密切配合，协同作战，彻底查清了该案及其背后的"保护伞"和"关系网"。从2019年6月20日发现操场遗骸，经过立案侦查、移送审查起诉、提起公诉，到人民法院对杀人案、渎职案分别进行宣判，仅仅用了半年多的时间，办案效率可谓高矣。案件的依法公开宣判，让人民群众实实在在地见证了司法机关紧紧围绕"努力让人民群众在每一个司法案件中感受到公平正义"的工作目标，切实履行宪法法律赋予的神圣职责，及时回应社会各界关切，彰显法律公平公正所做的努力。扫黑除恶专项斗争是一个系统工程，必须深深地挖掘滋生黑恶势力的主要根源，铲除其生存的根基，严厉惩处涉黑涉恶的国家公职人员。从程序到实体，过度的宽容就是对正义的侵犯、对人民的背叛。当然，监察机关、公安机关、人民检察院、人民法院等各个司法部门既要分工，又要合作；既要配合，又要制约，运用逐案严格筛查、循线不断深挖等方法，才能保证法律的正确实施，依法保护人民群众的合法权利。

应提请批准逮捕而不提请。据《检察日报》报道，从2018年1月到6月，湖南省沅江市检察院加大司法监督力度，重点监督对漏报漏捕犯罪嫌疑人的追加逮捕工作。在具体的监督过程中，既要审查共同犯罪，还要审查具有关联性和上下游关系的犯罪案件，并把审查监督工作的着力点放在侦查机关提请批准的逮捕书中带有"另案处理""已作治安处罚""取保候审""监视居住""在逃"等字样的内容上，一起案件也不放过、一个线索也不漏掉，让犯罪分子无处可逃、无处可藏。如果监督人员发现被侦查机关遗漏报捕的犯罪嫌疑人符合法定的逮捕条件，那么就向侦查机关依法发出《应当逮捕犯罪嫌疑人建议书》。在6个月时间里，沅江市检察院在办理审查逮捕案件过程中，共发出12份《应当逮捕犯罪嫌疑人建议书》，建议逮捕犯罪嫌疑人12名。目前，12名犯罪嫌疑人全部经沅江市检察院依法批准、沅江市公安局执行逮捕。2018年3

月，公安机关在办理一起寻衅滋事案件中，仅将其中的杨某等4人向检察机关提请批捕，监督人员经阅卷，发现参与该寻衅滋事案的张某等另外3人，也可能被人民法院判处有期徒刑以上刑罚，但公安机关并没有向检察机关提请批捕，而仅仅给予了治安处罚。随后，沅江市公安机关根据沅江市检察机关《应当逮捕犯罪嫌疑人建议书》的要求，将张某等漏报漏捕的3人全部抓捕到案。2018年1月，监督人员在审查肖某某涉嫌强奸犯罪一案的过程中，发现肖某革具有参与实施犯罪的嫌疑，但公安机关并没有将其向检察机关提请批准逮捕。沅江市检察院启动追加逮捕程序后，沅江市公安机关根据检察机关的建议，将肖某革抓捕到案。①公安机关对本应提请批准逮捕的嫌疑人不提请批准逮捕，这种"隐性不批捕"属于典型的程序宽容。由此可见，在部分地方，程序过度宽容的现象确实存在。

---

① 参见张吟丰、李亮：《重点审查"在逃""另案处理"》，载《检察日报》2018年7月8日，第2版。

四、控制我国刑事司法宽容偏差的建议

（一）明确宽容条件

1. 内在条件

（1）案件社会危害性相对较轻

刑事司法宽容就是在坚持法律效益与社会效益并重，确保公正高效地处理案件的前提下，国家赋予嫌疑人、被告人程序选择权、意志自治权和发言权，依法给予从宽处罚。其核心价值在于国家充分尊重嫌疑人、被告人的各项诉讼权利，通过控辩双方的对话与协商，让从宽处罚的裁判结果实现情理法的有机融合，让司法传递的公平正义直抵人心。宽容司法是落实宽严相济刑事政策的重要载体，意在用相对较小的刑罚成本获得最好的犯罪治理效果。但宽严相济作为我国基本的刑事政策，要求根据社会经济发展和犯罪态势的变化，在法律框架内不断调整从宽、从严的犯罪类型及相应处罚力度，充分体现区别对待、轻重有别的司法待遇，即该重判的必须重判到位，该从宽的必须依法从宽。就目前而言，对于案情比较简单、事实比较清楚、社会危害性相对较轻的案件，比如危险驾驶案件；对于初犯、偶犯、未成年犯和因民间纠纷、邻里矛盾引发的各类案件，应充分重视并发挥认罪认罚从宽制度的重要作用，坚决依法适度从宽，即可以适用缓刑的就坚决适用缓刑，可以免予刑事处罚的就坚决免予刑事处罚。另外，在坚持罪责刑相适应原则的前提下，对人身危险性较小的，也可以不采取羁押性强制措施。如果通过积极赔偿损失等途径，被告人获得被害人的谅解，那么从宽处罚的幅度应大于没有获得被害人谅解的案件，也只有被告人和被害人达成和解调解协议，被告人才能选择适用速裁程序，进而获得从宽处罚。

刑法作为维护社会秩序的不得已才使用的最后手段，理应保持谦抑性，但也需要根据社会形势的变化适时调整刑事司法政策，确保刑法的准确适用，及时回应社会关切。对于下类案件，应该判处较重刑罚的，坚决判处较重刑罚：（1）严重危害国家安全的犯罪，如间谍、暴力恐怖、民族分裂、宗教极端犯罪；（2）严重危害社会秩序的犯罪，如杀人、抢劫、绑架、强奸、拐卖、毒品、涉枪涉爆、高空抛物坠物、抢夺方向盘、暴力伤医犯罪。特别是对涉黑涉恶、绑架、抢劫、强奸、爆炸、电信诈骗、危害食品药品安全、污染环境、侵害未成年人等犯罪，或者人民群众反映强烈、潜藏敏感因素的严重危害社会治安案件，即使被告人和被害人自行达成赔偿、谅解协议，也要慎重把握是否从宽以及从宽的幅度，绝不能向社会释放"花钱买刑"的错误信号。

在此以侵害未成年人案件为例。近年来，虽然一直在强调中小学生的素质教育，但现行各项政策导向迫使各类中小学校片面追求学习成绩，致使法治教育即使入了教材、入了课堂，但很难入脑入心，存在法治课程边缘化、法治教育形式化、评价标准无序化的倾向。在部分学校的教育中，正面教育较多，负面教育较少，甚至没有涉及。这就导致中小学生不能全面了解社会，认为社会是绝对美好的、可信的，从而缺乏自我保护意识和自我保护能力，因此，常常出现学生轻易相信不法分子的谎言，造成被骗、被伤等权利被侵害的现象。而遭到侵害的中小学生因犯罪分子的威胁恐吓，也不敢向老师、家长诉说。特别是在边远的农村地区，由于缺少有效的监护，留守女童遭受性侵现象较为严重。又由于"爱面子"和"家丑不可外扬"的传统心理的长期存在，部分家长在孩子被性侵后，常常忍气吞声或选择私了，这就使不法分子更加放肆和张狂。"云南文山小学教师张洪辉在两年左右时间内性侵17名学生；宁夏灵武教师黄振兴性侵12名女童；广东深圳弘基学校教师吴某东从2012年8月，就开始在中午休息期间或者在星期五放学后对所教的学生实施猥亵行为；湖南嘉禾普满中心小学教师曾星明猥亵多名女生"[1]，案件触目惊心，令人发指。又由于性侵案件往往在相对封闭的空间进行，存在着调查取证难等问题，增加了司法机关侦破案件的难度。有的性侵者对十多个孩子实施性侵行为，但仅有一个孩子报警，其他孩子既不报警，也不告诉老师和家长，更不愿意出来作证，最终导致因事实不清、证据不足而"放纵"了犯罪分子。据统计，全国各级法院在2017年—2019年6月期间，共办结8332件猥亵儿童犯罪案件。其中，2017年和2018年分别审结2962件、3567件，2019年前6个月共办结1803件。[2]随着互联网技术的迅猛发展和手机等通信设备的快速普及，在网络世界里对儿童实施性侵行为的案件也不断增多，而且受到网络性侵害儿童的低龄化现象日益突出，社会危害性也越来越大。网络世界里的性侵害儿童行为与发生在所谓熟人之间的犯罪相比，更具有隐蔽性，因而更加难以发现和侦破，确实需要引起全社会的关注和思考。对于此类侵害未成年人身心健康的犯罪行为，必须依法严惩，不能宽容。2019年最高人民法院公布的韦明辉强奸案、张宝战猥亵儿童案、蒋成飞猥亵儿童案、李堉林猥亵儿童案、黄一川杀害儿童案等一些侵害未成年人的典型案件，[3]即表明了对侵害未成年犯罪零容忍的基本处罚立场。

韦明辉强奸案。2016年2月9日晚上8点多钟，在贵州省黔东南苗族侗族自治州某某县自家的大门之外，喝酒之后的韦明辉看见同一村子里的一个5岁小女孩儿A某某正在自己玩耍，于是韦明辉便产生歹意，谎称取鞭炮的虚假理由，将5岁小女孩A某某骗至自家房子门口，先将小女孩

---

① 胡建兵：《严惩性侵儿童犯罪》，载《人民法院报》2019年12月20日，第2版。

② 参见孙航：《以零容忍态度严惩性侵儿童犯罪——最高人民法院刑一庭负责人就发布性侵儿童犯罪典型案例答记者问》，载《人民法院报》2019年7月25日，第3版。

③ 参见《性侵害儿童犯罪典型案例》，载《人民法院报》2019年7月25日，第3版。

A某某掐昏后，又将A某某抱到某红薯洞旁边，从房间内拿出锄头等工具，开始实施奸淫小女孩A某某的行为，然后将小女孩掩埋在红薯洞的泥土里。经鉴定，小女孩A某某被奸淫时为活体，系被掐、扼颈部导致窒息而死。苗族侗族自治州中级人民法院经审理认为，被告人韦明辉目无国法，在酒后掐、扼被害人小女孩A某某的颈部，并对其实施奸淫行为，致小女孩A某某死亡。韦明辉的奸淫行为符合强奸罪的构成特征，且情节特别恶劣，后果特别严重，社会危害性极大，应依法严惩。苗族侗族自治州中级人民法院认定被告人韦明辉犯强奸罪，判处其死刑，剥夺政治权利终身。被告人韦明辉不服一审判决，向贵州省高级人民法院提出上诉。贵州省高级人民法院经审理，驳回韦明辉上诉，维持一审死刑判决。经复核，最高人民法院依法核准韦明辉死刑。

张宝战猥亵儿童案。被告人张宝战系天津市一名讲授数学的小学教师。2017年—2018年10月，在学校的教室里，张宝战多次对B某某等8名10至11岁的小学女生实施猥亵行为：搂抱、亲吻、抚摸隐私部位等。天津某区人民法院在接到某区人民检察院以猥亵儿童罪提起的公诉后，经审理认为，作为对未成年人肩负着特殊教育、培养职责的人民教师，张宝战在学校的教室内多次对多名女童实施猥亵行为，犯罪情节恶劣，依法应当从重处罚。天津某区人民法院认定张宝战犯猥亵儿童罪，判处张宝战11年6个月有期徒刑。一审法院宣判后，在法定期限内，张宝战没有向上级法院提出上诉，某区人民检察院也没有提出抗诉。

蒋成飞猥亵儿童案。2015年5月—2016年11月，被告人蒋成飞通过网络聊天软件与31名10至13岁的女童结识后，利用虚构身份的欺骗方式，告诉31名女童他正在代表某影视公司招聘儿童明星，然后又谎称检查女童和女童的发育状况，让女童进行在线拍摄，并要求通过网络发送裸体照片、在视频聊天过程中做出裸体淫秽动作。南京市某区检察院以猥亵儿童罪向法院提起公诉。经审理，某区法院认为，蒋成飞的上述行为已经符合猥亵儿童罪的构成特征，且情节恶劣，依法应当从重处罚。某区法院认定蒋成飞的行为构成猥亵儿童罪，判处11年有期徒刑。一审宣判后，被告人蒋成飞向南京市中级人民法院提出上诉。经依法审理，二审法院驳回了蒋成飞的上诉，维持一审判决。

李堉林猥亵儿童案。2018年3月，32岁的被告人李堉林在手机同性交友软件上与13岁的被害人C某男结识，在随后进行的网络聊天过程中，李堉林了解到C某男的基本身份为未成年的初中二年级学生。李堉林在3月17日的下午，登记入住某某酒店房间，然后让C某男到该酒店房间见面。C某男到达酒店房间后，李堉林便与C某男发生了性行为（同性）。四川省某某县人民检察院以猥亵儿童罪向某某县人民法院提起公诉。经审理，某某县人民法院认为，为满足性欲，李堉林采用同性性行为的方式对C某男实施猥亵行为，完全符合猥亵儿童罪的构成特征，依法应当从重处罚。某某县人民法院认定李堉林的行为构成猥亵儿童罪，判处其3年有期徒刑。一审宣判后，李堉林向上级人民法院提出上诉。经依法审理，某某市中级人民法院驳回了李堉林的上诉，维持了一审法院的判决。

黄一川杀害儿童案[1]。黄一川为泄愤，有预谋、有准备地在校园附近持斩切刀连续砍杀毫无防备的3名儿童及1名儿童家长的要害部位，造成2人死亡、2人轻伤的严重后果。黄一川到案后如实供述了犯罪事实。经司法鉴定，黄一川系精神分裂症患者，在本案中属于限制刑事责任能力人。上海市第一中级人民法院认为，被告人黄一川故意杀人，致2人死亡、2人轻伤，其行为已构成故意杀人罪。被告人黄一川系有预谋、有准备地在校园附近针对无辜儿童实施严重暴力行为，其犯罪动机极其卑劣，犯罪手段极其残忍，犯罪后果极其严重，社会影响极其恶劣。被

---

①参见严剑漪：《上海"杀害小学生案"二审宣判》，载《人民法院报》2019年12月31日，第3版。

告人黄一川虽经鉴定患有精神疾病，被评定为具有限制刑事责任能力，但鉴于其罪行极其严重，人身危险性极大，且其精神疾病对其作案时辨认、控制自己行为能力没有明显影响，应依法予以严惩，遂以故意杀人罪对被告人黄一川判处死刑，剥夺政治权利终身。被告人黄一川不服一审判决提出上诉。经依法审理，上海市高级人民法院认为，黄一川故意非法剥夺他人生命，致2人死亡、2人轻伤，其行为已构成故意杀人罪，依法应予处罚。黄一川虽系限制刑事责任能力人，且具有坦白的情节，但黄一川的犯罪动机十分卑劣，手段极其残忍，后果特别严重，人身危险性极大，社会危害性十分严重，黄一川的精神状况没有明显影响到其作案时的辨认能力和控制能力，依法不足以对其予以从轻处罚。原审判决认定的事实清楚，证据确实、充分，量刑适当，程序合法。上海市检察院建议法院驳回上诉、维持原判。上海市高级人民法院最终依法驳回黄一川的上诉，维持一审法院的判决。

儿童既是国家的未来，也是民族的希望，又是整个家庭的寄托，正处于生理发育和心理发育的初期且关键的人生阶段，人生观、世界观和价值观还没有正式形成，也不具备像成年人那样足够的辨别是非、判断真假、区分美丑的能力，当然儿童的自我保护意识与自我保护能力更是欠缺，无论刑事立法还是刑事司法，都应特殊、优先保护儿童群体的身心健康。上述案件中的侵害儿童行为，特别是教师性侵学生、通过网络实施性侵行为，更是严重地突破了伦理道德的基本底线，严重地侵害了少年儿童的身心健康，不仅犯罪性质相当严重，而且犯罪情节相当恶劣，更具有极其败坏的社会影响。对此类社会危害极大的案件，依法应予以严惩，不应宽容。在黄一川杀害儿童案中，虽然黄一川属于限制刑事责任能力人，但依然被判处死刑。这也充分彰显了司法机关最大限度保护儿童人身安全和身心健康，依法从严从重打击侵害儿童犯罪的坚定决心和鲜明态度。2020年4月，最高人民检察院印发的《最高人民检察院关于加强新时代未成年人检察工作的意见》规定，"依法从严从快批捕、起诉侵害未成年人犯罪……依法惩处危害校园安全、监护侵害、侵害农村留守儿童和困境儿童犯罪。坚持依法从严提出量刑建议，积极建议适用从业禁止、禁止令。强化刑事诉讼监督……积极推进涉及未成年人案件刑事审判监督、刑罚执行监督，重点监督重罪轻判、有罪判无罪、特殊管教措施虚置、社区矫正空转等问题，确保罚当其罪、执行到位"。最高人民检察院的这份意见既是对新时代未成年检察工作提出的新要求，更是明确了刑事司法宽容的内在条件。

（2）行为人主观恶性相对较小

宽容司法，就是对行为人予以从宽处罚，行为人的主观恶性相对较小意味着行为人再犯的可能性较小，有的即使判处缓刑、管制或免予刑事处罚，也不至于再危害社会。这是刑事司法宽容的又一个重要前提。在此以认罪认罚从宽制度为例。2018年10月修改的《刑事诉讼法》已将"认罪认罚从宽"从司法实践探索上升为法律制度，最高人民法院、最高人民检察院、公安部、国家安全部、司法部于2019年10月颁布实施的《关于适用认罪认罚从宽制度的指导意见》，对适用过程中的具体问题进行了明确规定。对认罪认罚的犯罪嫌疑人、被告人予以从宽处罚的基本前提是，嫌疑人、被告人确实是自愿如实地认罪、真诚地悔罪。之所以对这类嫌疑人、被告人予以从宽处罚，就是因为认罪认罚意味着行为人主观恶性已经降低。《关于适用认罪认罚从宽制度的指导意见》第9条明确规定："办理认罪认罚案件，应当区别认罪认罚的不同诉讼阶段、对查明案件事实的价值和意义、是否确有悔罪表现，以及罪行严重程度等，综合考量确定从宽的限度和幅度。在刑罚评价上，主动认罪优于被动认罪，早认罪优于晚认罪，彻底认罪优于不彻底认罪，稳定认罪优于不稳定认罪。"由此可见，认罪认罚的嫌疑人、被告人不仅可以获得量刑的优惠，而且认罪越早从宽幅度越大。这也充分说明行为人主观恶性的大小对司法机关选择从宽处罚还是从严处罚具有重要影响，只有主观恶性相对较小的嫌疑人、被告人才应该、才能够得到从宽对待。从全国来看，目前已有福建省、江苏省、山东省济南市等部分地区秉持"认罪越早、从宽越多"的基本理念，制定适用认罪认罚从宽制度的具体实施意见。①作为试点单位的厦门市集美区人民法院，在审理认罪认罚案件时，高度重视制度设计工作，把"认罪越早、从宽越多"的司法理念融入制度设计之中，出台了针对不同认罪阶段设计的量刑标准：侦查阶段认罪认罚的量刑时可减少基准刑的30%，起诉阶段认罪认罚的量刑时可减少基准刑的20%，审判阶段认罪认罚的量刑时可减少基准刑的10%，对于庭审时翻供的被告人不予以量刑从宽。根据此制度，集美区法院对被告人吴某某和鲁某某容留卖淫一案进行了审理。鲁某某归案后即认罪，吴某某归案后拒不认罪，直到开庭才认罪。两个被告人吴某某、鲁某某在共同犯罪的作用基本相当，犯罪情节基本无异，但二者分别在不同诉讼阶段表示认罪认罚。经合议庭评议：吴某某、鲁某某的基准刑都为15个月。鲁某某在公安机关侦查阶段就表示认罪认罚，所以量刑减让了基准刑的25%，确定11个月为鲁某某的宣告刑罚；吴某某在法庭审理过程中才表示认罪认罚，所以量刑时仅仅减让了基准刑的10%，确定13个月为吴某某的宣告刑罚。认罪认罚阶段不同，量刑差异较为明

---

①福建省政法四部门联合出台认罪认罚从宽制度适用意见：人民检察院、人民法院应当根据犯罪嫌疑人、被告人在侦查、起诉和审判等不同阶段认罪认罚情况，适当区分从宽幅度，对认罪认罚时间越早的犯罪嫌疑人、被告人，从宽幅度越大；江苏省高级人民法院出台办理认罪认罚案件的指导意见：被告人在不同诉讼阶段认罪认罚的，从宽幅度应当有所区别。侦查阶段认罪的，可从宽20%，起诉阶段认罪的，可从宽15%，审判阶段认罪的，可从宽10%；山东省济南市中级人民法院探索"认罪越早，从宽幅度越大"的做法，规定侦查阶段认罪，最多可减少基准刑的35%、起诉阶段认罪可减少25%、审判阶段认罪可减少15%；湖北省武汉市中级人民法院明确了认罪早认罪认罚，越可能得到更大从宽幅度的量刑激励标准；浙江省杭州市富阳区人民法院明确办理认罪认罚从宽案件，遵循认罪阶段越靠前，从宽幅度越大的准则。参见宋一心、李晨：《关于刑事诉讼中"认罪越早、从宽越多"理念的探索》，载《人民法院报》2019年9月5日，第6版。

显。此外，在故意伤害案的审理中，也因认罪认罚阶段不同导致量刑轻重有别。被告人刘某某在公安机关侦查阶段即表示认罪认罚，配合司法机关工作，而胡某某与前一个案件中的吴某某一样，也是在法院开庭审理时才作出认罪认罚的意思表示。最终刘某某和胡某某肯定获得了存在一定差异的量刑优惠。[①] 上述容留卖淫案和故意伤害案的量刑结果是对"认罪越早、从宽越多"司法理念的充分诠释，也是把认罪认罚后应得的量刑减让落实到具体个案之中的生动典型。

与此相反，如果行为人的主观恶性极大，则不符合宽容司法的适用条件。比如，溺死女童案[②]。杨际响和女子张某某于2009年建立婚姻关系，2010年11月杨际响和妻子张某某生下孩子杨某璇。孩子杨某璇患有先天性的肺炎、缺血缺氧性脑部疾病。杨际响和妻子张某某带着孩子来到芜湖市妇幼保健院治疗，之后又来到南京市第一人民医院、儿童医院等多家医疗机构寻医问诊，但并没有明显效果。杨某璇因患有重度精神发育迟滞和中枢性协调障碍等疾病，不具有生活自理能力，并被鉴定为智力二级残疾。根据具体病情，杨某璇所患疾病可能没有办法彻底治愈，终生可能都得需要他人照料。在带着杨某璇四处寻医问诊的过程中，杨际响与妻子张某某纠纷不断，并于2012年10月通过协议的方式离婚。在协议中杨际响与妻子张某某约定，杨某璇由杨际响承担抚养责任。杨某璇的奶奶郭某某拟独自抚养杨某璇，并于2013年年初将其带到淮安娘家。不幸的是，2018年5月经医生诊断，杨某璇的奶奶郭某某患有癌症。在此情形下，杨际响把杨某璇送到父亲即杨某璇的爷爷杨世松家里，杨世松见到杨某璇后，不仅明确拒绝照顾杨某璇，而且提议将自己的亲孙女杨某璇抛到附近的河里淹死，杨际响对父亲杨世松淹死杨

---

① 参见宋一心、李晨：《关于刑事诉讼中"认罪越早、从宽越多"理念的探索》，载《人民法院报》2019年9月5日，第6版。

② 参见赵兴武：《父亲和祖父将智残女童扔到河里淹死》，载《人民法院报》2019年8月10日，第3版。

某璇的提议并未反对。随后杨际响按照杨世松指引的道路，驾车将自己的亲生女儿杨某璇带至某河边，爷爷杨世松亲手把自己的孙女杨某璇抛到河中，年幼的杨某璇不幸因溺水而亡。江苏省南京市中级人民法院经审理认为，在本身负有照顾义务的前提下，为逃避对孩子的照顾义务，将智力残疾的杨某璇抛入河中致其溺水而亡，杨世松和杨际响的行为构成故意杀人罪。同时认为，杨世松具有坦白情节，可以依法对其从轻处罚；杨际响也应认定为坦白，可以依法对其从轻处罚。法院以故意杀人罪分别判处杨世松和杨际响11年和10年6个月有期徒刑。本案量刑是否适当，应进行理性分析。

《刑法》第232条规定："故意杀人的，处死刑、无期徒刑或者十年以上有期徒刑；情节较轻的，处三年以上十年以下有期徒刑。"从立法上可以看出，对于故意杀人罪，在量刑时应首选死刑，然后才是无期徒刑和有期徒刑。本案很明显不属于"情节较轻"。被告人虽有坦白情节，但该情节对量刑能发挥多大作用呢？《刑法》第67条第3款规定："犯罪嫌疑人虽不具有前两款规定的自首情节，但是如实供述自己罪行的，可以从轻处罚；因其如实供述自己罪行，避免特别严重后果发生的，可以减轻处罚。"本案中被害人杨某璇已经死亡，即被告人杨世松和杨际响均未"避免特别严重后果发生"，所以杨世松和杨际响的坦白，不可能起到"减轻处罚"的作用，最多只能起到"从轻处罚"的作用。作为"可以型"的从宽量刑情节，在本案中究竟能否影响量刑、影响到何种程度呢？最高人民法院印发的《关于常见犯罪的量刑指导意见》（2017年）和《江苏省高级人民法院〈关于常见犯罪的量刑指导意见〉实施细则》（2014年）都明确规定，对于坦白情节，综合考虑如实供述罪行的阶段、程度、罪行轻重以及悔罪程度等情况，确定从宽的幅度。（1）如实供述自己罪行的，可以减少基准刑的20%以下；（2）如实供述司法机关尚未掌握的同种较重罪行的，可以减少基准刑的10%—

30%；（3）因如实供述自己罪行，避免特别严重后果发生的，可以减少基准刑的30%—50%。杨世松和杨际响的坦白只能属于第一种情况。根据案件事实，被告人杨某璇的父亲杨际响具有比较稳定的工资收入，在外务工的杨某璇的爷爷杨世松也有一定的工资收入，完全具有抚养孩子的能力。杨际响能够到多家医院为孩子杨某璇寻医问诊，履行了父亲应尽的部分抚养义务，但自从杨某璇的奶奶郭某某将杨某璇带到淮安独自抚养生活后，杨际响并未履行父亲应尽的其他抚养、照顾义务，仅仅给付1万余元生活费。杨世松因长期在外打工，也未对杨某璇尽到抚养、照顾义务。面对家庭出现的重大变故，杨世松在杨际响提出由杨世松帮助抚养、照顾孩子杨某璇时，杨世松不仅明确予以拒绝，而且主动提议把杨某璇扔到河中溺死，系为逃避家庭义务而主动杀害杨某璇。杨某璇身患残疾的现实，不能作为杨世松和杨际响逃避承担照顾孩子这一义务和责任的理由，更不能成为杨世松和杨际响将孩子杨某璇溺水致死的借口。《残疾人保障法》明确禁止歧视残疾人。残疾儿童依法应得到国家、社会和家庭的共同关心和爱护。任何个人和组织均不得以任何理由歧视、遗弃残疾人，尤其是依法对残疾人具有抚养、照顾义务的父母等亲属，更加有义务、有责任用爱心呵护残疾人，最大限度为残疾人减少因身体、智力等缺陷造成的生活障碍甚至痛苦。本案中，杨世松和杨际响父子二人目无国家法律，漠视年幼孩子的生命，为逃避本应承担的抚养、监护和照顾孩子的法定义务，将亲生子女扔到河中致其溺水而死，手段极其残忍，主观恶性极大，虽有坦白，但不足以从轻处罚，或者不足以给予如此大幅度的从宽处罚。就本案而言，无论如何，其量刑基准都不应为15年以下有期徒刑，所以南京市中级人民法院的量刑存在过轻的嫌疑。

与上述溺死女童案的判决结果相比，山东省聊城市中级人民法院公开宣判的被告人王某某故意杀人案则相对理性、公正。因生活琐事被告人王某某对其丈夫心生不满，并产生报复念头。某天，王某某采用扼颈的方式残忍地杀死了自己四岁的大儿子，后被警方监视居住。在监视居住期间恶性不改，又用剪刀杀死了自己刚满一岁的二儿子。聊城市中级人民法院经审理认为，被告人王某某主观上具有杀人的故意，客观上实施了足以致死的杀人行为，其行为已经构成故意杀人罪，应予刑事处罚。被告人王某某实施杀人行为时犯意明确坚决，犯罪手段特别残忍，犯罪情节特别恶劣，犯罪后果特别严重，造成了极其恶劣的社会影响。归案后王某某虽然能主动供述自己的主要杀人犯罪事实，但不足以对其从轻处罚，应依法予以严惩。聊城市中级人民法院以故意杀人罪，判处王某某死刑，剥夺王某某政治权利终身。[1]两个案件中的被告人同样都具有"坦白"情节，聊城市中级人民法院认为不足以对被告人从轻处罚，而南京市中级人民法院不仅对被告人予以从轻处罚，而且进行了大幅度的从轻处罚，很显然没有适当把握主观恶性较小才能从宽处罚的宽容标准。

（3）被害人自愿谅解

刑事被害人作为犯罪行为的直接承受者，既对犯罪人怀有强烈的愤怒和仇恨情绪，又对犯罪行为造成的实际损害有最直接、最深刻的感受。被害人遭到的精神伤害是否能够得到有效的抚慰，被害人的人身伤害是否能够得到有效的救治，被害人的财产损失是否能够得到足额弥补，被犯罪行为破坏的社会关系是否能够得到及时地恢复，很大程度上取决于司法机关给予被告人何种刑事处罚。换句话说，就是刑事被害人是否谅解，[2]对司法机关能否从宽处罚被告人具有重要作用。

---

[1] 参见王希玉、贾琼：《山东聊城公开宣判三起杀害未成年人恶性案》，载《人民法院报》2019年12月10日，第3版。

[2] 被害人谅解，是指刑事案件被害人在行为人实施犯罪行为之后，出于对行为人的体谅和宽容，表达放弃追究或希望从宽处理其刑事责任的意思的行为。参见童敏：《被害人谅解影响定罪量刑的实体法分析》，载《河北法学》2017年第7期。

从立法上来看，我国相关法律已经将被害人谅解规定为从宽处理的条件。《刑事诉讼法》第290条规定："对于达成和解协议的案件，公安机关可以向人民检察院提出从宽处理的建议。人民检察院可以向人民法院提出从宽处罚的建议；对于犯罪情节轻微，不需要判处刑罚的，可以作出不起诉的决定。人民法院可以依法对被告人从宽处罚。"①这是法律赋予刑事和解协议的效力。刑事和解与被害人谅解虽然存在一定差异，但肯定蕴含被害人谅解之意。2006年1月11日公布的《最高人民法院关于审理未成年人刑事案件具体应用法律若干问题的解释》第9条中规定："已满十六周岁不满十八周岁的人盗窃自己家庭或者近亲属财物，或者盗窃其他亲属财物但其他亲属要求不予追究的，可不按犯罪处理。"此处的"要求不予追究"即是被害人谅解。而这里的被害人谅解，已经超出"量刑情节"的角色，直接影响盗窃的行为性质——不按犯罪处理。最高人民法院和最高人民检察院于2011年3月1日联合发布的《关于办理诈骗刑事案件具体应用法律问题的解释》第4条第1项清晰地规定："诈骗近亲属的财物，近亲属谅解的，一般可不按犯罪处理。"与前一个司法解释相比，本司法解释规定得更为明确，即将"要求不予追究"直接替换为"谅解"一词。此外，《关于适用认罪认罚从宽制度的指导意见》第16条明确规定："办理认罪认罚案件，应当听取被害人及其诉讼代理人的意见，并将犯罪嫌疑人、被告人是否与被害方达成和

---

①刑事被害人作为犯罪行为的直接侵害人，在诉讼过程中是一方当事人。对于《刑事诉讼法》关于检察机关在作出附条件不起诉决定前应当听取被害人的意见的规定，绝不能简单地认为仅仅具有程序意义。如果没有特别充分的理由，检察机关应当采纳被害人的意见。在司法实践中，犯罪嫌疑人与被害人的关系往往比较紧张，特别是犯罪嫌疑人可能没有赔偿能力或不愿意赔偿被害人时，被害人一般不会同意检察机关对犯罪嫌疑人适用附条件不起诉。在犯罪嫌疑人是未成年人时，也是如此，如果检察机关不顾被害人的反对意见，强行对涉罪未成年人适用附条件不起诉，极有可能激化嫌疑人与被害人之间的矛盾，引发新的社会不稳定因素。为此，《人民检察院办理未成年人刑事案件的规定》第31条第2款规定："对于决定附条件不起诉可能激化矛盾或者引发不稳定因素的，人民检察院应当慎重适用。"可见，被害人的意见对检察机关是否适用附条件不起诉的决定有着重要影响。

解协议、调解协议或者赔偿被害方损失，取得被害方谅解，作为从宽处罚的重要考虑因素。人民检察院、公安机关听取意见情况应当记录在案并随案移送。"第17条中规定："人民法院、人民检察院、公安机关在促进当事人和解谅解过程中，应当向被害方释明认罪认罚从宽、公诉案件当事人和解适用程序等具体法律规定，充分听取被害方意见，符合司法救助条件的，应当积极协调办理。"第18条中规定："犯罪嫌疑人、被告人认罪认罚，但没有退赃退赔、赔偿损失，未能与被害方达成调解或者和解协议的，从宽时应当予以酌减。"从上述规定均可以看出，被害人谅解是对被告人从宽处罚的重要条件。这也就要求司法机关在处理有被害人的案件时，必须尊重被害人应有的诉讼地位，充分保障其合法权益。被害人谅解是反映被告人人身危险性的一个重要标志，也是衡量被告人是否自愿认罪、真诚悔罪，从而实现刑法的特殊预防功能的一个重要指标。面对被害人受到的伤害与损失，被告人真诚悔过，积极赔偿被害人，说明被告人的人身危险性已经显著降低，再犯的可能性也大大减少。在得到被害人谅解后，司法机关给予从宽处罚，可以减缓被告人的反社会情绪，消融因受到刑罚而造成的与社会之间的隔膜，降低再犯的可能性。基于此，从宽处罚恰好符合罪责刑相适应的刑法基本原则。

从实践上看，有的案件正是因为被害人家属的谅解，被告人才获得人民法院的从轻量刑。2008年7月《南方周末》报道，因为债权债务纠纷问题，宋晓明用刀将马某某刺死。在法庭审理过程中，马某某的母亲梁建红女士为宋晓明向法官求情从轻处罚。梁女士说："我儿子已经死了，虽然我很伤心，但将宋晓明枪毙又能有什么作用呢？枪毙宋晓明后我儿子还是活不过来。我对宋晓明有仇也有恨，但毕竟宋晓明还年轻，挽救宋晓明就当行好了吧。希望宋晓明出狱后能够重返社会、重新做人。"审判长在接受记者采访时说："在类似的杀人案中，如果被害人家属同意杀人者不偿命，往往会提出经济赔偿等若干条件，但在此案中梁女士完全是义举，并没有获得任何利益。"法院最终对宋晓明从轻处罚，判处宋晓明有期徒刑12年。审判长明确说："如果被害人马某某的母亲梁建红不为宋晓明求情，法院绝对不会对宋晓明判处这么轻的刑罚。"[1]本案中，在被害人家属谅解被告人的基础上，人民法院已经不再像"法律搬运工"一样机械地司法，而是在刑事法律的框架内实现了对被告人的宽容处罚。在中国目前的司法实践中，司法机关处理案件既要注重法律效果，更要追求社会效果，所以人民法院在审理案件时，特别是在刑罚裁量时常常很在乎被害人及被害人家属对被告人究竟是否谅解。如果被害人及被害人家属没有表示对被告人谅解，法院若从宽处罚，可能引起被害人及其家属上访，也可能引起社会公众的不满，从而影响社会的和谐与稳定。所以如果被害人及其家属不谅解被告人，被告人又没有其他法定的从宽处罚情节，法官一般不会轻易从宽处罚。由此看来，被害人及其家属的谅解与否对被告人可能被人民法院判处何种刑罚具有重要影响。当然，任何单位和个人都没有权利要求每个案件的被害人及被害人家属都能够谅解被告人，特别是在涉黑涉恶、故意杀人、抢劫等罪刑极其严重的犯罪中，是否谅解被告人完全是被害人及其家属的自愿选择。被害人及其家属能够原谅、宽恕犯罪人，甚至像本案中被害人的母亲梁建红那样替被告人向法院求情，请求法院从宽处罚，既需要相当大的勇气和毅力，更需要全社会形成一种宽容的文化氛围。

与上诉案件相反，因被害人未谅解被告人，被告人没有得到从宽处罚的例子也有很多。比如，有一起发生在情人间的故意伤害案件。因生活琐事，持续多年的情人关系终于破裂。女方曾多次向男方索要欠款，数额达几千元。但男方始终拒绝向女方偿还欠款，并对女方说如果你再

---

[1]参见刘仁文：《司法宽容需要这样伟大的母亲》，载《南方周末》2008年7月31日，第E30版。

陪我睡一觉，就可以把全部欠款还清。后来，两个女性朋友和女方一起来到男方所在的公司索要几千元的欠款。在男方的指使下，男方所在公司的保安及部分员工把女方及其同去的朋友赶了出去。在发生肢体冲突的过程中，女方从提包中随手拿出水果刀，划伤了男方的前臂，经司法鉴定，结果为轻微伤。第二天，女方支付给男方医疗费用一万元，遭到男方拒绝。在整个司法过程中，女方始终一直认罪，并多次表示愿意赔偿男方的损失。初期，男方接受女方支付的赔偿金二十万元，男女双方也达成刑事和解，但后来男方反悔了，把赔偿金额从二十万元提高到五十万元，并明确提出谅解女方的条件——女方在自己手臂上也划出同样的伤口。一般而言，此类案件在当地完全可适用速裁程序进行审理，对被告人可考虑适用缓刑。但因被害人未予谅解，导致被告人无法同被害人达成刑事和解，所以一审适用普通程序进行审理，并判处实体刑罚。[①]在此案件中，可以充分看出"被害人谅解"在对被告人审理程序的选择和刑罚裁量中的重要作用。再如，有一起因土地纠纷而发生在农村的聚众斗殴案。为了开办工厂，被告人就职的单位在当地村委会承租了一块土地。被害人觉得租用村委会土地的单位在建厂过程中占用了自家的土地，于是多次向租用土地的单位索要补偿金，并多次到此单位索要、纠缠，被告人单位均拒绝。被害人的父亲于某天上午，再次来到此单位索要补偿金。在索要、纠缠过程中因此单位拒绝支付补偿金，双方便发生了一场冲突，但在冲突过程中双方都没有人员受到伤害。之后，被害人在当天的下午又纠集了另外两个人来到此单位继续索要补偿金，随着争吵的不断升级，双方发生斗殴。被告人一方没有人员受伤，被害人一方三人均受轻伤。被告人一方三人因聚众斗殴罪被提起公诉。在诉讼过程中，被告人为适用认罪认罚从宽制度，支付了赔偿金，求得被害

[①] 参见秦宗文：《认罪认罚从宽制度实施疑难问题研究》，载《中国刑事法杂志》2017年第3期。

人给予谅解。[①]在刑事司法过程中，把被害人对被告人的谅解作为法院对被告人量刑从宽的重要考量因素，在一定程度上既有利于修复被害人的受损权利，也可以实现刑法的权利保障机能，还可以达到预期的案件办理效果。犯罪行为在造成物质损失的同时，也往往会给被害人造成心理伤害，有的甚至导致被害人精神抑郁、失常。但是，刑事附带民事诉讼仅可以解决物质方面的赔偿问题，而对被害人遭到的心理伤害、精神损失则显得无能为力。从本质上来说，刑事和解中的赔偿既具有弥补被害人物质损失和精神损失的功能，对被告人还具有一定经济惩罚的性质，因而刑事和解方式和附带民事诉讼方式相比，被害人通过前者得到的赔偿数额肯定要高一些，甚至还可能高于被害人因犯罪行为遭到的实际损失数额。可以说，通过不同赔偿渠道获得的赔偿数额存在一定的差异，是合理的也是正当的。但这丝毫不意味着在"赔偿问题"上，被害人可以向被告人提出无限、无理的要求，更不可以此来威胁犯罪嫌疑人、被告人。从常识上来说，民事赔偿数额应该有一定的标准，此标准若过高，则有可能损害犯罪嫌疑人、被告人的合法权益。被害人期望的赔偿数额与加害人实际能够支付的数额存在一定落差，乃是正常现象。因此，在司法实践中，不太可能达到每个被害人都对赔偿数额满意的程度。如果犯罪嫌疑人、被告人能够按照法定标准支付赔偿金，说明其人身危险性与不支付赔偿金相比已经有所减少。在此情形下，即使被害人没有谅解被告人，人民法院也可以启动认罪认罚从宽程序审理案件，只是从宽幅度要适当小于被害人已经谅解被告人的案件。所以在审理刑事案件过程中，特别是在适用认罪认罚从宽制度审理案件的过程中，如果过分强调被害人谅解的作用，可能导致被告人急于求得谅解的心理被被害人不正当地利用，从而向被告人漫天要价，降低认罪认罚从宽制度的

---

① 参见秦宗文：《认罪认罚从宽制度实施疑难问题研究》，载《中国刑事法杂志》2017年第3期。

适用率，造成案件结果显失公平，甚至有违认罪认罚从宽制度的设立本意。①

2. 外在条件

（1）存在可替代性处罚措施

我国刑法设置刑罚既有主刑又有附加刑，主刑既包括自由刑又包括生命刑，自由刑既包括管制、拘役又包括有期徒刑和无期徒刑，附加刑既包括剥夺政治权利又包括罚金和没收财产。从宽容司法的角度来说，在确定被告人的行为构成犯罪的前提下，能判处自由刑的就不判处生命刑，能判处有期自由刑的就不判处无期自由刑，能判处非监禁刑的就不判处监禁刑，能不判处刑罚的就尽量免予刑事处罚。就我国现有的刑罚体系和刑罚裁量制度、刑罚执行制度来说，完全可以满足宽容司法的基本要求。

可适度缩小监禁刑适用比例。在大力建设法治国家的时代背景下，刑事治理现代化的实现需要保障非监禁刑的正常适用。为了促进罪犯未来能够更好地适应社会、回归社会、参与社会活动，司法机关应当适度扩大非监禁刑的适用比例，从而缩小监禁刑适用比例。缓刑制度作为我国宽严相济刑事政策的重要实现形式，是替代监禁刑的理想措施。"缓刑是指对被告人判处一定的刑罚，但在一定的考验期间内暂缓执行所判刑罚的制度。"②对诸如危险驾驶罪、过失类犯罪、未成年人犯罪等一些情节轻微、危害性较小的被告人，如果适用缓刑确实不至于再危害社会，即足以实现刑法保护社会的立法目的，人民法院就完全可以对这样的被告人判处缓刑，而根本没有必要对其适用监禁刑。缓刑的价值主要表现在：一是可以防止在监管场所交叉感染。监管场所里服刑人员的构

①有学者已提出了认罪认罚从宽制度实施中对被害人谅解影响力的限制措施。参见秦宗文：《认罪认罚从宽制度实施疑难问题研究》，载《中国刑事法杂志》2017年第3期。
②周光权：《刑法总论》，中国人民大学出版社2016年版，第454页。

成相当复杂，极易造成交叉感染并引发更多的各类犯罪。特别是对未成年人来说，年龄较小、心智发展不成熟、辨别是非能力差的特性，使其难以禁得住各种诱惑。对其适用缓刑可以有效避免短期自由刑的不足，符合联合国倡导的"儿童利益最大化"原则。二是可以节约更多的司法资源。对符合条件的涉罪未成年人适用缓刑，是比较经济的刑罚执行方式。现阶段，我国未成年人犯罪问题还比较严重，未成年犯人数持续增多，无论是监舍的修建还是人员的培训，国家都需要投入大量的人力、物力和财力，这明显不符合现代刑罚执行制度追求效益最优的原则。三是可以确保犯罪人尽快回归社会。缓刑作为一种社会化的刑罚执行方式，可以让犯罪人有充分的人身自由和自己支配的时间参加社会中各种学习活动，在参加学习活动的过程中逐步接受来自各个方面的帮助，体会来自各个方面的宽容，从而舒缓抗拒心理，尽快重新融入社会之中。

可注重罚金刑的适用。"罚金是审判机关依法判处犯罪的人向国家支付一定数额金钱的刑罚方法。"[1]威廉·配第曾指出："为了避免其他刑罚措施的残酷，可以通过转变治理的方式，如适用罚金刑来予以替代。"[2]罚金作为一种附加刑，既可以独立适用，也可以附加于主刑适用，仅剥夺犯罪分子的财产权利，完全可以作为从宽处罚时的替代措施。对于多数经济类、财产类犯罪而言，行为人主观上往往就是为了追求某种经济利益，而适用罚金刑就可以从经济上削弱甚至剥夺被告人继续实施危害行为的能力，所以人民法院在对被告人量刑过程中，适用主刑的同时更应当注重适用罚金刑。当然，从目前的司法实践来看，我国的罚金刑在适用、执行过程中也存在一定问题。一是实际执行力较差。有的法院没有充分考虑犯罪人的实际支付能力，过度重视因收缴罚金而

---

[1] 周光权：《刑法总论》，中国人民大学出版社2016年版，第411页。
[2] 转引自姚万勤：《刑法轻缓化与扩大非监禁刑适用》，载《检察日报》2020年2月19日，第3版。

带来的经济效益，常常出现因判处的罚金数额过高而导致无法实际执行到位。二是罚金刑的缴纳情况有时成为实体刑罚的量刑情节，法院要求被告人在判决之前缴纳罚金，然后再根据罚金的缴纳情况来裁量实体刑罚，这似乎存在用金钱换取自由的嫌疑。由于每个犯罪人的支付能力不同，可能造成新的不平等。三是非数额入罪情形下的罚金刑适用问题争议较大。比如，以多次盗窃、入户盗窃等情节入罪的盗窃行为，有盗窃数额，但尚未达到入罪标准，此种情形究竟按照有数额的盗窃罪判处罚金，还是按照没有盗窃数额或者盗窃数额无法计算的盗窃罪判处罚金，观点各异。[1]因此，在适用罚金刑时，既要考虑犯罪行为的社会危害性，还要考虑被告人的实际支付能力，并依法采取适当的执行方式，[2]确保所判处的罚金刑落到实处。

可充分发挥社区矫正制度的作用。与在监管场所进行监禁矫正一样，社区矫正也是刑罚执行的一种方式，"是指将被人民法院依法判处管制刑或者宣告缓刑的罪犯，以及假释犯等符合条件的人放置在某一个社区之内，在有关民间组织、社会团体的支持下和民间志愿者的大力协助下，在人民法院依法确定的矫正期限之内，由国家的专门机关矫正罪犯的行为恶习和犯罪心理，帮助罪犯早日顺利地适应社会、回归社会的非监禁刑的执行方式"[3]。关于对被判处管制的罪犯、适用缓刑的罪犯以及假释犯实行社区矫正的具体问题，我国《刑法》第38条、第76条、第85条已经作出了明确规定。为增强犯罪分子的法治观念、道德素质、个人修养和悔罪悔过意识，促使其尽快适应社会、回归社会、融入社会、参与社会活动，接受社区矫正的罪犯在逐步提升公共道德素质、学

---

① 参见王永兴：《如何判处盗窃罪中非数额入罪情形下的罚金》，载《人民法院报》2019年12月19日，第6版。

② 根据我国《刑法》第53条的规定，罚金刑主要有一次性缴纳和分期缴纳两种方式。从其他国家的立法经验来看，罚金刑还存在日罚金刑制度。

③ 周光权：《刑法总论》，中国人民大学出版社2016年版，第454页。

习法律法规知识、了解国家方针政策的同时，还要适当参加整治环境、街区绿化等社区服务。适用社区矫正，既体现了国家对犯罪行为的宽容，更表明了国家对犯罪分子的尊重与信任，有利于缓解犯罪者与国家的对立情绪，实现社会的和谐发展。从制度设立的初衷来看，社区矫正就是对那些因人身危险性较小、社会危害性不大而没有被依法关押的罪犯提供的在社会上进行矫正的方式，因而从原则上来讲，凡是没有在监管场所执行刑罚的罪犯都可以运用社区矫正制度对其进行帮教。例如，对于没有被人民法院判处主刑，而仅仅单处刑附加刑（比如仅单处罚金）的罪犯，就应依法对其适用社区矫正制度。

可视情判处免予刑事处罚。《刑法》第37条规定，"对于犯罪情节轻微不需要判处刑罚的，可以免予刑事处罚"。2010年最高人民法院印发的《关于贯彻宽严相济刑事政策的若干意见》第19条规定，"对于较轻犯罪的初犯、偶犯，应当综合考虑其犯罪的动机、手段、情节、后果和犯罪时的主观状态，酌情予以从宽处罚。对于犯罪情节轻微的初犯、偶犯，可以免予刑事处罚"。从这些规定来看，免予刑事处罚具有独立的适用条件：一是具有法定的具体情节。如果行为人的行为没有免予刑事处罚情节的，就不得判处免予刑事处罚。二是行为人犯罪情节轻微，不判处刑罚也能实现特殊预防的刑罚目的。对于醉酒驾驶行为，如果犯罪情节轻微，就可以综合考虑各种因素，以《刑法》第37条的规定为依据对其免予刑事处罚。比如，行为人属于偶犯、初犯，虽然造成了交通事故但仅仅造成醉酒驾驶摩托车者本人身体重伤，又具有自首或立功等法定从宽处罚情节，而其整个家庭的经济来源确实主要依靠行为人的劳动，这就可以认定醉驾行为符合情节轻微的条件，无须判处实体刑罚。可以说，在判决确定有罪的条件下，免予刑事处罚的司法处理，对平时表现一贯良好，案发后积极与司法机关配合，能够自愿地认罪悔罪、足额赔偿被害人的醉驾者意义十分重大。目前，从具体的司法效果来看，免予刑事处罚暂时还没有充分地实现该制度当初的设计意图，甚至还存在"不敢用"和"滥用"的问题，有的地方法院在适用免予刑事处罚时比较保守，也有的地方法院在审理职务犯罪时免予刑事处罚又适用过多。2012年最高人民法院和最高人民检察院联合发布的《关于办理职务犯罪案件严格适用缓刑、免予刑事处罚若干问题的意见》，对免予刑事处罚的适用又提出了明确的要求，为切实避免因适用不当而造成消极的社会影响，在对被告人适用免予刑事处罚时，必须做到兼顾从宽和从严情节，让所判处的刑罚和刑罚执行的方式均与被告人所犯的罪行相适应。

（2）能够得到社会公众认同

在新媒体日益发达的时代背景下，社会公众对国家事务和社会事务的参与热情不断提升，特别是对焦点案件的关注热情更是逐渐高涨。与此同时，作为社会公正风向标的司法裁判对社会生活和公众行为的引导作用也不断加强，"一个优秀的案例胜过一沓文件"的基本理念正在深入人心。从本质上说，司法裁判过程就是法官与社会公众沟通、说理、互动的过程。"民之所欲，法之所从。"依法是司法工作不能逾越的基本底线，依法与参酌民意并不矛盾。法官应关注社会生活的新情况、把握社会生活的新动向，以凝聚公众共识的裁判结果回应公众对焦点问题的关切，托起社会对国家法律的期待。从近年来社会普遍关注的案件特别是冤假错案就可以看出，凡是处理不公平不公正的案件，多数都是司法人员对案件事实作出的所谓"专业"认定，远远偏离社会公众普遍认知的案件。也就是说，司法人员对案件事实情节的认识不一定胜于社会公众。这也就要求法官无论是在法庭审理还是制作裁判文书的过程中，都应通过充分地说理释法来以理说服人、以情感动人、以法教育人，力争达到让社会公众普遍地从内心认可司法裁判、支持司法裁判的效果。2019年12月30日，河南省信阳市平桥区人民法院对一起生命权纠纷案的处理就凝聚了社会公众的普遍共识，得到了公众的普遍认同。在某小区内老人郭某某骑车将一名男童撞倒。同住在该小区的孙某将被撞男童扶起，并用电话联系了男童的母亲，同时要求郭某某不能离开现场，要等待男童家长的到来。然而，郭某某不仅不配合，反而一口咬定是男童撞了自己，声称自己有事要先行离开。在阻拦的过程中，孙某与郭某某双方发生争执。郭某某突发心脏骤停，经医院抢救无效死亡。事发后，郭某某亲属将孙某及小区物业诉至法院。法院经过审理，认定孙某对郭某某的阻拦方式在正常限度内，不具有违法行为，与郭某某死亡的后果没有因果关系，孙某的行为没有过错。法院依法驳回了郭某某家属的诉讼请求。[1]当然，这是民事案件，刑事案件也同样需要做到法意与人心同频共振。在此以校园欺凌案件为例。

在校园欺凌案件中，加害方常常是未成年人。未成年是法定的从宽处罚情节，因此，实施欺凌行为的未成年人即使构成犯罪，得到的刑事处罚也比较宽大。对未成年人从宽处罚没有异议，但从宽的程度应当控制在社会公众的普遍心理接受范围之内。长期以来，校园欺凌、校园霸凌等暴力犯罪现象在各类学校普遍存在，而且与过去的时代相比，当今的校园欺凌、校园霸凌现象数量更多、势头更猛。[2]随着网络技术的不断进步，在部分网站的视频当中，很容易就可以看到校园欺凌、校园霸凌等暴力犯罪现象的视频影像。这些频繁发生、持续存在的校园欺凌、校园霸凌现象不仅刺激社会公众的眼球，更不断地挑战甚至冲破社会公众容忍的底线，已经成为司法机关、教育主管部门和社会公众普遍关注

---

①参见苏航：《一份德法交融的判决　让正义不再瞻前顾后》，载《人民法院报》2020年1月1日，第2版。

②2015年，中国青少年研究中心一项针对10个省市5864名中小学生的调查显示，32.5%的人偶尔被欺负，6.1%的人经常被高年级同学欺负。在2015年1—5月媒体曝光的40起校园暴力事件中，75.0%的校园暴力事件发生在中学生之间，其中初中生更易成为发生校园暴力的群体，比例高达42.5%，高中生次之，占比32.5%。参见杜园春：《近五成初中学生遭受校园欺凌后选择沉默》，载《中国青年报》2016年5月27日，第7版。

的焦点问题。对校园欺凌、校园霸凌等暴力犯罪案件中涉嫌犯罪的未成年人究竟应当如何适用刑罚，到底应该从宽还是应该从严？无论社会公众还是专家学者，目前的意见也并不一致，大致可以概括为减轻处罚说和不应当减轻处罚说两种观点。持减轻处罚说的人认为，对于涉嫌犯罪的未成年人应当减轻处罚。因为未成年人的心智发育、身体发育还不是很成熟，对于是非善恶的判断和真假美丑的辨别肯定不够准确，在此情形下，未成年人特别容易遭到具有暴力、厮杀等情节的影视作品的负面影响。如果家庭、学校的行为指引和法治教育不能及时跟进，未成年人便自觉或不自觉地开始模仿影视作品或网络游戏中的某些凶杀场面或暴力行为，进而在校园内实施欺凌甚至霸凌行为。除未成年人就读的学校和生长的家庭之外，整个社会都应对未成年人实施的上述暴力行为承担一定的责任。与此对应，持不应当减轻处罚说的人则认为，对于涉嫌犯罪的未成年人不应当减轻处罚。由于生活水平的不断提高等各种因素的影响，当今的未成年人无论是心智还是身体都渐趋走向成熟，特别是快满18周岁的部分未成年人，对自己实施的校园欺凌、校园霸凌行为可能造成他人人身损害的严重后果，基本上具有比较清醒、清晰的认识，在此情形下，让其承担一定的刑事责任理所应当。若不给予其一定的刑事处罚，或给予其过轻的刑事处罚，则不仅预防犯罪的刑罚目的不可能变成现实，而且根本没有办法实现刑事裁判的公平与正义。因实施殴打同学、脱光同学的衣服然后拍摄裸体照片、抢夺同学的财物等行为，法院于2016年5月18日认定江苏省昆山市某某中等专业学校的4名女生的行为符合寻衅滋事罪的构成特征，4名女生分别获得有期徒刑6个月至拘役4个月不等的刑事处罚。针对4名女生的裁判结果，社会公众普遍感觉，如此处罚的确是太过宽容。①从上述观点完全可以看出，就对涉罪未成

①参见李玲：《教育部的一件头等大事 "校园欺凌"谁之过，怎么防》，载《南方周末》2016年5月26日，第B10版。

年人的司法处置方式及刑事处罚程度而言，两种观点之间存在较大差异。校园欺凌、霸凌等暴力犯罪现象并不是发生于某个地区、某个阶段的问题，而是一个长期客观存在的世界性的问题。这是个人在青春期要展现力量、争取权力和尊重，以及因为懵懂的情感不知如何处理等因素而产生的一种外在表现。①现在发生于校园内的欺凌、霸凌行为的暴力程度、残忍程度越来越严重，而且常常用将校园欺凌、校园霸凌的暴力行为和伤人、杀人场面制成视频资料的方式向同学、社会予以张扬和炫耀。因此，尽快出台反校园暴力法成了越来越多的社会公众的强烈呼声，社会公众纷纷主张不能因为实施校园欺凌、校园霸凌的行为主体未满18周岁就不给予刑事处罚。对实施校园欺凌、校园霸凌行为的未成年人，若司法机关不对其从轻处罚，似乎没有考虑未成年人这一法定的从宽情节；若司法机关对其无条件、无限度地从宽处罚，超过社会公众能够承受的心理底线，则会使社会公众很难再信任刑法，刑法也很难再发挥对公众的警示作用和教育功能。作为其他法律保障法的刑事立法一旦失去社会公众的敬畏，刑事司法一旦失去基层百姓的信赖，发生在校园内欺凌、霸凌等暴力犯罪就很难得到遏制。为了不破坏社会公众对校园欺凌、校园霸凌案件中涉罪未成年人处罚的心理预期，法院应当向社会公众公开法庭审理的过程。我国《刑事诉讼法》第285条规定："审判的时候被告人不满十八周岁的案件，不公开审理。但是，经未成年被告人及其法定代理人同意，未成年被告人所在学校和未成年人保护组织可以派代表到场。"《最高人民法院关于适用〈中华人民共和国刑事诉讼法〉的解释》第557条第1款中更是明确规定："开庭审理时被告人不满十八周岁的案件，一律不公开审理。"未成年人的合法权利应依法受到高度重视，保护未成年人的合法权利更是理所应当，但不公开审理也并

①参见李玲：《教育部的一件头等大事 "校园欺凌"谁之过，怎么防》，载《南方周末》2016年5月26日，第B10版。

非未成年人的一种绝对权利，应综合考量社会对案件的关注程度和公众的知情权等各种因素，进行全面平衡。坚持"最大限度公开"原则，才有可能实现公众对案件及处理结果的知情权。就校园欺凌类犯罪案件而言，法庭审理过程是否公开、如何公开法庭审理不能绝对化。虽然《刑事诉讼法》第285条规定，对在开庭审理时不满18周岁的未成年人刑事案件，一律不公开审理，但涉罪未成年人如果一方申请公开法庭审理，且有可能被判处5年以上有期徒刑的，则法庭审理过程可以公开，但必须限制旁听人员的范围和数量。如果审理的校园欺凌、校园霸凌案件可能涉及国家秘密或个人隐私，则不应当公开法庭审理。司法是救助受损权利和维护社会正义的最后一条防线，要有效实现司法的宽容不偏离社会公众的普遍认知，法官应当综合考量社会发展形势、经济运行状况和犯罪总体态势等因素，准确把握宽严相济刑事政策，运用司法智慧，相应地调整刑罚的运用策略，做到因时而异、因罪而宜。

（二）划定宽容界限

1. 法律界限

（1）不能突破实体法原则

德国的考夫曼教授曾言："宽容并非毫无界限，它不是不计任何代价的容忍。有效的法律必须予以遵循，违背法律，特别是犯罪，是不能容忍的，而非人性者不能有所主张，乃属当然之理。"[①]宽容绝不是宽大无边，如果脱离法律法规来讨论刑事司法宽容，就意味着有可能以牺牲绝大多数人的合法权益为代价来实现对一小部分人的宽容，而恰恰是这种漫无边际的司法宽容，不仅会导致社会的无序，损害社会的公平与正义，更可能影响刑事司法的整体形象和信用。在此首先以校园暴力案件为例。

---

①[德]考夫曼：《法律哲学》，刘幸义等译，法律出版社2005年版，第462页。

随着对犯罪学研究的不断深入，世界各国已经逐渐意识到犯罪作为一种社会现象根源于一定的物质生活条件，单纯地严厉惩罚犯罪并不是控制犯罪的最好办法，更不可能从根本上消灭犯罪，特别是对身体和心智都没有成熟的未成年人犯罪来说就更是如此。在慎重考虑未成年人身心特征的前提下，一些国家开始逐步根据世界格局中的变化和本国形势的走向调整刑事政策，轻刑化、非刑罚化、非监禁化日渐成为刑罚的发展趋势，也成为世界各国刑事政策的主流倾向，尽量采用非刑罚、非监禁的处置方式来应对涉罪未成年人逐渐成为强势主张。比如：要求涉罪未成年人的父母等监护人员严格管教；在社区设立心理保护机构，专门负责保护涉罪未成年人的心理健康；改善涉罪未成年人的生活、成长环境，健全涉罪未成年人的正常品格。即使对涉罪未成年人给予刑事处罚，也应依法适度从宽。《联合国少年司法最低限度标准规则》（1985年）就明确规定，对少年犯任何罪行不得判处死刑。[1]顺应国际刑罚逐步轻缓化的发展趋势，"教育、感化、挽救"一直是我国在处理未成年犯罪时坚持的基本方针，"教育为主，惩罚为辅"的刑事政策也体现在刑事立法之中。我国1997年《刑法》第17条第2款明确规定，已满14周岁不满16周岁的人仅对"故意杀人、故意伤害致人重伤或者死亡、强奸、抢劫、贩卖毒品、放火、爆炸、投毒"等八种情形承担刑事责任；第17条第3款规定，已满14周岁不满18周岁的人犯罪，应当从轻或者减轻处罚。对未成年犯罪人的轻刑化政策在《刑法修正案（八）》中得到

---

①参见未成年人犯罪刑事政策课题组：《未成年人犯罪刑事政策研究》，载《人民检察》2003年第2期。

了进一步强化。①法律已经为司法机关提供了裁判的标尺，但在处理校园欺凌、校园霸凌案件中，有的司法人员还不能准确把握刑罚裁量的宽严尺度，导致对涉罪未成年人的处罚产生了惩罚过轻的现象，致使校园欺凌、校园霸凌案件中有的未成年人没有得到应有的刑罚惩处，甚至逃避了法律的制裁，这不仅丧失了司法公平与正义，也弱化了对涉罪未成年人的教育、改造和挽救作用。轻刑化虽然已经成为世界刑罚发展的大趋势，但绝不是只要社会公众和司法机关确立了从轻处罚涉罪未成年人的司法理念，在刑事立法中设置了相应的从宽处罚条文，预防未成年人犯罪的刑罚目的就必然能够达到。在对未成年人定罪量刑过程中，如果片面地重视施暴方而忽视受害方的权利保护，极易导致刑罚的宽严失当。包括未成年人在内的任何人都无权突破法律的底线，更无权凌驾于国家法律之上。对实施校园欺凌、校园霸凌行为的未成年人该逮捕的不逮捕，该提起公诉的不提起公诉，甚至不根据行为人的具体情况而一味机械地予以从宽处罚，很容易让实施校园欺凌、校园霸凌行为的未成年人逃脱法律的严惩，这不仅降低了惩治犯罪的应有力度，也可能诱发甚至促使未成年人再次实施类似危害社会的行为。为有效预防、遏制发生在校园内的欺凌、霸凌行为，坚决纠正司法机关对涉罪未成年人片面从宽处罚的不当做法，在对涉罪未成年人定罪量刑的过程中，既要清晰划分从轻和减轻的界限，更要适度把握从轻和减轻的尺度。从近年来发生在校园内的欺凌、霸凌犯罪案件来看，未成年人的施暴手段的残忍程度不必然轻于成年人。如果不全面考虑欺凌手段的残忍程度和危害后果的

---

①在原有对未成年犯罪人从轻或减轻处罚、对未成年犯罪人不适用死刑的基础上，《刑法修正案（八）》进一步加大了未成年人犯罪轻刑化的力度。例如，在《刑法》第65条第1款中，排除了未满18周岁的人在累犯从重情节上的适用，体现了对未成年人犯罪从宽处理的轻刑化政策。在《刑法》第72条中，对不满18周岁的犯罪人扩大了适用缓刑的范围。这一政策可以避免未成年犯罪人在监禁场所中的交叉感染，体现了刑法对未成年人的人文关怀。又在《刑法》第100条中增加1款规定，免除了未成年人前科报告义务，有效避免了这些人回归社会的一些负面影响，有利于对未成年人的教育和改造。

严重程度，对施暴与非施暴涉罪未成年人同等地予以从宽对待，则无法实现罪责刑相适应。贝卡里亚在《论犯罪与刑罚》中曾指出："犯罪对公共利益的危害越大，促使人们犯罪的力量越强，制止人们犯罪的手段就应该越强。"[①]也就是说，司法机关在选择适用何种刑罚时，必须要考虑犯罪事实中的具体情况。国务院教育督导委员会于2016年4月28日印发的《关于开展校园欺凌专项治理的通知》，要求全国各地的中小学校展开专项治理，对校园欺凌行为的实施者要严肃处理。如果校园欺凌行为的实施者存在违法犯罪嫌疑，各个中小学校要及时向当地公安机关报案，并积极配合公安机关立案调查。从国务院印发的这份文件即可以看出，国家对校园欺凌、校园霸凌行为的基本态度，也可折射出近年来校园欺凌、校园霸凌现象的严重程度。[②]教育部等多个主管部门于2016年11月1日联合印发《关于防治中小学生欺凌和暴力的指导意见》，强调要在强化预防犯罪工作和学校、家庭对未成年人教养责任的同时，应力争从源头上消灭未成年人的校园欺凌、校园霸凌行为，对实施校园欺凌、校园霸凌行为的学生必须零容忍。这再次明确了国家打击校园欺凌、校园霸凌行为的坚定立场和决心，对有效应对我国未成年人罪错问题具有较好的指引意义。司法机关在处理校园欺凌、校园霸凌案件时，必须注意协调宽与严的关系，既不能法外施恩，也不能无限地从重处罚，更不能突破现有的法律法规。对主观恶性不大的初犯、偶犯可以适度从宽处罚；对校园欺凌、校园霸凌案件中的首要分子和积极参加者，必须予以严厉惩罚。

---

①[意]贝卡里亚：《论犯罪与刑罚》，黄风译，中国大百科全书出版社1993年版，第65页。

②针对校园暴力事件近年呈上升趋势，最高人民检察院未成年人检察工作办公室副主任史卫忠表示，对实施严重犯罪行为的未成年人要依法惩处。一方面不能纵容，要打击；另一方面还要对因未达到刑事责任年龄无法予以刑事处罚的，督促和建议有关部门加强管护矫治，预防再犯罪。参见桂杰：《最高检：是否降低未成年人刑责年龄需深入研究》，载《中国青年报》2016年5月28日，第1版。

再如，目前正在深入开展的扫黑除恶专项斗争，不断取得阶段性成果。对黑恶势力的打击，既要摧毁其组织结构，又要铲除其物质基础，即坚持定罪量刑要与"打财断血"并重。其中，"打财断血"作为一项专业性极强的工作，要求司法人员具有较强的法律思维和较高的法律能力，坚决防止"黑白不分"和"眉毛胡子一把抓"的机械做法，将合法财产当作非法财产或者将非法财产视为合法财产，从而或者侵犯公民和组织的合法财产权益，或者造成不公平不公正现象。从外观形式上看，无论是自然人还是法人或者非法人组织，黑恶势力的成员往往具有"合法"身份，在实施违法犯罪行为的同时也进行正常的生产经营活动，或者在合法的生产经营活动掩盖下实施违法犯罪行为，极易导致合法财产与非法财产、黑恶势力成员的财产与其家庭成员合法财产相混淆。这就要求司法机关在处理涉案财物时，必须正确划分合法财产与非法财产、企业财产与个人财产、家庭成员共有财产与黑恶势力成员个人财产的界限。在司法实践中，黑恶势力常常存在隐匿财产或者转移财产的情况。虽然登记在他人名下但实际上是黑恶势力出资购买或者由黑恶势力实际控制或者以明显不符合市场经济规律的过低价格转移的财产，一律依法查封、扣押、冻结。比如机动车辆，既要查看具体的登记情况，还要从各类保险的投保人、受益人和日常使用等综合信息来判断车辆的实际控制人。①对与黑恶犯罪没有关联的财产，应当及时解除查封、扣押、冻结。

（2）不能破坏程序性标准

程序是法律的生命形式。在宽容司法的过程中，仍然需要坚持各类程序性标准。在此以认罪认罚从宽案件的证明标准为例。

为了尽快缓解案多人少的突出矛盾，节约司法资源，提高诉讼效

---

① 参见董凯友、张伟：《辨别"黑财"精准追赃》，载《人民法院报》2019年12月29日，第2版。

率，自2016年起国家就开始逐步推行认罪认罚从宽制度。以2018年10月《刑事诉讼法》的修改为标志，认罪认罚从宽制度已经从最初的试点探索上升为正式的法律规定，获得了合法身份。围绕认罪认罚从宽制度的构建，特别是证明标准这一关键问题，即嫌疑人、被告人已经表示认罪认罚，司法机关在办理过程中可否适当降低证明标准？换言之，对现有的案件证据还没有达到"确实充分"的轻微案件，能否在控辩双方充分协商的基础上进行定罪量刑？学术界和实务界展开了比较激烈的争论，可将其概括为可降低说和不可降低说。持可降低说的学者认为，"证明标准可以降低，只要能够排除合理怀疑就可以定罪量刑。如果一律要求案件的证据达到确实、充分的程度，实际上就缩小了控辩双方'协商'的空间，不利于提高刑事诉讼效率"[1]。也有人认为，《全国人民代表大会常务委员会关于授权最高人民法院、最高人民检察院在部分地区开展刑事案件速裁程序试点工作的决定》针对速裁案件，提出的证明标准不是"证据确实、充分"而是"事实清楚、证据充分"；最高人民法院、最高人民检察院、公安部、司法部联合印发的《刑事案件速裁程序试点工作座谈会纪要（二）》也明确指出："被告人自愿认罪，有关键证据证明被告人实施了指控的犯罪行为的，可以认定被告人有罪。"这说明速裁案件的证明标准已有所放低。[2]还有人认为，"证明标准的松动不意味着放弃实体真实和人权保障，只要建立相应的配套制度便不会引发冤假错案"，"如果适用简易程序和速裁程序审理案件，仍然坚持确实充分的证明标准，肯定会给司法造成诸多困境"。[3]谢登科教授明

---

① 曹红虹、鲍键：《刑事案件速裁程序试点相关问题的思考——以公诉环节为视角》，载陈国庆主编：《刑事司法指南》（总第65集），法律出版社2016年版，第62页。

② 参见曹红虹、鲍键：《刑事案件速裁程序试点相关问题的思考——以公诉环节为视角》，载陈国庆主编：《刑事司法指南》（总第65集），法律出版社2016年版，第62页。

③ 蔡元培：《认罪认罚案件不能降低证明标准》，载《检察日报》2016年6月13日，第3版。

确指出："在认罪认罚案件中,被告人自愿选择认罪是其在查阅全案证据材料后无法反驳指控而为了实现最佳利益作出的选择,因此对此类案件证明标准的要求可适当低于普通程序的要求。"学者高通从刑事速裁程序庭审虚化的角度论证认罪案件降低证明标准的正当性,指出:"适用速裁程序审理的认罪认罚案件的庭审程序将大幅压缩,这势必导致审理方式由原来的开庭审理转为书面审理。此种证明方式的变化客观上要求降低证明标准。"持不可降低说的学者认为,对认罪认罚案件降低证明标准,与现行刑诉法的规定相违背,刑诉法是针对所有刑事案件而规定的证明标准,认罪认罚案件不应成为例外。①陈卫东教授明确指出:"在犯罪嫌疑人、被告人主动认罪认罚的案件中,我国刑事司法仍须坚持'案件事实清楚、证据确实充分'的证明标准,与之同时,控方在证明被告人应受刑事制裁的过程中证明责任发生相应的变化。这一变化体现在减轻控方审查起诉、准备公诉活动、参与庭审举证、质证等方面的负担,但不意味着降低证明标准或者取消庭审程序。"②证明标准的界定不仅关系认罪认罚从宽制度能否顺利适用,更涉及我国刑事证明体系如何建立和理论研究如何进一步深化的问题。实务界和学界争论如此激烈,但最高人民法院、最高人民检察院、公安部、国家安全部和司法部于2019年10月联合发布的《关于适用认罪认罚从宽制度的指导意见》,对此问题仍没有予以明确。笔者认为,指导意见没有就此问题作出特别规定,意味着指导意见仍然坚持刑事诉讼法关于证明标准问题的基本立

---

①参见庄永廉、张相军、顾永忠、陈瑞华:《检察环节认罪认罚从宽制度的适用与程序完善》,载《人民检察》2016年第9期。

②陈卫东:《认罪认罚从宽制度试点中的几个问题》,载《国家检察官学院学报》2017年第2期。

场。就学理研究而言，任何研究者都可提出自己的观点，①但在全国人大还未修改刑事诉讼法的情况下，司法机关在办理认罪认罚案件时，还应坚持"证据确实、充分"的证明标准。

其一，"事实清楚，证据确实、充分"来源于刑事诉讼法的明确规定。与其他刑事案件相比，除嫌疑人、被告人具有"认罪认罚"的意思表示之外，认罪认罚案件无任何特殊之处，自然也就没有任何正当化事由可以降低证明标准，即认罪认罚案件的证明标准毫无疑问地应当是"事实清楚，证据确实、充分"。"确实"是对证据质的要求，"充分"是对证据量的要求，两者相辅相成，缺一不可。无论是全国人大常委会颁布的《关于授权最高人民法院、最高人民检察院在部分地区开展刑事案件认罪认罚从宽制度试点工作的决定》和《关于在部分地区开展刑事案件认罪认罚从宽制度试点工作的办法》，还是2018年新修订的《刑事诉讼法》，均没有针对案件的证明标准问题，专门为认罪认罚案件"量身定制"特殊的证明规则。《全国人民代表大会常务委员会关于授权最高人民法院、最高人民检察院在部分地区开展刑事案件速裁程序试点工作的决定》规定速裁案件的证明标准时，仅用"充分"而没有使用"确实"一词，但这并不意味着对"确实"的抛弃，更不能说明对证明标准的降低，而是暗含着对"确实"的肯定。而《刑事案件速裁程序试点工作座谈会纪要（二）》中"被告人自愿认罪，有关键证据证明被告人实施了指控的犯罪行为的，可以认定被告人有罪"的规定，是进一步表明速裁程序中的证据在何种情况下，可以认定为"确实、充分"，

---

①陈光中教授就曾大胆地主张构建层次性的刑事证明标准：第一个层次的标准是"确定无疑"，即证据确实、充分，排除其他可能性。这既是有罪判决的最高证明标准，也是一般的证明标准。第二个层次的标准是"排除合理怀疑"，即指"高度盖然性""最大限度真实性"。它主要适用于：（1）危害大、取证难的刑事案件，如贿赂案件；（2）对案件犯罪构成的主观要件的证明；（3）对被告人自愿认罪的轻罪或较轻罪案件的证明；（4）对某些有利于被追诉人而又需要证明的事实的证明。第三个层次的标准是"有确实证据的推定"，并主张适当扩大推定适用范围，还可以由立法明确规定一些推定，以减轻追诉机关的证明负担。

但并不是降低证明标准。其实，无论是普通程序，还是简易程序或速裁程序，证明标准不应存在差别。将审判程序进行普通程序与简易程序或速裁程序的区分，丝毫没有降低证明标准之意，而主要是因为在被告人自愿认罪的前提下，通过简易程序或速裁程序即相对简化快捷的证明活动就能达到"确实、充分"的法定证明标准。在认罪认罚案件的审理过程中，检察院、被告人及其辩护人对起诉指控的犯罪事实及罪名已经达成一致意见，这在客观上就降低了达到证明标准的难度，因而在程序上可以适当简化，但不意味着可以降低证明标准。无论程序如何简化，调查方法如何调整，只有法定证明标准才能使法庭审理发挥出发现真实的程序保障作用。

其二，降低证明标准存在将"疑罪从有""疑罪从轻"合法化的嫌疑。司法实践中之所以存在疑罪，主要就是因为证据不确实、不充分，导致案件事实特别是构成事实无法查清。如果降低证明标准，就意味着在证据不确实、不充分的情况下，也可以对行为人进行定罪量刑，此时也就不存在疑罪或者对疑罪也可以作出有罪判决。在实践中，疑罪从无原则作为保障人权的重要原则，是检察机关退回补充侦查、证据不足不起诉和审判机关作出无罪判决的重要基础。目前实施的控辩协商性司法、认罪认罚从宽制度，不仅意在节约司法资源，提高诉讼效率，更在于让嫌疑人、被告人获得实实在在的实体性量刑优惠，但必须以事实清楚作为基本前提。

其三，降低证明标准可能造成"口供中心主义"的回归。与"以审判为中心"这一重大改革举措相适应，侦查模式正在从"由供到证"向"由证到供"转变，"不得强迫任何人自证其罪"的原则也不断得到强化。如果降低证明标准，无疑会加大侦查机关对口供的需求。特别是在嫌疑人、被告人认罪认罚的情况下，更容易引发司法机关强迫认罪、引诱口供等现象，从而导致案件质量的下降。在认罪认罚从宽制度中，法官仍然要接受证据裁判原则的约束，全面审查每一份证据，综合全案证据来考察是否达到"事实清楚、证据充分"的程度，绝不能将司法裁判机械简单地建立在被告人的口供之上，必须坚守"事实清楚，证据确实、充分"的基本底线。

在"以审判为中心"的诉讼制度改革背景下，认罪认罚制度的关键并不在于案件的证明标准是否应当降低和如何降低的问题，而是在坚持既有证明标准的基础上，尽量简化程序，对被告人进行从宽处理，从而使认罪认罚从宽制度设立的初衷真正得以实现。当然，由于各种主客观条件的限制，"人们对每一个具体案件和具体证据的认识都不是百分之百的'属实'，而只能是不同程度的'属实'"[①]。"不论一般认识或司法证明，都是相对真理与绝对真理的辩证统一。就司法证明而论，司法人员要查清案件的全部事实情况，对任何案件都是不可能的，但是对于已破案、已查清的案件事实来说，基本犯罪事实或主要犯罪事实的认定是能够达到准确无误的地步的。"[②]"'犯罪事实'是指犯罪的主要事实，对犯罪主要事实已经查清，但一些个别细节无法查清或没有必要查清，不影响定罪量刑的，也应当视为犯罪事实已经查清。"[③]基于上述认识，司法机关只能依照法定程序在法定期限内追求客观真相，但司法人员囿于各种条件的限制，不可能收集到每一个案件中的所有证据，也不可能查清全部涉案事实，而只能要求收集到案件的基本证据，进而查清案件的基本事实。

[①] 何家弘：《短缺证据与模糊事实：证据学精要》，法律出版社2012年版，卷首语、第127页。

[②] 陈光中主编：《刑事诉讼法学》，中国人民公安大学出版社、人民法院出版社2004年版，第199页。

[③] 郎胜主编：《〈中华人民共和国刑事诉讼法〉修改与适用》，新华出版社2012年版，第311页。

2. 社会界限

（1）不能违背社会公序良俗

从字面意思即可看出，公共秩序+善良风俗就是公序良俗。台湾著名学者黄茂荣认为，公共秩序"是指由现行法之具体规定及其基础原则制度所构成之规范秩序，其强调某种起码秩序之规范性"[①]。被誉为中国民法第一人的史尚宽认为，"所谓公共秩序是指为国家社会之存在及其发展所必要的一般秩序，不独宪法所定之国家根本组织，而且个人之言论、出版、信仰、营业自由及至私有财产继承制度皆属于公共秩序"[②]。著名学者梁慧星教授认为，"公共秩序未必是法律所规定的秩序，实际上，公共秩序的概念比法秩序概念的外延更宽，其不仅包括现行法秩序之外，而且还应包括作为现行法秩序的基础的根本原则和根本理念等内容"[③]。上述各位名家关于公序良俗的界定基本上大同小异，没有本质区别。所谓公共秩序就是为了维护国家的生存、推动社会的进步、促进公民的发展，由人民群众积极认可和坚定主张的一切秩序，此种公共秩序可以分为狭义秩序和广义秩序两种情形。前者是指国家法律法规所明确规定的秩序，后者在认可、包括前者的基础上，还包括作为国家法律根基的根本理念所内含的秩序。而作为刑事司法宽容限度的公共秩序应就其广义而言。关于对善良风俗的内涵如何概括和外延如何界定的问题，有研究者认为，"就是指某一特定社会起码的伦理要求，其强调法律或社会秩序之伦理性，应将这种伦理要求补充地予以规范化，禁止逾越"[④]。还有学者认为，"所谓善良风俗就是指为社会国家之存

[①] 黄茂荣：《民法总则》，台北，三民书局1982年版，第53页。

[②] 史尚宽：《民法总论》，中国政法大学出版社2000年版，第300页。

[③] 梁慧星：《民法学说判例与立法研究（二）》，国家行政学院出版社1999年版，第36页。

[④] 黄茂荣：《民法总则》，台北，三民书局1982年版，第539页。

在及其发展所必要之一般道德"①。从诸位学者的界定可以看出，善良风俗不能以个人的伦理价值观为标准，而应以整个社会主流的道德观为依据。秩序的关键是规则，而风俗的关键是伦理。作为刑事司法宽容的一个主要界限，公共秩序与善良风俗同等重要，折射着社会公众对社会伦理和良好秩序的内在追求。宽容的刑事司法不应超越公共秩序和善良风俗所要求的合理范围，只能在公共秩序和善良风俗的要求内有序展开。

其实，每一个具体案件都发生于利益关系复杂多变的社会背景之中。公平正义不仅体现于法律条文的具体规定，也渗透在社会生活的各个领域。司法人员在办理刑事案件时，特别是当罪与非罪、此罪与彼罪、重罪与轻罪、一罪与数罪界限模糊时，正义的目光不仅要在案件事实与刑法规范之间徘徊，还要兼顾公序良俗、基本情理、经验法则、民间规约、职业伦理等因素。用刑法条文去对应案件事实只是办理案件的起点，与此同时还应将整个案件置于天理、常情等更宏观的多重维度中，特别是在宽容司法时，更需要以尊重人权、谦抑审慎等刑法的基本精神为尺度进行评判与权衡，达到情理法有机融合的最高境界，实现法律效果与社会效果的高度统一。刑事司法活动一刻也不能脱离现实生活，不能违背公序良俗，在发现、提取和使用定罪量刑情节的过程中必须充分尊重常识常理常情。常识是两点之间最短的距离，与艰涩深奥的理论或者烦琐复杂的分析相比，浅显直白的常识有时更能够解决事实情节认定问题。常理就是普遍的生活道理。刑事诉讼法要求得出的结论具有唯一性，能够排除合理怀疑，首先应当是符合常理的怀疑，司法工作人员应根据自己多年的知识积淀、人生阅历和社会经验进行综合判断。常情就是指社会公众普遍具有的思想感情。司法工作人员应将具体案件融入社会现实之中，使司法裁判具有人性的温度且能为社会公众所感

①史尚宽：《民法总论》，中国政法大学出版社2000年版，第300页。

知。广为社会公众关注的劝阻吸烟猝死案①的二审判决就是一个充满常识常理常情的典型判决。

2017年5月2日9时24分许，医生杨某与老人段某先后进入郑州市金水区某小区的5号楼1单元电梯内，因段某在电梯内吸烟，电梯内烟味很浓，出于职业敏感，杨某上前进行劝阻。随后，二人发生言语争执。段某与杨某走出电梯后，仍有言语争执。双方被物业工作人员劝阻后，杨某离开去取快递，段某同物业工作人员进入物业公司办公室，后段某心脏病发作猝死。根据该小区监控视频显示内容，事件发生过程中，段某情绪较为激动，并随着时间的推移情绪激动程度不断升级；杨某在整个过程中，情绪相对比较冷静、克制；二人只有语言交流，无拉扯行为，无肢体冲突。经核算，三段监控视频中显示出杨某与段某接触时长不足5分钟。段某家属认为医生杨某的劝阻行为超出必要限度才导致了段某的猝死，并且怀疑杨某用脏话侮辱了老人，最终导致其心脏病发作。段某家属决定向郑州市金水区人民法院起诉，要求杨某承担40余万元的民事赔偿。

在一审阶段，郑州市金水区人民法院经审理认为：田某的丈夫段某因在电梯内吸烟问题，导致与杨某发生言语争执，在双方的争执被小区物业公司工作人员劝阻且杨某离开后，段某猝死，该结果是杨某未能预料到的，杨某的行为与段某的死亡之间并无必然的因果关系，但段某确实在与杨某发生言语争执后猝死，遂根据公平原则判决杨某补偿田某15000元，驳回田某的其他诉讼请求。

一审判决后，原告田某不服一审判决，认为一审法院适用公平原则错误，事实上杨某存在过错，杨某的行为与段某的死亡之间存在因果关系，根据侵权责任法相关规定，应当承担一般侵权责任，向郑州市中级

---

① 参见冀天福、薛永松：《"电梯劝阻吸烟猝死案"审判纪实》，载《人民法院报》2018年2月5日，第3版。

人民法院提出了上诉。

2017年11月1日，郑州市中级人民法院对此案进行了公开开庭审理。庭审中，双方围绕杨某与段某去世之间是否存在因果关系展开辩论。郑州市中级人民法院经审理认为，杨某劝阻段某在电梯内吸烟的行为未超出必要限度，属于正当劝阻行为。在劝阻段某吸烟的过程中，杨某保持理性，平和劝阻，其与段某之间也没有发生肢体冲突和拉扯行为，也没有证据证明杨某对段某进行过呵斥或有其他不当行为。杨某没有侵害段某生命权的故意或过失，其劝阻段某吸烟行为本身不会造成段某死亡的结果。

段某自身患有心脏疾病，在未能控制自身情绪的情况下，发作心脏疾病不幸死亡。虽然从时间上看，杨某劝阻段某吸烟行为与段某死亡的后果是先后发生的，但两者之间并不存在法律上的因果关系。因此，杨某不应承担侵权责任。郑州市中级人民法院认为，本案中杨某劝阻吸烟行为与段某死亡结果之间并无法律上的因果关系，因此，一审法院判决依照《侵权责任法》①第24条的规定，适用公平原则判决杨某补偿田某15000元，属于适用法律错误。此外，虽然一审法院判决后，杨某没有上诉，但一审判决适用法律错误，损害了社会公共利益。因为保护生态环境、维护社会公共利益及公序良俗是民法的基本原则，弘扬社会主义核心价值观是民法的立法宗旨，司法裁判对保护生态环境、维护社会公共利益的行为应当依法予以支持和鼓励，以弘扬社会主义核心价值观。郑州市中级人民法院二审判决对认定劝阻吸烟的公民承担补偿责任的一审判决进行了纠正，既是维护公共利益的需要，更是有利于促进社会文明进步，实现广大人民对美好生活的追求。

当然，在刑事司法过程中，特别是在对嫌疑人、被告人进行宽容处理的过程中，必须正确处理公共秩序、善良风俗与国家法律的基本关

---

① 该法于2021年1月1日《民法典》施行时废止。

系。公序良俗作为一种文化传承和社会生活习惯的载体，其合情性与合理性本不容置疑，但当合情合理的司法裁判结果缺少足够的法律支撑的时候，就不能仅仅以情理作为裁判标准。罪刑法定、疑罪从无早已成为我国刑事司法的基本原则，这就从根本上否定了将公序良俗作为定罪量刑的具体依据。因此，不能把刑事司法过程当作实现公序良俗的过程，更不能用超越法律权限的代价来显示公序良俗的生命力。超越法律权限来片面追求对公共秩序或善良习俗的维护是得不偿失的。[①]我们所讲的刑事司法宽容，是依法宽容而不是无法可依、有法不依的宽容。法的目的就在于维护社会的公平与正义，这也是一个国家的主流价值观、公序良俗和个人行为准则的体现。从这个意义上来说，国家的法律之内已经蕴含了天理和人情。立法机关在制定刑事法律的过程中，已经对未成年犯、自首犯、中止犯等各种可宽容的因素予以了充分考虑。目前，虽然公序良俗尚未成为明确的法律标准，但其对定罪量刑可以产生影响是客观事实。刑法中有相当一部分量刑情节也是以公序良俗为基础而设定的。例如，累犯应当从重处罚，教唆未成年人犯罪应当从重处罚。法官在裁量刑罚时，自然会将对公序良俗造成的受损程度作为考量因素。立法过程要考虑公序良俗，司法的过程更需要公序良俗的监督。

（2）不能超越社会接受程度

刑事司法宽容不是司法者个人的宽容，而是社会宽容、文化宽容、制度宽容。罪刑法定是刑法的基本原则，对整个刑事司法都具有约束力。关于刑事司法活动是否要采取严格的罪刑法定主义，还是要兼顾司法的社会效果的问题，目前观点聚讼，持论各异。有学者认为，"司法主体在裁判案件时，应充分考虑规范外因素及社会效果。鼓励司法主体在个案裁判中突破传统司法意识的束缚，倡导创新思想与司法民主，从社会效果层面考量司法判决的合法性与合理性。即司法主体在选择刑法

[①] 参见孙万怀：《法律如何兼顾公序良俗》，载《解放日报》2012年3月12日，第11版。

规范前，应先考虑判决所应达致的结果。在司法实践中，倡导结果导向型司法，尝试新的司法思维路径"①。还有学者认为，"我国现在正处在法治建设的初级阶段，还缺乏严格法治思维的陶冶，还没有严格法制方法的文化根基"②，"我们今天处于法治建设的初期，法律规则的权威还没有树立起来，明确的规则还没有得到贯彻"③。因此，以裁判结果为导向的刑事司法可能给整个社会带来更多的负面影响。司法机关正确认定犯罪的前提是正确解读、评判刑法规范。刑法的目的在于保护法益。刑事司法作为一种法律实践，在坚守罪刑法定主义要求的形式符合性之外，还必须把握刑事法律规范本身的实质价值。单纯地追求刑法规范的形式符合性，从规范文本视角来认定犯罪嫌疑人、被告人的行为性质，忽视刑事法律的立法本意，从而机械地适用法律，必然会导致刑事司法公信力与亲和力的丧失。法国学者E.迪尔凯姆曾说："犯罪是一种触犯某种强烈的、十分明显的集体情感的行为，在任何一个社会里，个体和集体类型之间总是或多或少有些分歧，于是某些分歧就难免带有犯罪性质，使分歧带上这种性质的，不是分歧本身具有的重要性，而是公众意识赋予此类分歧以犯罪性。"④因此，在刑法的适用过程中，无论是法律条文的解析还是专业化的逻辑推理，都不应"模式化""公式化"，而应充分考虑刑法的实质精神，力求裁判结论符合社会公众的普遍情理，这样更能体现人文关怀精神，从而打破定罪量刑的话语权被司法机关独家垄断的局面，尽量避免出现裁判结论存在"合法性"与"合理性"的冲突。"人们应当像自然界中'正、端、直、平'的事物一

①赵运锋：《刑法解释前沿问题研究》，中国法制出版社2014年版，第5页。
②陈金钊：《法治为什么反对解释》，载《河南省政法管理干部学院学报》2007年第1期。
③陈金钊：《对"法治反对解释"命题的诠释——答范进学教授的质疑》，载《法制与社会发展》2008年第1期。
④[法]E.迪尔凯姆：《社会学方法的准则》，狄玉明译，商务印书馆1995年版，第85页。

样，以一种不偏不倚的态度来面对人文世界。"①在日益发达的信息时代和不断进步的网络社会，网络直播法庭审理渐成司法常态，这实际既是让社会公众了解司法、参与司法、评判司法，也是让司法人员意识到社会效果在司法过程中的重要性。例如，广州铁路公安部门曾对外发出通报，于2013年1月12日查获一处"黑票点"，该"黑票点"号称2013年以来广东"最大"。有一对夫妻钟某某与叶某某在佛山市禅城区利用开网店之便，帮助在此务工的外地农民工通过网络订购火车票，服务费每张10元。在网店现场，公安人员共计查获213张农民工身份证，212张火车票，面值35402元人民币。因涉嫌倒卖车票罪，钟某某与叶某某这对夫妻被广州铁路公安部门刑事拘留。②公安机关之所以认定钟某某与叶某某夫妻俩的行为符合"倒卖车票罪"的构成要件，很可能是因为忽略了刑法条文的立法目的，没有考虑社会的可接受程度，而仅仅机械地"遵照"了刑法规范的形式文本，因而引起了包括广大网友、专家学者等社会公众的广泛质疑和担忧。刑法之所以确立"倒卖车票罪"这一罪名，其立法目的就是既要维护车票管理秩序，又要保证有限的铁路客运资源能够公平合理分配，两者相辅相成。为了遏制倒票行为，2012年起铁路部门实施了火车票实名制。旅客既可以在传统的窗口排队购票，也可以通过电话和网络途径订票。但是春运的旅客中有相当一部分是外来务工人员，在"实名制"的初期阶段，这部分外来务工人员对网络还比较陌生，多数人还得通过到车站排队的方式购票。由于窗口卖票和网络卖票存在时间差，因而大大增加了窗口购票的难度。于是，有偿代购火车票的行业就应时而生。因为无论通过何种途径、方式购买火车票，都需要投入一定的购票成本，即时间和金钱，这在客观上就决定了农民

①郑成良：《法律之内的正义：一个关于司法公正的法律实证主义解读》，法律出版社2002年版，第14页。

②参见冉巨火：《倒卖车票罪之废除——以钟某"倒卖火车票"案说起》，载《中国检察官》2013年第2期。

工不能要求作为代购者的钟某某与叶某某无偿付出。刑法禁止倒卖火车票，但是并没有要求旅客必须本人经手购买火车票。可以说，农民工委托钟某某与叶某某代为购买火车票是在权衡经济成本与经济效益之后，委托方和被委托方自愿作出的理性选择，这是日常生活中非常典型的民事法律关系而非刑法中倒卖车票行为。钟某某和叶某某夫妻俩帮助购买火车票的行为不符合倒卖车票罪的立法目的，应该得到司法机关的认可和鼓励。案发后，社会公众特别是委托钟某某和叶某某代购火车票的外来务工人员，都坚定地站在这对夫妻俩的立场上，从而使机械追求法律规范的文本意义的司法活动陷入尴尬境地。罪刑法定作为刑法的基本原则，不仅在形式要件上要求刑法规范的完备和诉讼程序的合法，更要求司法人员在刑法适用过程中必须坚持公平、正义的基本理念。

刑法的一般适用需要考虑社会的接受程度，而宽容司法更需要考虑社会容忍度。可以说，在特定地域以及特定时期内，社会对于犯罪的容忍程度决定了刑事司法宽容化的基本趋势和整体进程。只有当司法裁判结论符合社会实际状况并暗合民众的心理时，法律的效力才能得以发挥。正如拉德布鲁赫所言："一项法律只有在其实际运用于大多数情况下都能指望切实可行时，才会'产生效力'。因为司法依赖于民众的信赖而生存。任何司法的公正性，在客观性与可撤销性方面的价值观，绝不能与司法的信任相悖。"①昆山反杀案之所以能够成为正当防卫的标杆性案件，就是因为其裁判结果符合社会公众的普遍期待。2018年8月27日的晚上，在江苏省昆山市的开发区内，发生一起轿车与电动车相撞的交通事故。在事故的双方争执过程中，刘海龙从自己的轿车内拿出一把刀，向电动车一方的于海明砍去，之后于海明将刘海龙反杀。昆山市人民检察院于2018年8月28日晚提前介入案件调查。昆山市公安局于2018年9月1日发布案件通报，将于海明的反杀行为认定正当防卫，不需

---

① 孙万怀：《法律如何兼顾公序良俗》，载《解放日报》2012年3月12日，第11版。

要负任何刑事责任。[1]该案既对司法机关的司法智慧提出了挑战，也引起了公众对社会安全环境的普遍忧虑。社会公众关注的似乎仅是昆山反杀案这一个案件，但比较客观真实地反映了在国家治理日益现代化的崭新时代，社会公众对司法民主、公平正义、公共安全的基本诉求。从各路媒体的报道如《"反杀"案：正当防卫制度勿偏向保护恶人》《砍人凶汉被"反杀"案应适用"无限防卫"》等即可以看出社会公众对昆山反杀案的内心呼声。该案被定性为正当防卫后，民众的担忧、紧张、顾虑情绪基本得以平复。这也表明，在每一个司法案件中，司法机关都应该让人民群众感受到公平正义，让人民群众知晓应该弘扬什么、摒弃什么。

与此形成鲜明对比的是在2020年年初疫情防控中，一些普通社区民众因为没有很好地遵守疫情防控的相关规定，没有很积极地配合有关部门的抗疫工作，采取一些不太正当的方式发泄自己的不满，结果以以危险方法危害公共安全罪、妨害公务罪被刑拘甚至被判刑；但是，疫情从武汉到湖北到全国，甚至涉及全世界，虽然也有个别官员因在疫情防控中失职失责被免职，但很少有官员因此被追究刑事责任。[2]我国《刑法》第409条明确规定："从事传染病防治的政府卫生行政部门的工作人员严重不负责任，导致传染病传播或者流行，情节严重的，处三年以下有期徒刑或者拘役。"对于传染病防控过程的失职主体、失职的方式，《传染病防治法》也作出了比较明确的规定。从疫情期间感染者和死亡者的数据就可以看出，部分公务人员责任心不强、工作不力是导致疫情蔓延的重要原因。可以说，从社会危害性来说，肯定有公务人员的行为涉嫌犯罪，但因此启动刑事司法程序的并不是很多。贝卡里亚说过："对于犯罪最强有力的约束力量不是刑罚的严酷性，而是刑罚的必

---

①参见谭雄：《昆山反杀案：正当防卫的标杆性案件》，载《方圆》2019年第Z1期。

②参见童德华：《平等适用刑法，提高疫情防控责任意识》，载《检察日报》2020年2月19日，第7版。

定性。"①贝卡里亚所强调的必定性，优势就在于能够彰显刑法的形象和威信，从而更好地发挥刑法预防犯罪的积极作用。也许将来会追究部分公务人员的刑事责任，但至今未启动刑事司法程序就是选择性司法，就是程序性宽容，而这种宽容已超过社会公众的容忍程度，削弱了刑法的权威性。法治建设的目标是打造法治国家、法治政府和法治社会，如果对公务人员涉嫌犯罪的行为仅仅用免职等纪律处分的方式替代刑事责任的追究，既违反了刑法面前人人平等的基本原则，又延缓了国家治理体系和治理能力现代化的进程。

当然，司法裁判应当在合法的范围之内来关照社会现实、讲究社会效果。罪刑法定是现代刑事立法与刑事司法的铁则，司法机关判断某一行为究竟是构成犯罪还是不构成犯罪、构成此罪还是构成彼罪、构成轻罪还是构成重罪的最终依据永远是刑法规范。刑事司法充分考虑民情因素并不是要求为顺应民情、照顾民意而不顾事实枉法裁判。"对于多数国民而言，他们想象的是实施犯罪者是与自己属于不同性质的敌人……在这种情况下，民意不仅会向处罚的扩大化与重刑化倾斜，更难以避免处罚的恣意性与不合理性。"②民情不一定理性，民意不一定科学，一味地顺从国民情感，也可能造成冤案错案，从而动摇民众心中认可的刑法形象。

3. 权利界限

（1）不能侵害被害人权利

被害人也是刑事诉讼的重要参与人，在整个刑事司法过程中都不应忽视被害人的诉讼地位，特别是在对被告人进行宽容处罚时，更不能侵害被害人的合法权利。在此以校园暴力案件为例。

---

① [意]贝卡里亚：《论犯罪与刑罚》，中国大百科全书出版社1993年版，第59页。
② [日]松原芳博：《刑法总论重要问题》，王昭武译，中国政法大学出版社2014年版，第21页。

从近年来发生的校园暴力案件看，遭到校园暴力的被害人绝大多数都是未成年人。在遭到同样程度的校园暴力的情况下，未成年人的被害后果往往比成年人的被害后果会更加严重。就精神伤害和身体伤害相比较而言，在绝大多数情况下，未成年被害人因校园暴力而遭受的精神伤害又远比遭到的人身伤害严重得多。具体而言，未成年人在遭到校园暴力行为的侵害之后，正常的生活秩序难以维持，各科成绩明显下降，有的未成年被害人被迫转学甚至休学，当然也有的未成年被害人从此就辍学在家。特别是遭到性侵害的未成年人，在身体遭到严重伤害的同时，因个人隐私泄露又遭到再次伤害。此处的再次伤害不仅影响未成年被害人目前的学习和生活，对未来的就业和婚姻也会造成不可估量的影响。①对于遭到如此伤害的未成年被害人，如果不能及时开展必要的心理疏导，有可能会自暴自弃、厌倦生活，甚至可能会产生报复加害人、报复社会的错误想法。根据《刑事诉讼法》第101条的规定，在刑事诉讼进行的过程中，被害人的物质损失可以通过提起附带民事诉讼的方式获得救济。但是从实践来看，有些被告人本身就经济条件较差，生活比较困难，在此情形下，被告人根本无力赔偿被害人的物质损失。更值得注意的是，部分新闻媒体的责任意识、保护未成年人的意识较差，部分司法机关、司法人员也不十分注重保护未成年被害人的个人隐私，随意披露、随意传播的现象时有发生，从而在不知不觉中造成未成年被害人的心理负担更加沉重。在调查取证过程中，身穿制服、驾驶警车的司法工作人员在未成年被害人所在的住所、学校，反复询问未成年被害人，让其陈述被害过程，多次制作询问笔录，这实际上也是在伤害被害人。另外，在案件的处理过程中，未成年被害人对案件的知情权和对案件的参与权并未得到足够的保护，致使未成年被害人及其监护人、法定代理

---

① 参见储殷：《当代中国"校园暴力"的法律缺位与应对》，载《中国青年研究》2016第1期。

人，不能及时掌握司法机关办理案件的进度。"儿童最大利益原则"早已被国际社会普遍认可，也是保护未成年被害人权利时必须遵循的首要基本原则。未成年人的身体成长和心智发育还很不成熟，遭到校园暴力行为的侵害后就成为极为特殊的社会弱势群体。作为校园暴力行为的最直接承受者，未成年被害人对因校园暴力行为而造成的物质损失和精神损害的感受最直接，而且对校园暴力实施者的仇恨和愤怒最强烈。人身伤害能否得到有效救治，物质损失能否得到足额赔偿，精神痛苦能否得到及时抚慰，遭到侵害的社会关系能否得到迅速恢复，很大程度上应该取决于人民法院能否将罪责刑相适应的司法裁判落到实处。因此，在对校园暴力案件进行处置的过程中，如何处置才能让未成年被害人的利益得到最大限度的保护，是司法机关必须重点思考的问题。对未成年被害人的生长发育、生活习惯、学习需要、如何预防再次被害等问题必须给予高度重视和充分考虑。可以设想，如果司法机关对实施校园暴力的行为人给予过宽的刑事处罚，甚至没有给予刑事处罚，行为人依然自由自在、逍遥法外，那么难以救济未成年被害人遭到的伤害。因此，在对实施校园暴力的行为人进行司法处置的过程中，在程序上可以适度适用羁押性强制措施，在实体上不应突破刑事法律的现有规定。我国《刑事诉讼法》专门为未成年人犯罪案件设置了诉讼程序，第280条第1款规定："对未成年犯罪嫌疑人、被告人应当严格限制适用逮捕措施。人民检察院审查批准逮捕和人民法院决定逮捕，应当讯问未成年犯罪嫌疑人、被告人，听取辩护律师的意见。"从上述规定可以看出，对涉罪未成年人应谨慎适用逮捕等羁押性强制措施。但是，鉴于日益多发的校园暴力案件的严重性和特殊性，对校园暴力的实施者而言，并非羁押率越低效果越好。作为一种案件干预手段，羁押性强制措施既承担着"保障刑事诉讼顺利进行的作用，又具有对涉罪人员的教育、辅导和考察"[1]等功

---

[1] 张栋：《未成年人案件羁押率高低的反思》，载《中外法学》2015年第3期。

能。应根据行为的不同性质和暴力的不同程度，必须调整过度宽容的司法溺爱模式。对于社会危害性很大、社会影响面较广的校园欺凌、校园霸凌行为的实施者，就应当适用逮捕等羁押性强制措施。从犯罪情节和犯罪结果来说，在有些场合未成年人实施的危害行为比成年人实施的危害行为更加恶劣、更加严重。司法机关不应该对校园欺凌、校园霸凌行为过度宽容，更不能让部分屡教不改、主观恶性极大的涉罪未成年人错误地以为国家法律法规已经处于对他们无计可施的状态、陷于无可奈何的困境。对实施校园欺凌、校园霸凌行为的未成年人适度适用逮捕等强制性羁押措施，给予有限度的严厉惩罚，其帮教作用远胜于任何其他教育、宣传等措施。对实施校园欺凌、校园霸凌行为的未成年犯罪人的司法溺爱，既可能被公众误读为法律的无力和社会的软弱，对遭到校园欺凌、校园霸凌侵害的未成年被害人而言更是极度的不公平。特别是对校园欺凌、校园霸凌案件适用认罪认罚从宽制度时，司法人员应尽力避免未成年被害人在司法程序中遭到"二次伤害"。比如，在开庭审理前，人民法院应当向未成年被害人的法定代理人充分告知适用认罪认罚从宽制度的基本情况，充分保障未成年被害人及其法定代理人出庭参加诉讼和主张经济赔偿的权利。如果未成年被害人及其监护人、法定代理人对适用认罪认罚从宽制度提出异议，人民法院应当向其做好解释说明工作。校园欺凌、校园霸凌已经成为一个不可回避、较难控制的世界性难题，其严重程度、残忍程度不断升级，甚至越发难以想象。这种校园欺凌、校园霸凌行为往往具有一定程度的反复性和持续的长期性，这些长期出现、反复实施的校园欺凌、校园霸凌行为在使未成年被害人的身体遭到侵害的同时，也使其人格发展渐渐脱离正常轨道。公安机关、检察机关、审判机关适时适度采取逮捕等羁押性措施，并对实施校园欺凌、校园霸凌行为的未成年犯罪人给予刑罚制裁，才有可能及时有效地让被害人的物质损失得到赔偿、精神创伤得到安慰。另外，应积极加强对未成年人法律知识的普及工作，教育未成年人不应忍气吞声从而助长加害方的罪恶。同时，应注重对被害人及其家属的心理疏导工作，完善法律补偿和司法救助机制，满足未成年被害人对司法正义的渴望和诉求，避免他们走上"自力救济"的道路。

（2）不能侵害公共利益

刑罚发展的必然历史趋势是积极倡导人道与宽容，从而逐步实现处罚的轻缓化。但是，"刑罚是严厉还是轻缓取决于一个时代的普遍价值观念，取决于国情，取决于本国人民群众的物质、精神生活水平，不能主观盲目地推崇轻刑化。如果超越我国国情、超越社会平均价值观念以及人道主义所能允许的限度，把刑罚视为仁慈的东西乃至某种'福利'而进行'法外开恩'，则是背离刑罚的本质属性的，是不能为国家和人民所能容忍的"[①]。我国目前正在适用的刑事政策——宽严相济是基于对多次"严打"的深刻反思，可能倾向于"从宽"处罚，但"宽优于严"或"严次于宽"都是相对而言的，缺少人道主义的刑事处罚必然会损害犯罪者个人的合法权利，而打着人道主义的幌子过度地宽容犯罪者或者在刑罚的选择中泛用甚至滥用人道主义，最终遭到严重损害的一定是社会公众心中的司法形象和整体的公共利益。所以在司法实践中，必须准确把握刑事司法宽容的"度"，特别是在处理危害公共安全和环境类犯罪过程中，绝不能侵害公共利益。近年来污染环境的犯罪行为及民事侵权纠纷不断增多，最高人民法院于2019年3月公布的10个关于生态环境保护方面的典型案例中就有两个涉及环境类犯罪。[②]

董传桥等19人污染环境案。2015年2月，黄骅市津东化工有限公司具有危险废物的处置资质，有一家单位的废碱液本应由其处置。被告人刘海生本来没有危险废物的处置资质，但董传桥将该废碱液交给刘海生

---

①张明楷：《刑法的基本立场》，中国法制出版社2002年版，第375页。

②参见《生态环境保护典型案例》，载《人民法院报》2019年3月3日，第2版。

进行处置。刘海生因无相应资质并没有自己处置该废碱液而是与刘永辉取得联系。刘永辉接到任务后与李桂钟达成协议，李桂钟将停车场地出租给刘永辉，然后在停车场内挖设排放废碱液的管道，并将其与河北省蠡县城市下水管网相连接。2015年2—5月，石玉国接受董传桥雇佣后，将2816.84吨废碱液排到蠡县城市的下水管道之中。2015年3月，娄贺没有危险废物的处置资质，高光义等人在明知娄贺没有相应资质的情况下，却让其处置废盐酸。娄贺接到任务后因无相应资质，自己没有处置该废盐酸，而是将该处置任务又转交给张锁等人。张锁等人也同样不具备相应的危险废物处置资质。经与李桂钟协商后，张锁等人便通过上述停车场内的管道非法将废盐酸排到城市管网。2015年5月18日，大量废水从停车场及其周边的下水管道中流淌出来，大量的硫化氢气体随之产生，被硫化氢气体熏倒的饭店经营者李强，因抢救无效死亡。河北省蠡县人民法院经依法审理认为，董传桥等人非法处置有毒物质的行为符合污染环境罪的构成特征，分别判处董传桥等人7年至2年不等的有期徒刑，并处相应数额的罚金。保定市中级人民法院二审对蠡县人民法院一审中的刑事判决部分予以维持。

卓文走私珍贵动物案。李伟文接受卓文的指使后，乘坐飞机于2015年7月的某一天到达广州白云机场，在入境时李伟文选择无申报通道，其携带的物品也没有向海关如实申报。经海关查验，李伟文行李箱内的259只乌龟被海关关员依法查获。经依法鉴定，在259只乌龟中，12只为黑池龟，247只为泛棱背龟，均属于应受国家保护的珍贵动物，共计价值647.5万元人民币。广州市中级人民法院经依法审理认为，被告人走私国家禁止进出口的珍贵动物入境的行为符合走私珍贵动物罪的构成特征，而且情节特别严重，以走私珍贵动物罪判处12年有期徒刑，并处没收个人财产20万元人民币。广东省高级人民法院对广州市中级人民法院的一审判决予以维持。

　　第一个案件系董传桥等多人排放废物污染环境的典型案件。废碱液等危险废物不仅具有相当严重的腐蚀性、毒害性，而且还具有极强的易燃性、易爆性、感染性、反应性，在收集、存储、排放、运输等过程中如果存在处置不当的情况，那么就不仅会给整个生态环境安全造成严重威胁，更可能给不特定多数人的身体健康造成损害，直至威胁生命安全。这是多数人都应当知道的生活常识。近年来，部分人基于对经济利益的过度追求，导致非法制造、运输和处置危险废物的事件时有发生，极大地增加了破坏生态环境的风险。第二个案件涉及走私珍贵动物问题。"没有买卖，就没有杀害"早已成为人们基本的生活理念。保护自然环境就是保护我们人类自己，与野生动植物和睦相处是全人类的共同责任。污染环境的行为危害的就是公共利益。面对环境污染、损害生态安全的犯罪日渐增多的新态势，除司法机关外，全体社会成员都应及时树立最严密的环境保护法治理念，实行最严格的环境保护司法制度，对污染环境犯罪从严从快惩治。从董传桥等19人污染环境案和卓文走私珍贵动物案的判决结果来看，人民法院根据被告人的社会危害性和人身危险性，对各被告人都依法予以从重处罚，既充分彰显了严厉打击和遏制污染环境和破坏野生动植物资源犯罪的坚定决心，又在落实宽严相济刑事政策的同时，充分发挥了刑事司法的惩治、教育和对未来行为的指引功能，极大地保护了社会公共利益。其实，审理污染环境类犯罪和破坏野生动植物资源犯罪应以生态环境修复为根本价值取向，逐步建立修复性司法机制。所谓生态修复司法机制，是指破坏环境类犯罪发生后，犯罪嫌疑人、被告人主动与遭到破坏环境行为侵害的人签订生态修复书面协议，由司法机关审查确认协议内容的合法性、有效性和可行性，督促承担相应义务的一方及时履行协议所约定的各项应尽义务，让遭到破坏行为损害的生态环境尽快得以修复，丧失的生态功能尽快得以恢复，然后再由司法机关根据生态修复和协议履行情况，对犯罪嫌疑人、被告人给予相应的司法处理。①从实践来看，一些污染环境和破坏生态资源犯罪的被告人被依法判处相应的刑事处罚，在外观上实现了公平正义，但已经遭到实在损害的自然环境、被破坏的自然资源和大量流失的水土没有得到及时有效的修复。若长此以往，可能逐渐导致自然生态环境恶化，直至威胁人类的生存空间。如果采用修复性司法机制，让污染环境和破坏自然资源的犯罪分子在受到刑事惩罚的同时，以补种动植物、恢复水土、支付赔偿金等方式修复受损生态环境，则既给犯罪分子一个改过自新的机会，又可以将环境的受损程度降至最低，进而实现公共利益的最大化。

此外，对于实施危害公共安全行为的犯罪分子，若不从重处罚就容易侵害公共利益。比如，抢夺方向盘的行为、高空抛物的行为。近年来，随着通信工具更加便捷，部分司机往往因缺乏安全意识和责任意识，存在较强的侥幸心理，常常将在驾驶机动车时接打电话、网络聊天、微信视频、听歌看剧等违法行为视为爱好、习惯，甚至作为炫耀的资本。有相当一部分交通事故甚至交通肇事罪的发生，都与司机的上述违法行为直接相关。据统计数据显示，"全国每年发生的交通事故中，有数万起就是因为司机玩手机'分心'而造成的"②。开车打电话、玩微信等导致交通事故的风险比通常情况下的事故率要高出4倍，其危险程度并不次于酒后驾驶行为，甚至在通话结束后的10分钟之内发生事故的风险仍然很高。其中，司机使用手机时的应急反应速度要慢于酒驾时的反应速度，注意力比酒驾时下降37%、刹车时比酒驾反应慢19%、变更车道的能力比酒驾时下降20%。③可见，驾驶机动车时刷微信、看视

---

①参见吴学安：《遏制环境污染需要生态修复性司法》，载《人民法院报》2019年6月12日，第2版。

②廖卫芳：《"开车玩手机"就得严惩重罚》，载《人民法院报》2019年6月15日，第2版。

③参见廖卫芳：《"开车玩手机"就得严惩重罚》，载《人民法院报》2019年6月15日，第2版。

频等玩手机的行为绝对是一种超级危险的行为，严重威胁着公共安全。
对此类行为若过度从宽处罚，就是对他人生命和公共利益的漠视。即使
适用认罪认罚从宽制度审理此类案件，也应充分考虑公共利益因素。有
检察官指出，根据《人民检察院刑事诉讼规则》的规定，办理认罪认罚
从宽案件，检察院提出量刑建议，应当将以下情况作为重要的考虑因
素：一是犯罪嫌疑人是否与被害方达成和解或者调解协议；二是犯罪嫌
疑人是否赔偿被害方损失并取得被害方谅解；三是犯罪嫌疑人是否自愿
承担公益损害修复、赔偿责任。①由此可见，公益损害是否得到及时修
复、是否得到足额赔偿等情况直接影响检察机关对量刑建议的选择。

（三）强化程序控制

1. 诉讼内程序控制

（1）确立心证公开原则

提高司法裁判的质效，让定罪量刑的结果符合时代的要求、满足公
众的期待、获得社会的信任，是我们多年来的司法追求。多年来，我国
刑事司法存在重定罪轻量刑的倾向，裁判文书没有完全反映定罪量刑
过程，特别是刑事裁判文书中关于量刑部分的论述尚不够充分，②主要
是：第一，量刑依据没有完全公开。在量刑过程中，法官在自由裁量的
范围内，根据刑法条文、司法解释、地方性知识、被害人意见等多种因
素得出量刑结果，但在判决书中，量刑依据仅仅援引刑法条文及相关司

---

①参见罗庆东：《以精准化量刑建议落实认罪认罚从宽》，载《检察日报》2020年2月10
日，第3版。

②上海市高级人民法院俞小海法官通过对6个刑事指导性案例和中国裁判文书网中搜集的
100个刑事裁判文书的梳理、分析，发现当前中国司法实践中普遍存在量刑"黑盒子"现象，
即量刑依据公开不充分，量刑情节与刑罚轻重幅度对应不明确，多个量刑情节或多功能情节
并存时刑罚幅度选择模糊。参见俞小海：《透明的法袍：揭开法官量刑心证的"黑盒子"——
司法改革背景下量刑开示制度的理论建构与实践路径》，载《汕头大学学报（人文社会科学
版）》2016年第2期。

法解释，对其他因素则较少涉及，这必然影响社会公众对于量刑结果的接受程度。第二，刑罚轻重与量刑情节是否完全对应不明确。量刑情节决定刑罚的轻重，但当存在多个量刑情节，特别是多个逆向量刑情节并存时，情节如何影响量刑，究竟是从轻还是减轻，幅度是多少，如何得出最终的宣告刑，在整个裁判文书中根本无法看出法官心证过程及内容。第三，量刑说理不足。在有的司法裁判文书中，多次流窜作案成为司法机关从重处罚被告人的理由，而家属协助抓捕同案犯和在校学生的身份成为司法机关从宽处罚被告人的因素。在法律及司法解释没有将上述情节明确规定为量刑轻重依据的情况下，仅仅依据自己的日常生活阅历和审判实践经验，法官就将其考虑为量刑情节，在形式上似乎存在一定的合理性，但此类情节究竟能给刑罚裁量带来何种影响，并不是很清楚，即上述所谓量刑情节如何影响刑罚的量、影响到何种程度等法官量刑心证的内容，依然处于比较模糊甚至神秘莫测的状态。刑事司法裁判文书不能客观展现量刑结论的具体形成过程，社会公众自然也就不能全面了解量刑结论的具体形成过程。始终披着"神秘的面纱"的法官量刑心证过程，也决定了刑事司法裁判结论自然无法得到公众的认同和社会的接受。李昌奎故意杀人、强奸案二审改判死缓就引起极大争议。发生于2009年5月的李昌奎杀害王家飞与王家飞的弟弟王家红一案，一审判处死刑立即执行，云南省高级人民法院将死刑立即执行改为死刑缓期2年执行，云南省高级人民法院再审又将死刑缓期2年执行改为死刑立即执行。在反复改判的审理过程中，特别是二审改判死缓后，众说纷纭，争议较大。有人认为，以暴制暴并非现代社会追求的司法理念，二审改判死缓的判决彰显了法治的进步；而有人认为，李昌奎残忍的杀人行为人神共愤，决不能判处死刑缓期2年执行，再审将死刑缓期2年执行改为死刑立即执行才能还被害人——王家姐弟以公道，才能体现人民司法的公平与正义。云南省高级人民法院二审改判的结果之所以遭到普遍质

疑，引起学界争议，引发公众愤怒，就是因为在法律的适用特别是刑罚
裁量的问题上，法官与社会公众没有进行对话和沟通，进而公开心证过
程。在任何一个案件中，为影响办案法官的内心确信，当事人都会用相
应的证据来证明其提出的具体诉讼主张，而法官自然也会根据法律规定
的证据规则和自己多年形成的办案经验，综合评价各种证据从而形成内
心确信。"法官应忠于自己的确信，形成自己的判断，集结各个法官的
判断之后，最后形成法院之裁判。所以法院最终裁判的形成仍以法官的
判断为中心，法官仍可展现其个人的特质与反映其个人的意见。"①从
司法实践来看，即使面对人们通常所说的"同案"，不同的法院或同一
法院的不同法官也可能作出存在"轻微"不同的司法判决。但如果轻微
差别产生的原因处于"神秘"状态，存在"暗箱操作"的嫌疑，特别是
在证据能否证明待证事实、证据能否支持量刑结论的问题上，法官和当
事人缺少有效对话和沟通，那么案件裁判结果很容易使当事人和社会公
众产生质疑。

为了在最大限度上让社会公众去除对裁判过程的猜测，打消对裁判
结果的质疑，尽量使每一个定罪量刑的结论都得到公众的普遍认同，必
须确立心证公开原则。②庭审中的心证公开，是指在开庭审理过程中，
法官就影响定罪量刑结论的重要事实的内心确信，不仅要向当事人，也

---

①陈淑芳：《法院判决之不同意见书——德国法学界对此一问题之讨论》，载台湾《政大
法学评论》1999年第12期。

②法官心证公开曾被认定为有悖法官职业道德的行为甚至是泄露审判秘密、违反审判纪律
的行为。2001年，最高人民法院印发的《法官职业道德基本准则》第11条第1、2款规定："法
官审理案件应当保持中立。法官在宣判前，不得通过言语、表情或者行为流露自己对裁判结果
的观点或者态度。"

要向社会公众①公开，让诉讼参与人进行充分的辩论，并与法官进行交流讨论。司法公开的本质是"看得见的公正"，心证公开不仅是司法公开的精髓和灵魂，也是司法真正公开的标志。通过心证公开这一环节，揭开司法活动的"神秘面纱"，破除法官与当事人的思维屏障，让当事人和法官进入同一思维频道，提高当事人对裁判结果的可预测性和对司法活动的可接受性，从而引导诉讼参与人服判息讼并信服和拥护司法。

划定心证的范围。划定法官的心证范围就是要为法官心证划定界限，防止产生法官心证"超自由"的现象，②缩小因心证公开而给法官带来的工作风险。我国台湾学者雷万来教授认为，"在裁判作出之前将法官的临时心证公开给双方当事人是欠妥的，尤其是将公开的范围扩及一切心证就更为不妥，既会引起一方当事人的不满，又会为'司法黄牛'提供滋生环境，应当以心证资料的公开代替心证公开"③。可见，雷万来教授不主张心证公开。还有学者认为，"法官心证公开的对象仅应涉及事实认定而不应涉及法的适用，对法律法规的分析判断则是法官以国家的法律法规作为尺度进行综合衡量的结果，故不受被告人、被害人等诉讼参与人的陈述和意见的约束"④。心证公开的过程实际上就是通过说明案件事实和解释法律法规，让诉讼参与人和社会公众了解法官

①最高人民法院院长周强在2023年3月7日作的《最高人民法院工作报告》中指出："以公开促公正树公信。审判流程、庭审活动、裁判文书、执行信息四大公开平台让司法活动在阳光下运行，让公平正义以看得见的方式实现。中国裁判文书网公开文书1.4亿份、访问量逾千亿次，中国庭审公开网直播庭审超过2100万场。越是公众关注案件，越是依法主动公开，让人民群众监督司法活动、见证司法公正，让热点案件审判成为全民共享的法治公开课。开放、动态、透明、便民的阳光司法机制已经形成。"
②参见程春华：《论法官的自由心证与法官对证据自由裁量——以民事诉讼为考察范围》，载《比较法研究》2009年第1期。
③邱联恭等：《心证公开论——著重于阐述心证公开之目的与方法》，载民事诉讼法研究基金会：《民事诉讼法之研讨（七）》，台北，三民书局1998年版，第287页。
④[日]兼子一、竹下守夫：《日本民事诉讼法》（新版），白绿铉译，法律出版社1995年版，第72页。

价值判断的形成过程，从而避免因思维逻辑的差异导致裁判结果的过度突兀。案件千差万别，情形复杂多变，不同的个案公开的内容可能略有差别。在司法实践中，事实认定与法律适用是一个整体，不可分割。事实清楚是准确判断行为性质的基本前提，在每一起案件中法官都肩负着查清事实的重任。受传统的实质正义观的影响，无论案件的具体情形如何，当事人和社会公众总是习惯于将不能够查清事实的责任想当然地归之于法官，甚至认为法官不尽职不尽责。而二审法院很可能以"事实不清"为理由，将基本事实尚未查清的案件发回重审。在案件事实已经确定或对案件事实无争议的情况下，控辩双方对法律适用即案件的定性可能存在不同看法。在此情形下，法官对案件定性时所形成的心证，不可能脱离对案件事实的认识。所以，为更清楚地听取控辩双方的意见，法官对法律适用的基本意见应当成为心证公开的对象。此外，尽管影响定罪量刑的因素很多，最终裁判结果的形成系综合认定的结果，除证据材料外，生活常识、地方性知识、民意都是形成裁判结果的基础资料，但证据与案件事实的认定具有最直接的关系，所以案件证据自然也必须成为心证公开的对象。

坚持证据裁判原则。证据是包括刑事裁判在内的任何裁判活动的基本前提，没有确实的证据，案件事实就无法认定。坚持证据裁判原则就是强调整个刑事诉讼都要建立在证据基础之上。"以事实为根据"实际上就是"以证据为根据"。如果证据基础不扎实，那么案件质量自然就难以保证，严格公正司法更是无从谈起。刑事司法可能剥夺被告人的自由甚至生命，必须从源头上严把证据关，坚持靠证据说话，依证据裁判，杜绝主观臆断、"拍脑袋"判决，确保案件处理经得起历史和人民的检验。当然，定罪量刑所依据的证据必须是具有证据资格的证据，必须是在法庭上经过举证和质证的证据。心证公开作为刑事司法公开的灵魂所在，也必须在证据裁判的框架内进行，以证据来处理案件是审判人员内心确信的唯一标准，即法官形成内心确信的依据必须是具有法律明文规定的证明能力的证据。我国《刑事诉讼法》早已明确规定，"未经人民法院依法判决，对任何人都不得确定有罪"；"证据不足，不能认定被告人有罪的，应当作出证据不足、指控的犯罪不能成立的无罪判决"。如果案件事实是否存在、危害行为究竟由谁实施等关键问题并没有足够的证据来证明，人民法院就应当依法作出无罪判决。在现代法治国家里，人民法院必须遵循这一"铁则"来审理刑事案件。最高人民法院、最高人民检察院、公安部、国家安全部、司法部于2016年7月发布《关于推进以审判为中心的刑事诉讼制度改革的意见》，再次强调"综合全案证据""排除合理怀疑""无罪的人不受刑事追究"等关键词。随着法治的进步，"疑罪从无"已成为现代刑事审判制度的重要原则。作为定罪量刑的重要支撑的每一个证据，都必须达到"排除合理怀疑"的程度。合理的怀疑并非被追诉人及其辩护人臆想出来的怀疑或者在学理上产生的猜测，其重点强调的是怀疑的合情性和合理性，如果被告人或辩护人根据日常生活经验谨慎、明智地产生的怀疑无法得到排除，就说明有的案件证据不能达到"确实充分"的程度，因此就不能证明被告人有罪。确实是对证据的质量要求，充分是对证据的数量要求，"排除合理怀疑"标准引入我国刑事诉讼法之后，证据的"质量"、证据的"数量"和排除合理怀疑的"心证"三者之间的阶层式递进关系就在证明标准体系中清晰地呈现出来，即排除合理怀疑成为证据确实、充分的必要条件。值得注意的是，对于2020年新冠肺炎疫情防控期间的涉疫抗疫案件，"简案快审"和"繁案精审"是对司法机关提出的基本要求。由于法律规范供给的不十分充足，对于案情复杂重大、新型疑难的涉疫抗疫案件，人民法院应当高度重视法庭审理过程，让法庭审理在查明事实、认定证据、保护诉权、公正裁判中发挥决定性作用。法庭审理实现实质化的关键就是要坚持证据裁判。实现对涉疫防控犯罪的有效打击，在依法从严从快的同时，必须时刻都要严把证据裁判这一重要原则，过好事实关、证据关，从而保证并逐步提高案件的审判质量，确保说理论证和裁判结论能够经得住法律的检验、人民的检验和历史检验。①从本质上说，坚持证据裁判原则就是要坚持"程序优先、证据为本"。在法庭审理举证过程中，无论是一组一质，还是一证一质，法官都应保障举证、质证的规范化、合法化，以此来确保裁判结论立在充分的证据上、建在清晰的事实上。但也要看到，如果一味强调证据没有任何疑点，那么既与我国惩罚犯罪不放纵、不伤及无辜的刑事诉讼目的相悖，也不符合司法规律。具体而言，如果根据全案证据进行综合判断，得出的结论具有唯一性，即使被告人、辩护人对其中的部分或单一的证据产生一定的怀疑，也不能机械简单地将该案认定为疑案。如果仅仅从单一证据、部分证据能够得出确定结论，但是综合全案证据不能得出确定的唯一结论，则应当坚持疑罪从无。另外，审判人员应把研究辩护律师的意见作为审判工作的一项重要内容，定罪量刑过程中必须充分考虑辩护律师的意见。

注重裁判文书说理。刑事法治的基本要义在于将刑罚权的行使纳入法治轨道，并重视司法程序的形式价值。这既体现思辨理性的张力，也表征实践理性的规范。长期以来，部分司法裁判的法律效果与社会效果并不十分一致。其原因之一就是社会公众对刑事司法的专业化运作缺乏足够的认知与了解，致使对裁判的接受性大大地打了折扣。为进一步强化和规范人民法院裁判文书的释法说理工作，最高人民法院专门印发《关于加强和规范裁判文书释法说理的指导意见》，意在通过规范裁判结论形成过程和强化裁判理由正当性的方式，来实现人民司法能力的快速提升和职业优化，有效提高司法裁判的可接受性，实现法律效果与社

---

①参见张中：《涉疫犯罪典型案例的法治意义》，载《人民法院报》2020年3月20日，第1、4版。

会效果的有机统一。说理充分的裁判文书是衡量法官职业化水平高低的最好标尺，也是司法文明和司法文化的集中体现，可以全面展现法官的价值取向和法律素养。随着"以审判为中心"的刑事诉讼制度改革的逐步推进，在法官自由心证空间得以保障的同时，也应以强化裁判文书说理的方式注重对法官自由心证的监督制约。裁判文书作为案件裁判结果的最终载体，既是人民法院对当事人合法诉求的正式回应，也是对整个案件审理过程的总结和提炼，更是法官确信心路的外在化和明示化。其实，司法裁判的形成本身就是一个法官解释法律并运用法律进行充分说理，从而得出唯一结论的理性化过程。在这一过程中，法官根据立法原则和现代法治的精神，参考社会公众普遍持有的朴素正义感，借助社会流行的善良风俗等价值与文化因素，通过对裁判结论的社会妥当性进行评判从而实现对正义的宣示与维护。从本质上说，司法裁判的过程就是法官以法律为尺度对案件事实进行衡量的过程。在每一个刑事案件的审理过程中，都会存在善与恶的对抗、美与丑的区分、公正与偏私的较量，面对各种利益与诱惑、私欲与公心、恻隐与悲悯等的价值取舍，法官作为法治尺度的把握者、社会良心的展现者和司法制度的执行者，对裁判结论的心证过程不仅仅是单纯的内心自洽，更应当是公共司法权力正当化的运作过程。在司法权力的运作过程中，法官应当坚持罪刑法定和疑罪从无等基本原则，结合对刑事立法目的与法治精神的专业理解来实现对个案的推理与权衡，并通过公开化和文字化的方式让法官的裁判心路成为社会公众共同走向正义的公共遵循与导引，也使"由审理者裁判，让裁判者负责"的司法责任制度得到有形地规范和有效地落实。释法说理是司法裁判理由正当化的精髓和核心。只有做到司法裁判充分正确地释法与说理，才能够限制法官滥用或乱用司法权力，最大限度地保障司法裁判的中立性和客观性，从而从制度与技术的结合上有效抑制、杜绝冤假错案的出现。法律正义具有相对稳定的内质，现实的个案却千变万化。因此，正义的实践路径适应个案的具体特点，而不应是千人一面。每一个司法裁判都应当反映法官的道德情操、法治精神，表现法官的职业素养，承载法官的人性关怀与人文追求，而法官的个案释法说理更应当是一种充满理论洞见和执着追求的智慧产品，是法官不断追求正义和实践正义的不懈努力与艰苦创新。法官只有把自己对生命、人性和人生的感悟融入释法说理过程，才能真正弘扬社会主义法治的精神，放大司法正义的内在力量，展现人民法官的职业追求与为民情怀，并最终实践人民迫切需要与期待的公平正义。刑事裁判文书释法说理的对象是社会公众，刑事法官应当着力将犯罪嫌疑人的行为事实是什么、有哪些证据材料可供使用、通过审查后哪些可以成为证据、对于争议焦点的理解是如何展开的、如何进行刑法适用涵括于刑事裁判文书之中，清晰展现刑事法官找法—释法—用法的逻辑思路，这既可以让被告人信服并接受裁判结果，又可以为他人提供可参照的行为准则，有效发挥刑法的裁判机能，逐步提升社会公众的司法获得感。由此，在裁判文书中，法官在罗列证据的同时，更应侧重说明证据间的内外部联系，并对控辩双方出示的证据依法依理地进行分析和判断，对自己内心确信的依据、形成过程与确信的内容进行充分论证，既要重视法定量刑情节的规范意义，也要考察酌定量刑情节对于个案的积极作用。在刑法个罪构成要件之内，要充分考虑案件的各种可能情况，并有力论证其对于定罪量刑的意义，以此来保证裁判文书论证的有效性和裁判结果的客观性。特别是对辩护人出示的无罪、罪轻证据不予采纳时，法官必须论说清楚，尽量不使用"经查，无法律依据，不予采纳"的表述方式，从而提高刑事司法过程的透明度和公开化程度，也使法官自己的心证得到公众的检验和信服。

提升法官素质。司法知识，是指公安机关、检察机关、审判机关及其工作人员在长期处理案件过程中逐渐形成、积累的各种司法认识、基本判断、办案经验等的总和。[①]在社会急剧变迁和司法改革的交互作用下，社会公众对刑事案件审判质效的需求日益增加，期望不断提高。特别是随着信息传播途径的多元和传播速度的加快，整个社会更加纷繁复杂，社会化的专业分工更加精细，由此导致一些发生在专业性较强的行业里的案件事实与生活事实具有较大距离，这就造成部分法官陷入"本领恐慌"的状态，只能按照传统思维和常规套路办理新型案件。刑事司法是运用刑事法律进行定罪量刑的过程，此过程既涉及法律知识实践，又关联着社会知识实践，所以人民法官必须在学习法律专业的同时，还要实现具有一定交叉性的司法知识的创造性生产，以此来促进各种新兴专业知识与司法知识的有机融合。在当前国家治理方略正在由单一治理向协同治理转化的背景下，社会公众对司法产品的要求越来越个性化，人民法官必须及时为被告人、被害人及社会公众创造更多的对话空间，让被告人、被害人等诉讼参与人以及社会公众得以充分表达各自诉求和对案件的各自想法，防止定罪量刑的裁判结果与社会公众的常识认知出现断裂，实现各方诉讼参与的共赢。另外，随着数字化、网络化、信息化步伐的不断加快，司法知识的生命周期在变短、折旧率在增高，而互联网群体传播方式更是打破了法律知识传播的技术壁垒。法律资源配置从法律专业人士开始转向社会公众，社会公众与法律专业人士的法律知识量的差距不断缩小。法官作为庭审中心证公开的主体，要在司法实践中具备与其职业活动相符合的职业道德和专业素养，[②]才能逐步拥有高超的司法论证技术，只有精心打磨司法产品，才能让定罪量刑的裁判结果符合当事人的心理预期，经得起公众的检验。因此，法官要从以下几

---

①参见邓超：《高度重视司法知识生产的七个变化》，载《人民法院报》2019年5月23日，第2版。

②有研究者认为："心证公开严格地考验着法官复杂局面的管控能力、法律条款的解读能力、证据性质的研判能力，这三种能力也是法官能力的内核。"参见刘勋：《心证公开：考验法官哪些能力》，载《人民法院报》2017年7月24日，第2版。

个方面提升素质：一是要努力提高职业道德素养。法官作为普通的自然人也有私情杂念，也会被情绪左右，应及时补充、更新业务知识，经常总结审判经验，不断积累生活知识，增强公开裁判理由的勇气，克服不愿公开的心理，强化抵抗诱惑的能力。二是要形成中立性思维方式。中立性思维是维护司法权威的重要保障，也是刑事司法获得社会公众普遍信任的重要源泉。中立性思维要求法官在分析错综复杂的法律关系时，必须与各方当事人保持同等的司法距离，在作出判决前用同等的标准评判公诉人和被告人、辩护人提供的证据，以及接受或者驳斥各方的诉讼观点，保证定罪量刑结果的公平与公正，体现"中立、平等、透明、公开、高效、文明"的现代司法理念。三是要加强法学理论素养。司法是救济受损权利，维护社会公平正义的最后防线，审判是实践理性的艺术，而不是刑法条文加案件事实的机械套用。只有长期沉浸在对法律的研习与实践之中，才能正确理解法律、适用法律并实现与情理的有机融合。法官心证公开的主观内在条件包括"相当之判断能力及充实之准备"和"预留讨论、再审之空间"。①法官应在学习法学基础理论、深入分析各类案例的基础上，不断加大法律知识的储备数量，提升基础理论素养，强化逻辑判断能力。同时应当以虚心、开放的姿态来公开心证，给予各方当事人讨论的时间和空间。四是要强化制度保障。在任免、惩戒、劳资、任期等方面应做好制度保障，确保法官能够独立行使审判权，从而增强抵御外界诱惑和干扰的信心与能力。

（2）建立说明责任制度

在法院判决书等司法文书中可以进行说理，让当事人各方及社会公众了解得出裁判结论的理由及过程，而在一些司法决定中只有结论而没有理由或理由过于简单，这很容易让相关当事人乃至社会公众产生质

①参见程春华：《论法官的自由心证与法官对证据自由裁量——以民事诉讼为考察范围》，载《比较法研究》2009年第1期。

疑，为此应建立说明责任制度。在此以另案处理为例。

长期以来，"另案处理"一词虽然在公安机关、检察机关、审判机关的司法文书中被不断地使用，但在我国刑事立法中并没有关于另案处理的明确规定。刑事法学界对另案处理的法理根据还不具有一致的认识，司法实务部门关于另案处理的具体做法也各不相同。特别是在涉及窝案、串案的腐败犯罪中，对哪些人员要另案处理、另案处理的适用条件是什么等问题都没有明确、具体的标准。最高人民检察院、公安部于2014年3月联合发布了《关于规范刑事案件"另案处理"适用的指导意见》，对具体的适用情形、应移送的案件材料等问题都进行了明确，公安机关在对共同犯罪案件中的部分人员进行另案处理时也有了相应的依据。但该意见关于另案处理的相关规定主要是针对公安机关而言，而贪污、受贿等腐败犯罪在公安机关管辖的范围之外，对此类案件的另案处理，能否以该意见为依据，确实存在商榷的余地。当前，在处理贪污、受贿等腐败犯罪中是否对部分人员另案处理，办案单位具有较大的自由裁量权，常常是结合自身的工作经验来决定取舍。当然，也有极少数的办案人员为了各种利益或为协调各类关系而人为地操纵案件，即对不应当另案处理的另案处理，对应当另案处理的却同案处理。另外，有的办案机关及人员对通过网络追逃行为有时存在一定的随意性，在逃人员的相关资料究竟是否应当公布还存在一定的不确定性。法律法规供给的不足，不仅导致办案单位对被另案处理人员的监督缺乏应有的保障，也导致相关部门对办案单位的另案处理工作的监督失去足够的依据。从司法实践来看，另案处理过程中常常存在办案单位移送的材料不准、不全的司法难题。办案单位向检察机关移送另案处理人员的材料应包括：户籍信息、身份信息、与涉案的主要事实有关的证据材料；包括在逃的另案处理人员的上网信息表等在内的诉讼情况说明；另案处理的主要依据、理由及相关的说明材料。涉及另案处理的案件，办案单位在申请批捕、移送审查起诉时，若上述材料不全，检察院则有权不予受理。当前，在材料移送方面主要存在如下问题：第一，网上通缉材料未能及时移送。在办案单位移送审查起诉的大部分涉及在逃人员案件中，往往只出具简单的关于在逃人员的情况说明，而是否已经通过网络进行通缉则情况有时不甚明确。第二，被另案处理人员在共同犯罪中的作用和地位方面的相关材料未能全面移送。在司法实践中，办案单位及相关人员往往错误地认为被另案处理人员对本案嫌疑人的定罪与量刑影响并不是很大，一般不会影响检察院向法院提起公诉，也不会影响法院依法裁判。第三，在本案中关于另案处理人员的相关证据材料在两个侦查机关之间不能及时交接。比如，在有的贪污、受贿等共犯中，因有的嫌疑人因涉嫌他罪而被其他办案单位立案侦查，而本案的办案单位仅将该嫌疑人列为另案处理人员，并没有将本案中的相关证据材料向其他办案单位移交，最后导致降格处理，甚至不处理。为此，应确立说明责任义务。有研究者认为，我国刑事诉讼法应规定，侦查机关在案件侦查中或侦查终结后提请批准（决定）逮捕或移送审查起诉时，对同案其他参与人员作另案处理的应当将反映另案处理人员的立案、侦查、（拟）处理依据和处理情况的案卷材料、证据一并报送同级检察机关备案，并说明理由，由检察机关对另案处理的合法性进行审查。如果说明理由不成立，检察机关应立即提出纠正。[①]这一主张是很有道理的。凡是涉及另案处理人员的案件，办案单位必须要制作、规范完备的司法文书，向移送单位出具充分、完整的证明资料，以此来说明另案处理的理由和依据。对于纪检监察机关和检察机关重点监督的另案处理案件，办案单位必须在规定期限内以正式法律文书来说明另案处理的正当理由，从而达到预期监督效果，逐步提升办案质量。

---

①参见刘培莹：《强化对"另案处理"检察监督的思考》，载《西部法制报》2012年11月6日，第4版。

2. 诉讼外程序控制

（1）建立听证制度

听证制度就是在诉讼过程中应听取各方当事人意见的制度，即法院在审查案件事实或适用法律法规时，以公开的方式听取证人、当事人、各界代表的意见，以保证案件裁判的公平和正义。在此以量刑听证制度为例。所谓量刑听证，就是指法院针对未成年人案件、判处缓刑和管制的案件、重大和疑难案件，经过开庭审理，在案件事实和量刑情节已经固定的前提下，邀请相关人员发表对本案量刑的意见，并对量刑展开充分的辩论，以保证司法裁判客观、公正的一种司法活动。量刑听证主要以人权保障观念、程序正义理论为根基，是量刑民主化的重要表现，有利于实现量刑的科学化和个别化，用"看得见的方式"来实现"看不见的公正"。通过量刑听证，既可以保证量刑过程符合正当程序原则的基本要求，实现量刑实体正义的价值追求，又可以让社会公众公开参与，各抒己见，实现公众的知情权和表达权，从而强化刑罚裁量的社会公众的可接受性。2006年4月，发生在广州的许霆案在审理过程中就因为没有量刑听证，引起很多质疑。一审法院判处被告人许霆无期徒刑，广州市中级人民法院在再审程序中，在事实未变、法律未变的情况下，刑罚裁量却从无期徒刑断崖式降至5年有期徒刑。从轻量刑的理由是什么？宣告刑的结论如何得出？法官自由裁量的界限在哪里？因为没有量刑听证和判决书缺乏具有说服力的说理论证，当事人和社会公众无从知晓一切问题的答案。该案的特殊性还在于，辩护律师为被告人作无罪辩护，这就导致在庭审过程中无法就量刑问题发表意见。而量刑听证程序的缺失，又大大削弱了对被告人诉讼权利的有效保护。

其实，在整个量刑听证过程中，公诉人、被害人、被告人、辩护人等都有权全程参与，既可以提交自己掌握的量刑证据，也有权对对方的主张和证据提出质疑和批驳。首先，应给予被告人参与量刑听证的主体地位，让其知道自己判处的宣告刑从何而来。其次，保障被害人有效参与量刑听证。被害人有效参与量刑听证，回归被害人的诉讼当事人地位，既可以充分发表自己的量刑意见，又可以表达"被害人影响陈述"，从而恢复被害人遭到的心理伤害，增加法官在量刑问题上的透明度，提高社会公众对刑事司法的信任度，促进被害人息诉息访。最后，公诉人和辩护人可以就各自提出的量刑情节是否成立、对量刑的影响程度、何种刑罚更有利于矫治改造被告人、恢复被侵害的社会关系等展开辩论。2008年8月，湖北省通城县人民法院对被告人吴某、单某涉嫌挪用公款罪一案进行量刑听证。在案件事实和相关证据经过法定程序认定后，邀请部分人大代表、公诉机关、人民陪审员、利害关系人参与量刑听证会。法官首先将经过法定程序认定的事实和证据向与会人员公开，搭建"民意"与"审判"沟通的平台，让各方了解案件真相，接受各方质疑。与会人员有的就法律和事实问题提出了疑问，有的发表了量刑意见，有的补充说明了被告人的家庭情况。法官通过以案释法的方式进行了相关说明。会后，主审法官在充分考虑参会人员的意见和建议的基础上，根据自己的司法判断和多年积累的审判经验，提出了自己的初步量刑意见，并得到了审判委员会的支持。一审宣判后，被告人吴某、单某均服从判决，参与量刑听证的人员表示认同并给予很高的评价。[①]

目前，根据我国的具体宽容司法实践，对未成年人犯罪案件和可能判处缓刑的案件可考虑进行量刑听证。未成年人是法定的从宽处罚情节，对未成年犯罪人应坚持"教育为主，惩罚为辅"的原则。未成年人之所以走上犯罪的道路，与未成年人的生活经历、日常习惯、受教育状况等因素密切相关。但对未成年人一味地从宽甚至过度从宽，会导致放纵犯罪，反而不利于对未成年人的教育改造。特别是在涉未成年人重罪案件中，如何适用认罪认罚从宽制度、如何把握从宽的幅度，就是比较

---

①参见李正清：《通城法院试行"量刑听证"》，载《中国审判》2008年第9期。

棘手的问题。为此，法官可以通过量刑听证来了解未成年被告人的具体的生活经历、日常习惯、受教育状况等因素，听取被告人、被害人及社会各界对量刑的意见，同时详细审查社会调查报告，以进一步了解未成年被告人犯罪原因、人身危险性程度、回归社会的支持条件等情况。在此基础上宣布适当的刑量，既有利于对未成年人进行教育改造矫治，又可以让正义直抵人心。

另外，依据我国法律规定，缓刑适用于"犯罪情节较轻，且具有悔罪表现"的被告人。从司法实践看，在缓刑考验期内再次实施犯罪行为的情形并不鲜见，所以如何判断被告人是否具有悔罪表现和适用缓刑能否实现预防被告人再次犯罪的刑罚目的，自然就成了能否适用缓刑的制约因素。而在量刑听证过程中，通过充分听取执行机关、社区（村）或单位代表的基本意见，法官可以获得能否适用缓刑的依据。目前的问题主要在于，被告人在庭审过程中能够如实供述自己的涉案事实，但对自己行为的性质依法进行辩解，能否对该被告人适用缓刑？有研究者认为，认罪是被告人对自己实施危害行为的方式及造成危害后果的否定，所以对自己的行为性质进行辩解，尤其是为自己进行无罪的辩解，绝对不应该认定被告人认罪。被告人在法庭上做上述辩解，说明被告人既没有认罪，更没有悔改的表现，因此不应该适用缓刑。[①]笔者认为，这里涉及两个问题。一是何谓认罪。《关于适用认罪认罚从宽制度的指导意见》第6条规定："认罪认罚从宽制度中的'认罪'，是指犯罪嫌疑人、被告人自愿如实供述自己的罪行，对指控的犯罪事实没有异议。承认指控的主要犯罪事实，仅对个别事实情节提出异议，或者虽然对行为性质提出辩解但表示接受司法机关认定意见的，不影响'认罪'的认定。"由此可以看出，被告人对公诉机关指控的事实没有异议，即是认

---

①参见黄志坚、李磊：《对行为性质辩解的缓刑适用性考量》，载《人民法院报》2019年1月24日，第6版。

罪，并未要求一定认可公诉机关指控的罪名。二是如何理解对行为性质的辩解。对行为性质的辩解包括三种情况，即无罪辩解、认为不构成此罪而构成另一个较轻犯罪和虽然对行为性质提出辩解但表示接受司法机关认定意见。除第一种情况外，后两种情况应属于认罪，不影响缓刑的适用。对于此种情况，若经过听证程序，更能实现公平正义。

（2）完善监督制度

司法权作为国家公权力的重要组成部分，在客观上存在着变异性、扩张性和易受腐蚀性的特征。为防止宽容司法中的徇私、徇情现象，监察机关、检察机关、新闻媒体和社会公众必须加强对以下几项司法工作的监督制约，增加司法工作的透明度。

对羁押和办案期限的监督。为了提高公安、检察、审判等司法机关的案件办理效率，依法维护涉案人员的合法权益，尽力避免久押不决、以押代刑的错误做法，防止在看守所内出现"交叉感染"等问题，我国刑事诉讼法、最高人民法院和最高人民检察院有关司法解释、公安部的相关规定，先后对公安机关的侦查羁押期限、检察机关审查起诉期限和人民法院的审判期限进行了明确，为司法机关的案件办理提供了遵循。但是，目前关于相关期限的规定存在一些问题。一是羁押期限和办案期限的界限不清。现有的法律法规在规定上述相关办案期限时，并没有涉及羁押期限问题，这就导致了司法工作人员自然地认为审查起诉和审判阶段的办案期限就是羁押期限，随之而来的问题就是在遇到疑难复杂、有重大影响或社会公众普遍关注的案件时，办案单位及相关人员可能会产生久押不决的错误倾向。二是因法定事由的出现，可导致中止或重新计算办案期限，随之而来的就是羁押期限具有不确定性的延长。根据《刑事诉讼法》第149条的规定，办案期限中不应包括对嫌疑人进行精神病鉴定的期间。由于精神病鉴定的合理期限究竟为多长，《刑事诉讼法》没有予以规定，可能也不方便作出相应规定，所以虽然未将精神病的鉴定期限计入办案期限，但嫌疑人、被告人处于羁押状态且时间短长无法预期。从根本上说，我国目前还没有建立独立的羁押制度，是否羁押犯罪嫌疑人、被告人，似乎取决于是否适用羁押性强制措施——拘留与逮捕。长期以来，我国刑事拘留存在主体扩大化、期限最大化和决定行政化问题。因为刑事侦查活动，特别是对涉嫌暴力犯罪的侦查活动往往在时间上具有一定的紧迫性，所以是否拘留可以由侦查机关自行决定。根据《刑事诉讼法》及司法解释的相关规定，侦查监督、审查批捕是检察机关对刑事拘留进行监督的主要途径，但无论侦查监督还是审查批捕，都是典型的拘留之后的监督。在启动审查逮捕程序之前，拘留这一强制性措施实际上恰恰处于监督上的真空地带。进入审查逮捕程序后，也多以羁押为主、非羁押为辅。实践中出现的久押不决现象和超期羁押问题，[1]不仅侵害了涉案人员合法的诉讼权益，背离了公平正义的原则，也有损公安司法机关的司法公信力和亲和力。

2023年11月30日，最高人民检察院、公安部联合印发了《人民检察院、公安机关羁押必要性审查、评估工作规定》。最高人民检察院、公安部之所以建立羁押必要性审查制度，就是要解决长期存在的"一押到底"的错误做法和"久押不决"的非正常现象。为防止超期羁押或出现"刑罚透支"现象，检察院依职权进行羁押必要性审查应着重把握退回补充侦查环节、延长办案期限环节、审查起诉环节和提起公诉后至宣告判决前等几个诉讼环节。具体言之，在检察机关决定将案件退回公安机关进行补充侦查时，必须审查对嫌疑人羁押的必要性；检察机关在依法

---

①久押不决并非严格意义上的法律术语，未曾出现在我国刑事诉讼法及相关司法解释中。最高人民检察院刑事执行检察厅制定的《人民检察院刑事执行检察部门预防和纠正超期羁押和久押不决案件工作规定（试行）》第2条第2款规定："犯罪嫌疑人、被告人被羁押超过五年，案件仍然处于侦查、审查起诉、一审、二审阶段的，为久押不决案件。" 超期羁押，是指办案机关违反《刑事诉讼法》及相关司法解释的规定，超过法定期限对犯罪嫌疑人或被告人进行羁押的行为。参见郭斐、穆麟：《久押不决案件及其检察监督机制的构建——以B市H区为案例的讨论》，载《山西省政法管理干部学院学报》2018年第3期。

审查侦查机关提出的延长办案期限的申请时，应同时审查是否继续羁押嫌疑人、被告人；在审查事实、证据时，如果发现嫌疑人、被告人可能符合不起诉条件，则应当及时采取取保候审或者监视居住等强制措施，马上释放嫌疑人、被告人；在案件起诉到法院后，如果检察机关发现起诉书指控的犯罪事实根本不存在，或者犯罪事实确实存在但并非由目前的被告人所实施，则必须及时将起诉从法院撤回，在得到法院准许后马上释放正处于羁押状态的被告人。检察机关应当充分发挥派驻看守所检察室的制度优势，加强对刑事拘留羁押的必要性、合法性的监督，充分保障嫌疑人、被告人对羁押必要性审查的合法申请权利。经依法审查，对于不符合拘留条件的嫌疑人、被告人，检察机关应提出将羁押性强制措施变更为非羁押性强制措施的建议。对于久押不决的案件，经过严密的调取证据等程序，向办案单位发出《纠正违法通知书》《检察建议书》《久押不决案件催办函》等文书，密切追踪办案单位对检察建议的落实情况，对于不落实检察建议的办案单位依法处理。另外，检察、公安、审判三机关应强化沟通协作，让公安机关和审判机关充分认识到久押不决的危害，提高纠正案件久押不决的积极性和主动性，提高诉讼效率，尽快依法办结案件。

对另案处理的监督。另案处理虽然在法律上没有明确规定，但作为对共同犯罪中部分涉案人员的一种司法处理方式，在司法实践中早已存在并被普遍适用。办案单位对部分涉案人员进行另案处理的初衷应该是提高办案效率，节约司法成本，增强打击犯罪的时效性。但在司法实践中，另案处理有时已经被异化为缺乏有效监督和有损公平正义的司法潜规则，成为干扰司法、徇私舞弊的工具，致使部分另案处理变成了"另案不理"，给司法公正留下严重隐患。比如，广东省江门市原副市长林崇中因犯某罪被判处10年有期徒刑后，通过虚假"保外就医"的方式免于羁押。河源市看守所原所长刘辉汉收受林崇中一万元人民币，河源市人民医院蒋爱忠主任和张明杰副科长因收受红包而对林崇中进行虚假的病情鉴定。在林崇中涉案的材料中，清晰地注明刘辉汉、蒋爱忠、张明杰为另案处理人员，最终上述三人既未被追究刑事责任，也没有受到任何党纪、政纪处分。再如，2002年，一起比较有影响的地下钱庄洗钱案被江门市公安机关依法查获。该钱庄的主要出资人是连卓钊。但案卷材料标明，连卓钊被另案处理。随后连卓钊返回香港，最终未受到任何司法制裁。[1]另案处理之所以能够演变为"另案不理"，除个别公安机关自身原因外，还存在缺乏有效的监督制约等制度上的缺失。《关于规范刑事案件"另案处理"适用的指导意见》第10条规定，人民检察院在审查逮捕和审查起诉中，对涉及另案处理适用的案件，应当一并对另案处理适用是否合法、适当进行审查。第12条规定，人民检察院发现公安机关在办案过程中适用另案处理存在违法或者不当的，应当向公安机关提出书面纠正意见或者检察建议，通过这两种方式强化对另案处理违法适用情况的监督纠正；公安机关对于检察机关的监督纠正意见，应当认真审查，发现存在问题的，应当及时纠正并将处理结果向人民检察院反馈。第14条规定，人民检察院对于犯罪嫌疑人长期在逃或者久侦不结的另案处理案件，可以适时向公安机关发出书面催办函进行催办。公安机关应当及时将追逃、取证等工作开展情况函告人民检察院，接受监督。上述规定明确了检察机关对另案处理适用的监督权、审查权、监督处理方式和公安机关及时纠正并向检察机关反馈的义务。这对强化检察机关法律监督的刚性和提高检察监督的效率具有重要意义，但对另案处理的检察监督仍然存在困境。当前检察机关对另案处理的监督工作还处于"单打独斗"的状态，因没有其他部门的相应配合，使得检察机关对另案处理的监督工作略显力不从心。从事实上看，在现有条件下检察机关

----

①参见殷国安：《别再让"另案处理"变成"另案不理"》，载《中国青年报》2014年3月18日，第2版。

对于公安机关所提供的另案处理书面说明材料只能进行形式上的审查，无法真正核实每一份书面材料的真实性。另外，检察机关对公安机关另案处理的监督是形式监督和事后监督，不能充分发挥监督的作用。

侦查是整个刑事诉讼活动程序的开始。目前，侦查机关根据相关法律法规的规定，可以自行决定是否立案，是否采取搜查、扣押等措施，是否对部分涉案人员进行另案处理。"行政追诉活动"的印记似乎比较明显。正如美国学者博登海默所言："一个拥有绝对权力的人总是试图将其意志毫无拘束地强加于那些他所控制的人。"①检察机关作为司法监督的主体，对另案处理的案件承担着重要的监督责任。检察机关对办案单位适用另案处理的依法监督，实质上是对侦查部门就刑事案件的"立案"和"处理"结果的监督。应当在检察机关内部构建另案处理的监督机制和考核机制，把该项工作的监督情况作为业务考核的重要组成部分，以此来提升相关人员对另案处理进行有效监督的内在动力。可以考虑出台相应的规章制度来明确检察监督人员的责任，促使检察监督人员逐步摆脱书面审理的监督模式，通过多种途径、运用多种方式加强对另案处理人员犯涉罪证据的审查。具体而言，检察院应对起诉意见书等办案单位提交的法律文书中提及的另案处理人员进行严格的法律审查。比如，人数是否准确，移送的材料是否准确、全面，是否符合另案处理的条件等。检察院在进行程序性审查时，可以要求办案单位提供相应的书面情况说明。此做法既可以有效纠正有罪不究的不公正做法，还可以避免用行政处罚来代替刑事处罚的违规问题。同时，检察机关内部各部门应协调联动，可以指定侦查监督部门对另案处理负总责。此外，另案处理的程序应该透明并向全社会依法公开。与办案单位及监督部门相比，被害人及其家属、同案人员可能会更加关注被另案处理人员的后续

①[美]博登海默：《法理学：法律哲学与法律方法》，邓正来译，中国政法大学出版社1999年版，第67页。

处理情况，因此，被害人及其家属、同案人员有理由依法获得对另案处理人员的监督权。检察机关应该尽力公开并畅通信息沟通的途径，兼听上述人员对另案处理的意见和建议，从而在增加司法公开性和透明度的同时，让另案处理这一司法处理方式在法治轨道上健康、稳固地运行。

对扫黑除恶斗争的监督。自2018年1月以来，一项惠民、安民、利民的重大工程——扫黑除恶专项斗争不断取得重大的阶段性成果。以湖南省为例，"截至2019年底，全省法院一审审结黑恶犯罪案件1511件，结案率为91％，二审审结黑恶犯罪案件654件，结案率为98.2％，治安秩序、社会风气和发展环境获得了极大改善"[1]。可以说，开展扫黑除恶专项斗争既得民心更顺心意，人民群众在扫黑除恶专项斗争中可以拥有越来越多的生活幸福感和人身安全感，而且对维护国家政治安全，推进市域治理、基层治理现代化具有重要意义。在全面依法治国的大背景下，司法机关在办理涉及黑恶势力案件的过程中，必须严格地查明事实、理清证据；必须严格遵循程序、把握政策。为确保整个案件办理的全过程不仅在实体上合法，而且在程序上也合法，力争实现法律效果与社会效果的高度统一，促进司法与民意的良性互动，最大限度回应人民群众对新时代司法工作的新期待，必须把工作重心放在提高打击的精准度上，需要审慎界定黑的边界和恶的边界，以及黑与恶的区分，坚决做到既不冤枉无罪之人，也不放纵罪重之人。如果刻意缩小黑恶势力范围，将本应重点打击、严厉整治的黑恶势力人员排除在打击惩治的范围之外，则有可能存在司法机关与人民群众相对立，从而蜕变为黑恶势力的"遮羞布""保护伞"的嫌疑。相反，如果将黑恶势力范围刻意扩大甚至无限扩大，把一般性犯罪行为随意地升级为黑恶势力，进而从重从严惩罚，则黑恶犯罪的现象将变得普通常见，"人人自危"的局面很

---

[1] 刘晓芬：《继续打伞破网　夺取扫黑除恶全面胜利》，载《人民法院报》2020年4月8日，第2版。

可能出现。要实现对黑恶势力犯罪精准打击和有效惩治，确实需要始终坚持"是黑恶犯罪一个不放过、不是黑恶犯罪一个不凑数"的原则，不断提高对原始证据的收集能力和分析判断能力。检察院作为法律监督机关，应切实把好每一份证据的"进口关"和"筛查关"。如果公安机关移送的证据不充分，则必须及时退回公安机关进行补充侦查；如果经过公安机关补充侦查后，证据仍然不充分，则检察院应依法作出不起诉决定，并充分地说明理由。在法庭审理过程中，人民法院应在坚持以审判为中心的前提下，把工作的着力点放在认定证据证明力和排除非法证据上，同时也应注意对被告人是否具有法定从宽情节、究竟是构成此罪还是构成彼罪、究竟是一罪还是数罪等关键问题的审理，力争让每一起黑恶势力案件都成为历史铁案。

对认罪认罚从宽制度的监督。认罪认罚从宽，是指被追诉人自愿如实地供述自己实施的犯罪行为，对于公诉机关指控犯罪事实没有异议，同意公诉机关提出的量刑建议并签署具结书的案件，可以依法对被追诉人从宽处理。完善认罪认罚从宽制度，是党的十八届四中全会对刑事司法工作作出的重大部署，对不断提升刑事司法效率、健全完善诉讼的基本结构、完善诉讼的基本程序、达到与"以审判为中心"的诉讼制度相辅相成的改革目标具有重要意义。认罪认罚一般是建立在控辩双方协商及当事人双方达成和解的基础之上，传统的和文化在认罪认罚从宽制度中得到极大的体现和充分的弘扬，有利于减少被害方和加害方的对抗情绪，修复被破坏的社会关系，实现社会的稳定与和谐。认罪认罚从宽制度能够与目的性、恢复性司法等现代的刑事司法理念相契合，也是我国基本的刑事政策——宽严相济在刑事诉讼中的集中体现。完善认罪认罚从宽制度为控辩平等的诉讼构造的建立和诉讼效率的提高都创造了难得的契机。认罪认罚从宽制度既涉及刑事实体法的问题，也包含刑事程序法的问题，同时还承载着刑事诉讼效率与刑事司法公正的双重价值。完善该制度必须着眼于实体从宽和程序从宽两个角度。所谓实体从宽，就是在法庭审理阶段，法官对被告人给予一定的量刑减让，具体可以表现为从轻处罚、减轻处罚、适用缓刑、免除刑事处罚；所谓程序从宽，就是在作出认罪认罚的意思表示后，嫌疑人、被告人可以获得更有利的程序适用，比如适用非羁押性措施、适用简易程序或速裁程序审理案件等。从本质上说，认罪认罚的嫌疑人、被告人能够获得实体意义上的从宽处罚和诉讼程序适用方面的优待处理，这是实现该制度价值最大化的必然要求和最终表现。在新冠肺炎疫情防控期间，全国各地法院审理了若干起与疫情防控相关的刑事案件，其中多数案件的案情都相对比较简单，被告人也被判处相对较轻的刑罚。在这些案件的审理中，只要嫌疑人、被告人认罪认罚，人民法院基本上都适用了简易程序或速裁程序，充分体现从快、从简、从轻的办案原则，也极大地节约了司法资源，提高了诉讼效率。当然，对于一些发生在疫情防控期间的恶性案件，即使被告人已经作出认罪认罚的意思表示，在是否从宽处理以及从宽处理的尺度问题上司法人员从程序到实体都应从严把握。例如，被告人马某某在疫情防控的关键时期，将两名疫情防控人员残忍地杀害，虽具有自首情节，但并未阻止人民法院对其判处死刑。[1]刑事司法的终极价值就是公平和正义，完善、推行认罪认罚从宽制度在本质上是为了更好地将宽严相济这一基本的刑事政策落到实处。只有将从宽与从严的平衡点找准抓实，才能确保该制度的适用不偏离公平正义的航向。而这个平衡点的把握，既考验司法智慧，又关乎司法廉洁。这就要求除司法人员准确把握从宽与从严的界限及尺度外，还必须对刑事司法权力运行的整个过程进行强有力的全程监督和制约。在认罪认罚从宽制度的适用、运行过程中，较大的自由裁量权在客观上为办案人员提供了滥用司法权力的空

---

①参见张中：《涉疫犯罪典型案例的法治意义》，载《人民法院报》2020年3月20日，第1、4版。

间。在现实的案件处理过程中，绝大多数办案人员能够始终坚守职业底线，不为利益所诱惑，做到秉公司法、执法，在决定从宽或从严时能够做到不枉、不纵。但也有极少数自律能力较差、底线意识不强的办案人员，或为各种利益诱惑，或出于人情世故的考量，高举"宽严相济"的旗帜，实施"权权交易"和"权钱交易"等司法腐败行为，比如，对"从严"的标准把握得过于审慎，而对"从宽"的把握则有"从松"的倾向，有时甚至对犯罪嫌疑人、被告人主动认罪认罚降低证明标准。①因此，在认罪认罚从宽制度的适用中进一步强化监督制约，才能确保刑罚功能的充分发挥和公平正义的真正实现，从而使认罪认罚从宽制度在"破立并举"中循着公平正义的轨迹扬帆远航，行稳致远。

需要注意的是，司法机关应正确处理司法与舆论监督的关系。司法行为得到各界的参与，接受社会舆论的依法监督，经受社会公众的正常评价，是实现社会主义民主、健全社会主义法治的必然需要。司法是国家法治评判体系的体现，舆论是公众价值评判体系的反映，两者的根本目的都是实现社会公平正义。活跃而健康的舆论监督能在更大程度上保障司法公正的实现。从长远来看，社会公众通过新兴媒体、利用舆论的力量来依法监督司法权力的全程运行将成为一种司法常态，司法机关应洞察民情、知晓民意、关注民生和维护民权，用正确的司法导向来体现民意，用公正的司法来消除民忧、维护民利。这不仅是实现司法对社会公众给予人文关怀的必然要求，也是在新时代发扬民主精神和加强法治建设的应有之义。在舆论监督司法和司法回应舆论的互动过程中，偶尔在双方之间出现一些纠葛，甚至产生一些矛盾也是正常现象。如果能够实现舆论与司法双方的良性互动，就既可以逐步强化社会公众的法治意识和法治素养，又可以使司法裁判更加公平与正义，从而实现两者的融

---

①参见张智全：《认罪认罚从宽，须把握两大关键》，载《人民法院报》2016年9月2日，第2版。

合共赢。当然，在各类信息日益纷繁多变、价值观念更加复杂多元的自媒体时代，司法机关在逐渐认可公众意见、虚心接受社会舆论监督的同时，也必须坚决避免"舆情审判"现象，坚决防止因公众的妄评和舆论错议而影响司法形象、破坏司法威信。社会公众通常会根据自身对于公平和正义的道德直觉和有限的法律知识，对通过各种渠道获得的碎片化的案件信息，在掺杂了个人的偏见、成见、臆测等因素后进行评价，从而得出非理性的结论。而司法裁判是具有高度专业化、职业化的决策领域，法官必须在法庭上亲自审查判断经过举证和质证的证据，并据此依法作出裁判。当结论和舆论不一致时，不可简单地屈从于社会舆论，更不能被社会舆论吓倒。法官的职责之一就是为在法律上有理但在社会舆论上处于劣势的当事人伸张正义，所以要以全面充分的司法公开为依托，以强化司法与社会公众的沟通为路径，缩小司法裁判与社会舆论的距离，释放应有的法治正能量。

后 记

本书是在本人主持的国家社会科学基金项目《中国刑事司法宽容及其偏差控制研究》结题报告基础上修改而成的。

司法宽容在中国古代就已经成为治世的政治策略。《尚书》中就有"象以典刑，流宥五刑"的记载，《论语》也有"宽则得众，信则人任焉，敏则有功，惠则足以使人"的表述，《左传》中也记载着"鲁以相忍为国也"。这也是我们今天推行的宽严相济、认罪认罚从宽、少捕慎诉慎押等制度的历史渊源。刑事司法宽容在本质上就是要求刑法的适用尽可能与人性相符合，表现出立足于人类的良知而维护、追求、弘扬、增进人类的善良、仁慈和博爱的特性与倾向，彰显整个社会的人性之美。

当今世界，司法宽容已经成为一种文明交融与共存背景下的现代价值理念，中国式现代建设更需要司法宽容理念的融入与支撑，以此来加快建设公正高效权威的社会主义司法制度，努力让人民群众在每一个司法案件中感受到公平正义。刑事司法人员在日常办案过程中，应以宽容的法律理念为指导，心存理性与善念。德国学者维尔纳说："法官在法律的范围内可以比法律更为宽容，亦即法官可以通过法律的解释来实现个案正义。"在现实生活中，个别冤错案件还时有发生，刑罚执行过程中因不宽容导致的不公正现象也不时出现，这在客观上就要求司法机关秉持宽容原则，整个社会也需要强化宽容理念。宽容是实现社会正义的一项重要因素，司法机关及其工作人员的宽容是维护公平正义的职业精神和工作作风的体现。一个社会越是向前发展，就越需要多元和宽容。建设法治中国，刑事司法宽容更是不可或缺。

当然，刑事司法宽容不等于无原则地放弃秩序，更不等于无底线地放纵自由。刑法司法人员应逐步树立宽容与人文关怀兼具的司法观，将司法宽容默化为一种生活方式和工作习惯，既秉持宽容理念，又把握宽容界限。在司法实践中挖掘和传承中华法律文化精华，不断激活包括宽容在内的中华优秀传统文化中的优秀因子，并将司法宽容理念注入司法实践之中，用刑事司法的现代化服务保障中国式现代化。

本书对刑事司法宽容问题的探讨是初步的、粗浅的，不当之处，请各位专家学者批评指正。在写作过程中，借鉴、引用许多前人的观点、资料，在此一并感谢。感谢辽宁人民出版社青云老师的精心编辑和精巧设计。

沈阳工业大学　田鹏辉

2024年2月17日于沈阳

参考文献

一、著作类

[1] 张明楷：《刑法的基本立场》，中国法制出版社2002年版。

[2] 陈根发：《宽容的法理》，知识产权出版社2008年版。

[3] 陈正云：《刑法的精神》，中国方正出版社1999年版。

[4] 邱兴隆：《刑罚理性导论——刑罚的正当性原论》，中国政法大学出版社1998年版。

[5] 陈兴良：《当代中国刑法新视界》，中国人民大学出版社2007年版。

[6] 梁根林：《刑事政策：立场与范畴》，法律出版社2005年版。

[7] 刘大洪：《法经济学视野中的经济法研究》，中国法制出版社2008年版。

[8] 姚建龙：《长大成人：少年司法制度的建构》，中国人民公安大学出版社2003年版。

[9] 王利明：《司法改革研究》，法律出版社2000年版。

[10] 蒋耀祖：《中美司法制度比较》，台北，台湾商务印书馆股份有限公司1976年版。

[11] 齐文远、周详：《刑法、刑事责任、刑事政策研究——哲学、社会学、法律文化的视角》，北京大学出版社2004年版。

[12] 陈光中主编：《刑事诉讼法》，北京大学出版社、高等教育出版社2013年版。

[13] 陈瑞华：《刑事审判原理论》，北京大学出版社1997年版。

[14] 何家弘：《短缺证据与模糊事实：证据学精要》，法律出版社2012

年版。

[15] 陈光中主编：《刑事诉讼法学》，中国人民公安大学出版社、人民法院出版社2004年版。

[16] 郎胜主编：《〈中华人民共和国刑事诉讼法〉修改与适用》，新华出版社2012年版。

[17] 黄茂荣：《民法总则》，台北，三民书局1982年版。

[18] 史尚宽：《民法总论》，中国政法大学出版社2000年版。

[19] 梁慧星：《民法学说判例与立法研究（二）》，国家行政学院出版社1999年版。

[20] [英]戴维·米勒、韦农·波格丹诺：《布莱克维尔政治学百科全书》，邓正来等译，中国政法大学出版社2002年版。

[21] [美]房龙：《宽容》，秦立彦、冯士新译，广西师范大学出版社2008年版。

[22] [英]梅因：《古代法》，沈景一译，商务印书馆1959年版。

[23] [美]博登海默：《法理学：法律哲学与法律方法》，邓正来译，中国政法大学出版社1999年版。

[24] [意]加罗法洛：《犯罪学》，耿伟、王新译，中国大百科全书出版社1996年版。

[25] [法]E.迪尔凯姆：《社会学方法的准则》，狄玉明译，商务印书馆1995年版。

[26] [美]约翰·罗尔斯：《正义论》，何怀宏、何包钢、廖申白译，中国社会科学出版社1988年版。

[27] [美]米尔伊安·R.达玛什卡：《司法和国家权力的多种面孔：比较视野中的法律程序》，郑戈译，中国政法大学出版社2004年版。

[28] [美]理查德·A.波斯纳：《法律的经济分析》（上、下），蒋兆康译，中国大百科全书出版社1997年版。

[29] [意]贝卡里亚：《论犯罪与刑罚》，黄风译，中国大百科全书出版社1993年版。

[30] [美]理查德·波斯纳：《法官如何思考》，苏力译，北京大学出版社2009年版。

[31] [英]L.乔纳森·科恩：《理性的对话：分析哲学的分析》，邱仁宗译，社会科学文献出版社1997年版。

[32] [德]考夫曼：《法律哲学》，刘幸义等译，法律出版社2005年版。

[33] [德]拉德布鲁赫：《法学导论》，米健、朱林译，中国大百科全书出版社1997年版。

[34] [日]松原芳博：《刑法总论重要问题》，王昭武译，中国政法大学出版社2014年版。

二、论文类

[1] 张明楷：《司法上的犯罪化与非犯罪化》，载《法学家》2008年第4期。

[2] 张腾龙：《论我国重刑主义思潮下刑法谦抑性的时代性亮点》，载《西南石油大学学报（社会科学版）》2015年第2期。

[3] 胡之芳、祝丹：《刑事诉讼法之宽容伦理观初探》，载《湖南科技大学学报（社会科学版）》2014年第3期。

[4] 马荣春：《罪刑关系宽和性的当下拓展与重申》，载《中国刑事法杂志》2014年第2期。

[5] 韩阳：《宽容司法的哲学基础：社会责任的国家观——以刑事司法为视角》，载《东方法学》2012年第1期。

[6] 陈永峰：《浅析宽容思想对刑事政策的影响》，载《河南警察学院学报》2011年第6期。

[7] 宋扬：《宽容的底线：未成年人刑事司法的理性向度》，载《湖南公安高等专科学校学报》2010年第4期。

[8] 白金刚、吴锋：《惩罚与宽容：中国少年刑事司法的境遇与抉择》，载《青少年犯罪问题》2008年第5期。

[9] 赵森：《刑事诉讼中宽容的价值——兼论犯罪嫌疑人、刑事被告人的权益保障》，载《湘潭师范学院学报（社会科学版）》2007年第2期。

[10] 张明楷：《论刑法的谦抑性》，载《法商研究（中南政法学院学报）》1995年第4期。

[11] 自正法：《未成年人圆桌审判与庭审教育：理念、局限与路径》，载《当代青年研究》2018年第4期。

[12] 皮艺军：《庭审布局改革体现少年司法保护理念》，载《人民法院报》2018年6月7日，第5版。

[13] 朱孝清：《认罪认罚从宽制度的几个问题》，载《法治研究》2016年第5期。

[14] 陈光中、马康：《认罪认罚从宽制度若干重要问题探讨》，载《法学》2016年第8期。

[15] 林喜芬、何斐明：《我国刑事速裁程序：角色定位与改革前瞻》，载《思想战线》2016年第4期。

[16] 山东省高级人民法院刑三庭课题组：《关于完善刑事诉讼中认罪认罚从宽制度的调研报告》，载《山东审判》2016年第3期。

[17] 叶圣彬：《论刑事速裁量刑观——从"认罪认罚"到"从快从宽"的内在逻辑》，载《法律适用》2016年第6期。

[18] 吴学安：《认罪从宽机制需要引入协商性司法模式》，载《民主与法制时报》2016年5月10日，第2版。

[19] 陈建明、钱晓峰：《论圆桌审判在少年刑事审判中的运用》，载《青少年犯罪问题》2005年第6期。

[20] 吴波、刘斌：《论刑法的谦抑精神——从刑法根据论角度分析》，

载《贵州警官职业学院学报》2005年第2期。

[21] 郭连申、裴维奇、郭炜：《圆桌审判——少年刑事审判方式改革的探索与思考》，载《人民司法》1998年第11期。

[22] 林海燕、张振伟：《论自由语境下的宽容》，载《郑州轻工业学院学报（社会科学版）》2011年第5期。

[23] 万斌、刘彦朝：《政治宽容渊源的哲学审视》，载《浙江学刊》2011年第4期。

[24] 陈留彪：《洛克宗教宽容思想的历史解读》，载《长江大学学报（社会科学版）》2011年第7期。

[25] 保滕、尹华容：《论中国宪政应有的宽容架构》，载《湖南科技大学学报（社会科学版）》2011第3期。

[26] 门中敬：《平等权原则与宽容——以平等和自由的关系为向度》，载《现代法学》2011年第3期。

[27] 郝艳萍：《由周作人"文学的自由"与"文艺的宽容"引发的思考》，载《楚雄师范学院学报》2011年第2期。

[28] 刘金光：《全球化大潮下中国宗教的宽容与和谐》，载《中国宗教》2011年第1期。

[29] [日]保坂俊司：《印度教·伊斯兰教的融合思想及其现代意义——印度伊斯兰教宽容思想的展开》，孙晶译，载《世界哲学》2011年第1期。

[30] 王明星：《论刑法的宽容性》，载《中州学刊》2010年第4期。

[31] 王四达：《宗教宽容：对中国古代宗教的一种误读》，载《世界宗教文化》2010年第2期。

[32] 李超、金晓霞、徐荣男：《再看文艺复兴下的宽容曙光——14、15世纪的意大利犹太人》，载《安徽文学（下半月）》2010年第4期。

[33] [斯洛文尼亚]斯拉沃热·齐泽克：《为列宁主义的不宽容辩护》，
周嘉昕译，载《马克思主义与现实》2010年第2期。

[34] 张妹：《文化宽容的可能性及其限度》，载《山东社会科学》2010
年第3期。

[35] 丁友文：《政治宽容：现代政治的一种普适调节机制》，载《浙江
学刊》2010年第1期。

[36] 王超凡：《刑法宽容的质疑与重构》，载《福建法学》2015年第3
期。

[37] [奥地利]弗朗兹·马丁·维默：《文化间哲学语境中的文化中心主
义与宽容》，王蓉译，王志成审校，载《浙江大学学报（人文社会
科学版）》2010年第1期。

[38] 杨楹、王福民：《论现代政治哲学视野中的"宽容"》，载《社会
科学辑刊》2007年第1期。

[39] 俞睿：《政治宽容：国家与公民社会良性演进的理性诉求》，载
《河南师范大学学报（哲学社会科学版）》2007年第1期。

[40] 高一飞：《刑法宽容的理由》，载《人民检察》2006年第3期。

[41] 张中：《涉疫犯罪典型案例的法治意义》，载《人民法院报》2020
年3月20日，第1版。

[42] 赵宝成：《追问刑法精神》，载《政法论坛》2003年第4期。

[43] 何颖冰：《以审判为中心下自由心证的路径探讨》，载《理论观
察》2018年第5期。

[44] 钱晓芳：《法官心证公开的局限性与解决路径》，载《人民司法》
2014年第15期。

[45] 王飞、范丹杰：《裁判文书说理中法官心证如何充分公开——评SM
公司诉鹿晗等著作权侵权纠纷案》，载《中国知识产权报》2017年
7月19日，第9版。

[46] 王蕾：《关于现代自由心证制度的思考》，载《湖北警官学院学报》2015年第8期。

[47] 左卫民：《认罪认罚何以从宽：误区与正解——反思效率优先的改革主张》，载《中国检察官》2017年第15期。

[48] 谢雯：《程序何以正义：认罪认罚从宽制度改革的进路——以被追诉人权利保障为核心的展开》，载贺荣主编：《深化司法改革与行政审判实践研究（上）——全国法院第28届学术讨论会获奖论文集》，人民法院出版社2017年版。

[49] 姜涛：《量刑听证制度研究》，载《内蒙古社会科学》2009年第5期。

[50] 刘军：《被害人参与量刑的理论与实践》，载《法学论坛》2009年第6期。

[51] 李正清：《通城法院试行"量刑听证"》，载《中国审判》2008年第9期。

[52] 汪贻飞：《论量刑听证程序的价值与功能——以美国法为范例的考察》，载《时代法学》2010年第1期。

[53] 陈国庆：《量刑建议的若干问题》，载《中国刑事法杂志》2019年第5期。

[54] 李树真：《精细司法与法官自由裁量》，载《法治研究》2010年第2期。

[55] 胡昌明、赵忠荀、马铁丰：《法律实践与规范的背离：基于聋哑人犯罪从宽量刑的实证检验》，载《山东大学学报（哲学社会科学版）》2020年第2期。

[56] 本刊编辑部、常义斌：《科学家杀人案撞击"法律平等"》，载《公安月刊》2003年第18期。

[57] 郝川、左智鸣：《冲突量刑情节适用原则的反思》，载《法学杂

志》2020年第4期。

[58] 胡玉鸿：《马克思"公众惩罚"思想论析》，载《法治现代化研究》2018年第1期。

[59] 张文显：《司法责任制与司法民主制》，载《法制日报》2016年9月7日，第10版。

[60] 李学迎、孙方：《关于现代宽容的几个问题》，载《理论学刊》2011年第9期。

[61] 刘顺：《轻微刑事案件的非犯罪化》，载《西昌学院学报（社会科学版）》2012年第3期。

[62] 高景轩：《宽容：最高的精神境界》，载《思维与智慧》2011年第16期。

[63] [美]大卫·利特尔、安乐、田芳、曹峰：《宽容和多元：基督教和儒学传统中的良知自由》，安乐、田芳译，曹峰摘编，载《文史哲》2011年第4期。

[64] 钟志东：《从宗教宽容到文化宽容》，载《学理论》2011年第15期。

[65] 温登平：《论刑事判决说理的方法与准则》，载《法律方法》2011年第1期。

[66] 傅长吉、顾晶：《"宽容"的哲学省悟》，载《理论探讨》2011年第3期。

[67] 姚芳：《宽容：宪政的内在精神》，载《鸡西大学学报》2011年第4期。

[68] 启程：《宽容精神源于同理心和悲悯》，载《检察风云》2010年第9期。

[69] 骆群：《宽容：刑事政策演进中的增量因素》，载《河北法学》2010年第4期。

[70] 黄瑾宏：《论〈道德经〉的宽容观及其现代价值》，载《青海社会科学》2010年第2期。

[71] 林爱珺：《宽容舆论监督　维护司法尊严——从最高法院〈关于人民法院接受新闻媒体舆论监督的若干规定〉谈传媒与司法关系》，载《新闻记者》2010年第2期。

[72] 张天学：《"宽容"的经济学分析》，载《理论探讨》2010年第1期。

[73] 瞿磊：《论宽容的政治价值与社会转型期政治文化的调适》，载《学术论坛》2010年第1期。

[74] 田孝民：《刑事证据认证问题研究》，载《山东社会科学》2007年第12期。

[75] 筱陈：《对"宽容"的思考》，载《领导文萃》2007年第1期。

[76] 王福民：《论宽容与自由的张力》，载《华侨大学学报（哲学社会科学版）》2006年第2期。

[77] 戴涛：《论思想自由的基本理念》，载《法学》2004年第12期。

[78] 胡玉鸿：《马克思恩格斯论司法独立》，载《法学研究》2002年第1期。

[79] 梁旭、高宏：《论新庭审方式下法官的认证活动——兼谈完善我国刑事证据制度的几点思考》，载《河北法学》2001年第6期。

[80] 龙宗智：《刑事判决应加强判决理由》，载《现代法学》1999年第2期。

[81] 冯亚东：《干预应体现刑法宽容精神》，载《政治与法律》1995年第2期。

[82] 李洁、王发贵：《集和合文化之精髓　塑社区宽容之氛围》，载《人民法院报》2020年3月27日，第7版。

[83] 胡锟龙、黄俊东：《公共管理视角下社区矫正工作问题探讨》，载

《劳动保障世界》2020年第6期。

[84] 杨凯、苏丽蓉、韩秋林：《论量刑规范化与量刑说理规范化之统一》，载胡云腾主编：《司法体制综合配套改革与刑事审判问题研究（上）——全国法院第30届学术讨论会获奖论文集》，人民法院出版社2019年版。

[85] 朱新武、庞良文、王占寻：《检察监督视角下认罪认罚从宽处理法律后果研究》，载《中国检察官》2018年第7期。

[86] 阮能文：《减轻处罚不能免予刑事处罚》，载《检察日报》2018年2月26日，第3版。

[87] 颜九红：《根据刑法总则综合认定醉驾犯罪》，载《检察日报》2018年2月5日，第3版。

[88] 杨向华：《论刑法中的免予刑事处罚》，载《科教导刊（中旬刊）》2017年第32期。

[89] 时延安：《酌定减轻处罚规范的法理基础及司法适用研究》，载《法商研究》2017年第1期。

[90] 刘计划：《逮捕审查制度的中国模式及其改革》，载《法学研究》2012年第2期。

[91] 孙万怀：《法律如何兼顾公序良俗》，载《解放日报》2012年3月12日，第11版。

[92] 贾学胜：《非犯罪化刑事政策适用探讨》，载《理论探索》2013年第2期。

[93] 张善燚：《论司法宽容的哲学基础》，载《求索》2009年第9期。

[94] 程春华：《论法官的自由心证与法官对证据自由裁量——以民事诉讼为考察范围》，载《比较法研究》2009年第1期。

[95] 周志田、胡淙洋：《国家责任的内涵与评估初探》，载《科学对社会的影响》2008年第4期。

[96] 刘天响：《检察机关在审查起诉中不予认定的部分罪行应如何处理》，载《今日南国（理论创新版）》2008年第12期。

[97] 陈根发：《论宽容的法哲学基础》，载《太平洋学报》2007年第5期。

[98] 劳东燕：《公共政策与风险社会的刑法》，载《中国社会科学》2007年第3期。

[99] 刘曙辉、赵庆杰：《宽容——和谐社会的德性基础》，载《理论与现代化》2007年第1期。

[100] 田宏杰：《宽容与平衡：中国刑法现代化的伦理思考》，载《政法论坛》2006年第2期。

[101] 李双其：《犯罪侦查效益浅议》，载《犯罪研究》2002年第2期。

[102] 邹吉忠：《竞争与宽容——兼论现代宽容的哲学基础》，载《现代哲学》1998年第3期。

[103] 沈宗灵：《论波斯纳的经济分析法学》，载《中国法学》1990年第3期。

[104] 曾宇翀：《建立公安机关内部"另案处理"监督机制的思考》，载《嘉应学院学报》2017年第7期。

[105] 胡之芳：《刑事案件另案处理概念及其适用范围再议——以〈关于规范刑事案件"另案处理"适用的指导意见〉为参照》，载《法学杂志》2016年第9期。

[106] 张海燕：《"另案处理"如何理解》，载《江苏法制报》2016年2月15日，第C版。

[107] 胡安琪：《行贿犯罪另案处理问题研究》，载《湖北工程学院学报》2015年第5期。

[108] 邢彦乐：《"另案不理"现状分析》，载《江苏法制报》2015年5月18日，第C版。

[109] 元明、张庆彬：《〈关于规范刑事案件"另案处理"适用的指导意见〉理解与适用》，载《人民检察》2014年第8期。

[110] 刘武俊：《别让另案处理变成另案不理》，载《福建日报》2014年3月21日，第10版。

[111] 柳殿奎、杨慧文：《刑事中的"另案处理"不必然阻却民事诉讼——河南南阳中院判决冯耀华诉杨春鹏等民事赔偿案》，载《人民法院报》2013年9月26日，第6版。

[112] 元明、张庆彬、黄刚：《"另案处理"案件存在的问题及其对策》，载《人民检察》2013年第6期。

[113] 盛宏文：《"另案处理"案件中的问题与检察监督机制建设》，载《人民检察》2013年第3期。

[114] 吴国钱、徐莹、陈德元：《刑事案件另案处理研究》，载《公安研究》2012年第7期。

[115] 游伟：《别让"另案处理"成为司法黑洞》，载《法制日报》2012年3月27日，第7版。

[116] 王志祥、融昊：《认罪认罚从宽制度的体系性反思与建构》，载《法学杂志》2020年第5期。

[117] 闫召华：《虚假的忏悔：技术性认罪认罚的隐忧及其应对》，载《法制与社会发展》2020年第3期。

[118] 李家骁：《论认罪认罚从宽制度中被追诉人的反悔权》，载《广西政法管理干部学院学报》2020年第1期。

[119] 卞建林、陶加培：《认罪认罚从宽制度中的量刑建议》，载《国家检察官学院学报》2020年第1期。

[120] 闵春雷：《回归权利：认罪认罚从宽制度的适用困境及理论反思》，载《法学杂志》2019年第12期。

[121] 刘晓芬：《继续打伞破网 夺取扫黑除恶全面胜利》，载《人民法

院报》2020年4月8日，第2版。

[122] 何挺：《附条件不起诉制度实施状况研究》，载《法学研究》2019年第6期。

[123] 孙长永：《认罪认罚案件"量刑从宽"若干问题探讨》，载《法律适用》2019年第13期。

[124] 刘宪权：《如何在认罪认罚从宽制度中实现科学量刑》，载《检察日报》2019年6月19日，第3版。

[125] 任俊琳、王祎哲：《论自由心证的客观性》，载《山西高等学校社会科学学报》2018年第12期。

[126] 曹嘉蓝：《论心证公开——以民事诉讼为中心》，载《荆楚理工学院学报》2018年第5期。

[127] 童格：《内心确信的外在制约》，载《沈阳工业大学学报（社会科学版）》2019年第3期。

[128] 施鹏鹏：《刑事裁判中的自由心证——论中国刑事证明体系的变革》，载《政法论坛》2018年第4期。

[129] 汪海燕：《印证：经验法则、证据规则与证明模式》，载《当代法学》2018年第4期。

[130] 陈娜、赵运锋：《定罪阶段的悔罪问题研究》，载《政法学刊》2018年第3期。

[131] 罗冬莲：《附条件不起诉制度的实践与思考》，载《山西省政法管理干部学院学报》2018年第2期。

[132] 张志远：《庭审中心证公开制度的路径构建》，载《法制博览》2018年第10期。

[133] 罗兆英：《事实认定中自由心证的作用及其制约》，载《福建行政学院学报》2018年第2期。

[134] 张溪瑨：《刑事印证证明模式之反思与重塑》，载《人民检察》

2018年第3期。

[135] 马贵翔：《论证据裁判主义与自由心证的衡平》，载《北方法学》2017年第6期。

[136] 毕玉谦：《论庭审过程中法官的心证公开》，载《法律适用》2017年第7期。

[137] 刘春芳、张馨天：《拆除法官与当事人的思维之墙——论庭审中心证公开的必要性及其实现路径》，载贺荣主编：《尊重司法规律与刑事法律适用研究（上）——全国法院第27届学术讨论会获奖论文集》，人民法院出版社2016年版。

[138] 陈伟民：《暴力罪犯认罪悔罪问题研究》，载《犯罪与改造研究》2016年第2期。

[139] 王光明、武景磊：《酌定量刑情节在暴力犯罪死刑司法控制中的规范化适用研究》，载《河南财经政法大学学报》2022年第2期。

[140] 冯骁聪：《酌定量刑情节规范适用的司法困境与优化路径》，载《犯罪研究》2021年第3期。

[141] 陈忠林：《"常识、常理、常情"：一种法治观与法学教育观》，载《太平洋学报》2007年第6期。

[142] 于滇跃：《李贽平等宽容思想探赜》，载《东北师大学报（哲学社会科学版）》2024年第1期。

[143] 刘用军：《司法宽容视野下认罪认罚被告人上诉问题探究》，载《湖北警官学院学报》2021年第3期。

[144] 王恩界、邱计荣：《中华优秀传统法律文化资源的挖掘与应用——基于学习贯彻党的二十大精神的探索》，载《文化与传播》2023年第2期。